Donlai.

傅雷书信选

增订本

傅敏 编

生活·讀書·新知 三联书店

Copyright © 2016 by SDX Joint Publishing Company.
All Rights Reserved.

本作品版权由生活·读书·新知三联书店所有。
未经许可，不得翻印。

图书在版编目（CIP）数据

傅雷书信选／傅雷著；傅敏编. —增订本. —北京：
生活·读书·新知三联书店，2016.9 （2019.6 重印）
ISBN 978-7-108-05737-2

Ⅰ.①傅… Ⅱ.①傅…②傅… Ⅲ.①傅雷（1908～1966）-
书信集 Ⅳ.K825.6

中国版本图书馆 CIP 数据核字（2016）第 134053 号

傅雷书信选 增订本

责任编辑　王　竞
装帧设计　蔡立国
责任校对　张　睿
责任印制　董　欢

刊行者
生活·讀書·新知
三联书店
地址：北京市东城区美术馆东街 22 号
网址：www.sdxjpc.com

印刷者
三河市天润建兴印务有限公司

发行者
新华书店

850 毫米 × 1168 毫米 32 开本
11.5 印张　254,000 字
2016 年 9 月北京第 1 版
2019 年 6 月北京第 3 次印刷
印数　15,001-19,000 册
定价 42.00 元

印装查询：01064002715
邮购查询：01084010542

傅雷〔一九六〇年〕

傅雷与夫人朱梅馥
(一九三七年春)

傅雷与傅敏在寓所前
(一九六一年冬)

朱梅馥与傅聪在上海中山公园
(一九五四年冬)

傅雷夫妇于书房
（一九六五年）

聪三：

车一开动，大家都变了脸，妈妈一直哭到大月台上，送到列车全部出了站方始回身。比沉伯伯再三劝慰我。但回家已三缩事上，心中人都那么难过。昨天我们都睡不好，刚、昨夜月台上的滋味，多少年来没尝到了。胸口抽痛，胃里也难过，只有很少失意的时候有这经验。今夜一天好像大病之后，一点劲都没有。妈妈随时随地都想哭。——她说：这一天到晚堆着笑脸！真的，孩子要离开父母要笑脸相迎！只说了一天到晚堆着笑脸！！家人走远捨得，别去到五三年正月的事，我良心上的责备简直消释不了这种终身的错！人生做错了一件事，良心就永久不得安宁！

真的，巴尔扎克说得好：有些罪过只能补赎，不能洗刷！

十八日晚

昨夜一上床，又把你的童年温了一遍。可怜的孩子，怎么你的童年会跟我的那么相似呢？我也知道你小受过挫折对你今日的成就并非全无帮助；但

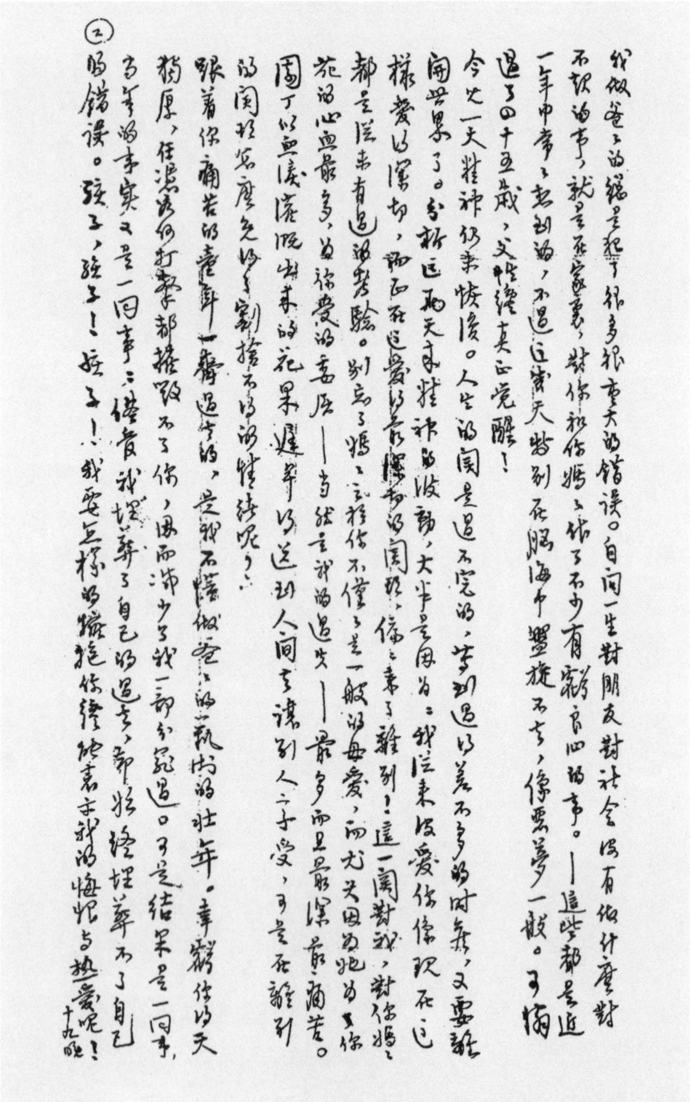

傅雷家书手稿

(一九五四年一月十九日晚，参看本书第 4 页)

No. 5, PASSAGE 284
KIANGSU ROAD
SHANGHAI

Sept. 7, 1960

Dear Zamira,

  Whoever having a deep affection for one person could never be a stranger to his kindred, so much the more to his proper father & mother. Indeed, after receiving the happy news from Ts'ong 10 days previously, I and my wife, we tried at once to figure out your person, physically and intellectually. "How Zamira looks like?" — "Is she as tall as Ts'ong?" — "In what is she interested the most besides music?" — and a lot of questions like these became our conversation topics, although we knew already by Ts'ong's affirmation that you are exceptionally beautiful, which is proved by your photos we received just yesterday, that you are remarkably intelligent, of which we have full conviction. And through our further correspondences, we will come to know you better & better. On your part, we suppose that you have already got an ideal, however vague it might be, about our personality, our character, our views on life & morality, our tastes on arts, because you have frequented Ts'ong since 18 months, & all his defects & qualities reflect necessarily a part of our own image.

  Nevertheless, as human being is at once a meaningless & helpless little thing in the universe and a mysterious micro-world to his fellow-creatures, it is quite difficult to know thoroughly a person, and it will be more so if we take in consideration the differences of race, of religion, of cultural & political background. So it seems to us very wise on your both part to agree on a rather long 'fiançailles' period of so that you will have plenty occasion to know each other better, especially on matter of character. (But it is none too wise to prolong too much the period of engagement; I shall explain this

傅雷家书手稿

（一九六〇年九月七日，参看本书第 102 页）

— 2 —

to both of you later on.) Another essential thing during the "fiançailles" is, in my opinion, to prepare oneself to face & to know the reality, which is quite different from that nice picture created in an innocent youth's imagination. Life is not only full of unexpected, bitter struggles, but also containing so much daily "ennuis", perhaps more unbearable because this kind of spleen (or boredom) seems so mean, so pityful, often without cause, that one feels unable to defend oneself. Only with thorough comprehension, enlightened tolerance, constant concessions, everlasting genuine friendship on both sides, having a common view on life, a common noble ideal & conviction, a couple could safely pass through every kind of storms, big or small, on the journey, and live on perfect and harmonious compagnionship. I suppose you will not be annoyed by being treated as my "protégée"; you understand certainly that we regard you already as one of ours and wish you as happy as possible, at present as well as in future. Write me as often as you like, tell us frankly if you should have any trouble with Ts'ong, we will not scold you or Ts'ong, on the contrary, we will try our best to explain the eventual misunderstandings between you.

It is really nice of you to suggest to report to us in the future the whereabouts and the activities of Ts'ong. As most artists, he is too careless about the material life, and is so "étourdi" that he never answers our questions on the conditions of his lodging, his nourishments, etc. He did not even tell us in how many & which countries he had

傅雷家书手稿
(一九六〇年九月七日)

given concerts. All this seems to him too trivial to mention, but you as a girl certainly have the motherly feeling to understand how eagerly the papa & the mamma like to know everything about their beloved son. We are informed that he had been in Santander, San Luiz, Turin, Cannes, Paris, Dauville, Brussels & Geneva, that's all. Maybe you can tell us much more.

What kind of illness keeps you seven weeks in a clinic. Is there any indiscretion to put the question? Is it serious? Anyway we heartily wish you recover as early as possible, & will be healthier than ever?

May I ask what books you are reading? I will be glad to discuss with you in case you have any observations to make on books or on life in general. Do you read French as well as English or German? If so, there are some French novels I would like to recommend to you.

Please write the address on the envelop with printed letters or as neatly as possible, this time your letter wandered in Shanghai 3 days before it reached us. Chinese names of street put in English make often troubles, very difficult not to mix up. And I am not sure whether I read your clinic's name rightly.

My wife & I, we send you our best wishes for your quick recovery and our most sincere affections.

Soulié.

P. S. I had answered your father's letter on Sept. 2, send to Gstaad.

傅雷与庞薰琹全家、成家和夫妇、宋奇在庐山（一九四七年夏，上图）
傅雷与刘抗在法国打网球（一九二九年十月，左图）
傅雷夫妇与黄宾虹夫妇在黄老北平寓所前（一九四八年五月，右图）

傅雷写给黄宾虹的第一封信（一九四三年五月二十五日，参看本书第 221 页）

黄宾虹生前收到的最后一封傅雷函（一九五四年十一月十三日，参看本书第 233 页）

傅雷写给刘抗的信
（一九三六年八月十日）

西民部长座右：近来文艺翻译困难重重，巴尔扎克作品除已译者外，其余大半典吾国之情及读者需要多所抵触。而马列主义毫无掌握，无法运用正确批评之人，缮写译序时，对读者所负责任更大，在此文化革命形势之下顾虑又愈多。且窃见批评者不以调查研究为第一步，巴尔扎克既为思想极复杂、面目最多矛盾百出的作家，尤不能不先作一番掌握资料功夫。西方研究巴尔扎克之文献四十年来未达三十，虽观点不正确，内容仍富有参考价值，颇有择尤介绍（作为内部发行）之必要。故拟暂停翻译巴尔扎克小说，先介绍几种重要的研究资料，以比较完整的巴尔扎克传记为首①。

奈出版社对此不予同意，亦未说明理由。按一年来人文来信，似乎对西洋名作介绍尚无明确方针及办法。五八年春交稿之《皮罗多》，六一年校样改迄又迄未付印，六四年八月交稿之《幻灭》三部曲，约五十万字，至今无消息，更可见出版社拿不定主意。同时人文亦无根据驳阚巴尔扎克《名著》建议选题，而对于译者根据原作内容认为不宜翻译之理由，甚少致虑。去冬虽同意雷译一中篇集子作为过渡，但根本问题仍属悬而未决。按停止翻译作品，仅仅从事巴尔扎克研究，亦可作为终身事业，所恨一旦翻译停止，生计即无着落，即使撤销选题问题不谈，贱躯未老先衰，脑力迟钝，日甚一日，不仅工作质量日感不满，进度每只及十年前三分之一。再加委托数事如下：

一、代付九月份房租（签字时效致歉）

二、武康大楼（淮海路底）姚宝沈仲章托代修电半蕊自动男手表一只，请交还。

三、敬老母保剩选款，由人秀审理。

四、旧挪钱（钢）一只，请小女手表一只，婿保姆周菊燦。

五、六百元在单消借周菊燦作遣返时期生活费。此是劳动人民，一生孙苦，我们不忍此事故受累。

六、姑母储蓄寄存存款约存家中单一钱六百元，请交还。

七、姑母储蓄寄存之嶓茅山坟墓地股据一份，此次经退江浙兵搜查收遗废不得，很抱歉。

八、姑世伊儀多容我们家之筛物与就你自负有的因由被红卫兵取去没收，只能以存单三张（共五百元）又小款偿，作此赔偿。

遗书：一九六六年九月二日写给朱人秀的信（参看本书第335页）

人参:

修养的渭反党罪证（一面小镜子和一张褪色的旧画报）是在我们家里搜出的，简直莫辩过，可是我们正义地不承认是我们自己的东西。我们假如有了万分罪行，即从来不曾有过变天思想，我们也知道搜出的罪证难签有口难辩，在英明的共产党领导和伟大的毛主席领寺之下的中华人民共和国，决不至再三而判重刑。只是舍宽不自，人子法没判的日子此生难还要雅过，何况光是教育出一个极徒侍强束，在人民面前已终究有什幸了，更何况像我们这种来自旧社会的渣滓早虚该自动退出历史舞台了！

再则你是梅稻的脆弱，因为我们别不了至扰骨肉，善后事只能委托你们以立博同榮不使接受，刻

请向上级我法院诸查收再行审理

九、三姊朱純家属款伤家之借物，怎該一併免公詳成道歉。光华春永箱我只（三箭一舊时被封，资源朱箱壺等，將來待公家啟封時由你代領。周有舊星零件，向周菊娣便說。

十、舊自用奥米茄自动男手錶一只，又舊男手錶一只，本擬給敏兒与聰惰營，但恐防碍他们的政治立场，故请人秀自由零理。

十一、現鈔幻元，作為我們火葬费。

十二、楼上朱家借用之家具，由陳叔陶替單收回。

十三、自有家具，由你零理。圖書字画听候公家決定了

三、讓之乙乙！

使你为我们受累，實在不安，倩他别靠他人可托。

一九六六年九月二日 傅雷 梅馥 夜

遗书：一九六六年九月二日写给朱人秀的信

出版说明

三联书店出版傅雷先生的著译作品始于1945年。那年傅雷完成了他的译作《约翰·克利斯朵夫》，皇皇四册，由生活书店的分支上海骆驼书店出版，随后又出版了他翻译的《高老头》《贝多芬传》等。解放后，根据上级安排，傅雷翻译的文学作品移交至人民文学出版社出版。改革开放后，傅聪第一次回国时，三联书店的负责人范用了解到，傅雷生前曾写给傅聪百余封长信，内容很精彩，即动员他和弟弟傅敏把这批信整理发表，后摘录编成一集，约十五万字，名为《傅雷家书》。彼时，傅聪50年代出国不归的事情还没有结论，但范用认为："出版一本傅雷的家书集，在政治上应不成问题，从积极的意义上讲，也是落实政策，在国内外会有好的影响。"范用还说，这本书对年轻人、老年人都有益处（怎样做父亲，怎样做儿子），三联书店出这样的书，很合适。

《傅雷家书》于1981年8月由三联书店出版，广受好评，持续畅销，至2000年销售达一百一十六万册，并获得全国首届优秀青年读物一等奖(1986)，入选"百年百种中国优秀文学图书"(1999)。《傅雷书信选》即在"家书"的基础上，加入一组"给朋友的信"，而这些给朋友的信，也大多是谈论傅聪的（如给傅聪岳父、著名音乐家梅纽因的信，给傅聪的钢琴老师杰维茨基的信等），因而从另一个角度丰富了"父亲"和"儿子"的形象,可以说是对"家书"的一个补充。

80年代,三联书店还相继出版过《傅译传记五种》(1983)和《人生五大问题》(1986),均受到读者的欢迎。前者收入了傅雷翻译的罗曼·罗兰《贝多芬传》《弥盖朗琪罗传》《托尔斯泰传》,莫罗阿《服尔德传》以及菲列伯·苏卜《夏洛外传》,借他们克服苦难的故事,让我们"呼吸英雄气息",由钱锺书题写书名,杨绛作序。后者原名《情操与习尚》,是阐述人生和幸福的五个演讲,1936年经傅雷定名为《人生五大问题》初版,80年代三联书店在"文化生活译丛"中推出;傅雷曾经将它与莫氏的《恋爱与牺牲》一起,推荐给年轻的傅聪和弥拉阅读。此次合为一册,一齐呈现给读者,以"明智"为旨,"高明的读者自己会领悟"。

《世界美术名作二十讲》是傅雷于30年代写的美术讲义,1979年"从故纸堆里"被发现后,由三联书店委托中国艺术研究院的吴甲丰加以校订、配图,于1985年推出;1998年复推出彩色插图版。《艺术哲学》是傅雷精心翻译的艺术史通论,"采取的不是一般教科书的形式,而是以渊博精深之见解指出艺术发展的主要潮流",彼时,傅雷忍着腰酸背痛、眼花流泪,每天抄录一部分译文,寄给傅聪;其情殷殷,其书精妙。

作为优秀的文学翻译家和高明的艺术评论家,傅雷早年对张爱玲的评价和中年对黄宾虹的评价均独具慧眼,为后世所证明;他对音乐的评论更是深入幽微,成大家之言,《与傅聪谈音乐》(1984)曾辑录了部分精彩文字。我们特邀请傅敏增编了傅雷的艺术评论集,并从信札中精选出相关内容,辑为"文学手札""翻译手札""美术手札""音乐手札"附于其后,名之为《傅雷谈艺录》,展示一位严谨学者一生的治学经验,相信同样会得到读者的喜爱。

今年,傅雷先生逝世五十周年,我们特别推出三联纪念版傅雷作品,以此纪念傅雷先生,以及那些像他一样"又热烈又恬静、又深刻又朴素、又温柔又高傲、又微妙又率直"的灵魂。

S · S · S · S · S

《傅雷书信选［增订本］》中所选文章中,有些标点和字词如"的""地"的用法与现在的规范有所不同,均未作改动,以存原貌。书中的英法文信件,均由金圣华女士翻译;页下脚注以及信中方括号内的翻译,均为傅敏所加。

生活·讀書·新知 三联书店编辑部

2016年6月

目 录

给孩子的信

一九五四年	003	一九六一年	112
一九五五年	028	一九六二年	151
一九五六年	054	一九六三年	172
一九五七年	071	一九六四年	180
一九五八年	083	一九六五年	191
一九五九年	089	一九六六年	199
一九六〇年	094		

给朋友的信

致罗曼·罗兰	205	致宋若婴	235
致刘 抗	210	致朱介凡	237
致黄宾虹	221	致巴 金	239

致杰维茨基	240		致牛恩德	280
致夏　衍	254		致梅纽因	289
致郑效洵	262		致汪孝文	308
致马叙伦	264		致汪已文	310
致徐伯昕	265		致成家和	312
致周煦良	267		致成家榴	330
致王任叔、楼适夷	268		致石西民	332
致黄　源	274		致朱人秀（遗书）	335
致周　扬	277			

傅雷年谱　337

给孩子的信

一九五四年

一月十八日晚

车一开动,大家都变了泪人儿,呆呆的直立在月台上,等到冗长的列车全部出了站方始回身①。出站时沈伯伯②再三劝慰我。但回家的三轮车上,个个人都止不住流泪。敏一直抽抽噎噎。昨天一夜我们都没睡好,时时刻刻惊醒。今天睡午觉,刚刚蒙眬阖眼,又是心惊肉跳的醒了。昨夜月台上的滋味,多少年来没尝到了,胸口抽痛,胃里难过,只有从前失恋的时候有过这经验。今儿一天好像大病之后,一点劲都没有。妈妈随时随地都想哭——眼睛已经肿得不像样了,干得发痛了,还是忍不住要哭。只说了句"一天到晚堆着笑脸",她又呜咽不成声了。真的,孩子,你这一次真是"一天到晚堆着笑脸"!教人怎么舍

---

① 一九五四年傅聪应波兰政府邀请,参加"第五届萧邦国际钢琴比赛"并留学波兰。一九五四年一月十七日全家在上海火车站送傅聪去北京准备出国。——编者注;以下若无特别说明,均为编者注。

② 沈伯伯,即我国著名作曲家沈知白教授,"文革"中被迫害致死。

得！老想到五三年正月的事①，我良心上的责备简直消释不了。孩子，我虐待了你，我永远对不起你，我永远补赎不了这种罪过！这些念头整整一天没离开过我的头脑，只是不敢向妈妈说。人生做错了一件事，良心就永久不得安宁！真的，巴尔扎克说得好：有些罪过只能补赎，不能洗刷！

一月十九日晚

昨夜一上床，又把你的童年温了一遍。可怜的孩子，怎么你的童年会跟我的那么相似呢？我也知道你从小受的挫折对于你今日的成就并非没有帮助；但我做爸爸的总是犯了很多很重大的错误。自问一生对朋友对社会没有做什么对不起的事，就是在家里，对你和你妈妈做了有亏良心的事。父亲教子极严，有时几乎不近人情，母亲也因此往往在精神上受折磨。这些都是近一年中常常想到的，不过这几天特别在脑海中盘旋不去，像噩梦一般。可怜过了四十五岁，父性才真正觉醒！

今儿一天精神仍未恢复。人生的关是过不完的，等到过得差不多的时候，又要离开世界了。分析这两天来精神的波动，大半

---

① 一九五三年正月，就贝多芬小提琴奏鸣曲哪一首最重要的问题，傅聪与父亲争论激烈。傅聪根据自己的音乐感受，不同意父亲认为第九首《克勒策奏鸣曲》最为重要的观点，认为《第十小提琴奏鸣曲》最重要。双方争执不下。父亲认为傅聪太狂妄，"才看过多少书"；当时国外音乐界一般都认同第九首最重要。所以父亲坚持己见，双方发生了严重的冲突。在父亲勃然大怒的情况下，倔强的傅聪毅然离家出走，住在父亲好友毛楚恩家一月余。后傅雷因斯大夫去世，觉得人生在世何其短促，父子何必如此认真，感慨万千，遂让傅聪弟弟傅敏陪同母亲接傅聪回家，双方才和解。

是因为：我从来没爱你像现在这样爱得深切，而正在这爱的最深切的关头，偏偏来了离别！这一关对我，对你妈妈都是从未有过的考验。别忘了妈妈之于你不仅仅是一般的母爱，而尤其因为她为了你花的心血最多，为你受的委屈——当然是我的过失——最多而且最深最痛苦。园丁以血泪灌溉出来的花果迟早得送到人间去让别人享受，可是在离别的关头怎么免得了割舍不得的情绪呢？

跟着你痛苦的童年一齐过去的，是我不懂做爸爸的艺术的壮年。幸亏你得天独厚，任凭如何打击都摧毁不了你，因而减少了我一部分罪过。可是结果是一回事，当年的事实又是一回事：尽管我埋葬了自己的过去，却始终埋葬不了自己的错误。孩子，孩子！孩子！我要怎样的拥抱你才能表示我的悔与热爱呢！

一月三十日晚

你走后第二天，就想写信，怕你嫌烦，也就罢了。可是没一天不想着你，每天清早六七点就醒，翻来覆去睡不着，也说不出为什么。好像克利斯朵夫的母亲独自守在家里，想起孩子童年一幕幕的形象一样，我和你妈妈老是想着你二三岁到六七岁间的小故事——这一类的话我们不知有多少可以和你说，可是不敢说，你这个年纪是一切向前的，不愿意回顾的；我们啰哩啰嗦的抖出你尿布时代与一把鼻涕一把眼泪的时代的往事，会引起你的烦恼。孩子，这些我都很懂得，妈妈也懂得。只是你的一切终身会印在我们脑海中，随时随地会浮起来，像一幅幅的小品图画，使我们又快乐又惆怅。

真的,你这次在家一个半月①,是我们一生最愉快的时期;这幸福不知应当向谁感谢,即使我没宗教信仰,至此也不由得要谢谢上帝了!我高兴的是我又多了一个朋友;儿子变了朋友,世界上有什么事可以和这种幸福相比的!尽管将来你我之间离多别少,但我精神上至少是温暖的,不孤独的。我相信我一定会做到不太落伍,不太冬烘,不至于惹你厌烦。也希望你不要以为我在高峰的顶尖上所想的,我见到的,比你们的不真实。年纪大的人总是往更远的前途看,许多事你们一时觉得我看得不对,日子久了,现实却给你证明我并没大错。

孩子,我从你身上得到的教训,恐怕不比你从我得到的少。尤其是近三年来,你不知使我对人生多增了几许深刻的体验,我从与你相处过程中学到了忍耐,学到了说话的技巧,学到了把感情升华!

你走后第二天,妈妈哭了,眼睛肿了两天:这叫做悲喜交集的眼泪。我们可以不用怕羞的这样告诉你,也可以不担心你憎厌而这样告诉你。人毕竟是感情的动物。偶然流露也不是可耻的事。何况母亲的眼泪永远是圣洁的,慈爱的!

一月三十日晚 *

自昨天起我们开始等你的信了,算起日子来,也该有信来了。

---

① 傅聪于一九五三年初夏赴罗马尼亚参加"第四届世界青年联欢节"的钢琴比赛后,随中国艺术代表团赴波兰和东德访问演出,于十月底返京,且于十二月初回上海,在家待了一个半月,又离家赴京学习,准备赴波留学。

* 凡标有 * 号的,均是母亲写的信。

你真不知道为娘的牵肠挂肚，放怀不开。你走后，忙着为你搬运钢琴的事，今天中午已由旅行社车去，等车皮有空，就可装运①。接着阴历年底快要到了，我又忙着家务，整天都是些琐碎事儿，可是等到空下来，或是深夜，就老是想着你，同爸爸两人谈你，过去的，现在的，抱着快乐而带点惆怅的心情，忍不住要流下泪来，不能自已。你这次回来的一个半月，真是值得纪念的，因为是我一生中最愉快、最兴奋、最幸福的一个时期。看到你们父子之间的融洽，互相倾诉，毫无顾忌，以前我常常要为之担心的恐惧，扫除一空。我只有抱着欢乐，静听你们的谈论，我觉得多幸福、多安慰。由痛苦换来的欢乐，才是永恒的。虽是我们将来在一起的时候不会多，但是凭了回忆，宝贵的回忆，我也会破涕而笑了。我们之间，除了"爱"之外，没有可说的了。我对你的希望和前途是乐观的，就是有这么一点母子之情割舍不得。只要常常写信来，只要看见你写着"亲爱的爸爸妈妈"，我就满足了。

三月二十四日上午

在公共团体中，赶任务而妨碍正常学习是免不了的，这一点我早料到。一切只有你自己用坚定的意志和立场，向领导**婉转而有力**地去争取。否则出国的准备又能做到多少呢？特别是**乐理方面**，我一直放心不下。从今以后，处处都要靠你个人的毅力、信念与意志——实践的意志。我不再和你说教条式的话，去年那三封长

---

① 傅聪出国尚需半年的准备，在京边学习边练琴，故把家里用的直立钢琴运往北京。

信把我所想的话都说尽了；你也已经长大成人，用不着我一再叮嘱。但若你缺少勇气的时候，尽管来信告诉我，我可以替你打气。倘若你心绪不好，也老老实实和我谈谈，我可以安慰安慰你，代你解决一些或大或小的烦恼。……你年事尚少出国在即，眼光、嗜好、趣味，都还要经过许多变化；即使一切条件都极美满，也不能担保你最近三四年中，双方的观点不会改变，从而也没法保证双方的感情不变。最好能让时间来考验。我二十岁出国，出国前后和你妈妈已经订婚，但出国四年中间，对她的看法三番四次的改变，动摇得很厉害。这个实在的例子很可以作你的参考，使你做事可以比我谨慎，少些痛苦——尤其为了你的学习，你的艺术前途！

另外一点我可以告诉你：就是我一生任何时期，闹恋爱最热烈的时候，也没有忘却对学问的忠诚。学问第一、艺术第一、真理第一、爱情第二，这是我至此为止没有变过的原则。你的情形与我不同：少年得志，更要想到"盛名之下，其实难副"，更要战战兢兢，不负国人对你的期望。你对政府的感激，只有用行动来表现才算是真正的感激！我想你心目中的上帝一定也是 Bach［巴赫］、Beethoven［贝多芬］、Chopin［萧邦］等等第一，爱人第二。既然如此，你目前所能支配的精力与时间，只能贡献给你第一个偶像，还轮不到第二个神明。你说是不是？可惜你没有早学好写作的技术，否则过盛的感情就可用写作（乐曲）来发泄，一个艺术家必须能把自己的感情"升华"，才能于人有益。我决不是看了来信，夸张你的苦闷，因而着急；但我知道你多少是有苦闷的，我随便和你谈谈，也许能帮助你廓清一些心情。

四月七日

你出国去所遭遇的最大困难,大概和我二十六年前的情形差不多,就是对所在国的语言程度太浅。过去我再三再四强调你在京赶学理论,便是为了这个缘故。倘若你对理论有了一个基本概念,那么日后在国外念的时候,不至于语言的困难加上乐理的困难,使你对乐理格外觉得难学。换句话说:理论上先略有门径之后,在国外念起来可以比较方便些。可是你自始至终没有和我提过在京学习理论的情形,连是否已开始亦未提过。我只知道你初到时因罗君①患病而搁置,以后如何,虽经我屡次在信中问你,你也没复过一个字。——现在我再和你说一遍:我的意思最好把俄文学习的时间分出一部分,移作学习乐理之用。

提早出国,我很赞成。你以前觉得俄文程度太差,应多多准备后再走。其实像你这样学俄文,即使用最大的努力,再学一年也未必能说准备充分——除非你在北京不与中国人来往,而整天生活在俄国人堆里。

自己责备自己而没有行动表现,我是最不赞成的。这是做人的基本作风,不仅对某人某事而已,我以前常和你说的,只有事实才能证明你的心意,只有行动才能表明你的心迹。待朋友不能如此马虎。生性并非"薄情"的人,在行动上做得跟"薄情"一样,是最冤枉的,犯不着的。正如一个并不调皮的人耍调皮而结果反吃亏,

---

① 即我国著名作曲家罗忠。

一个道理。

　　一切做人的道理，你心里无不明白，吃亏的是没有事实表现；希望你从今以后，一辈子记住这一点。大小事都要对人家有交代！

　　其次，你对时间的安排，学业的安排，轻重的看法，缓急的分别，还不能有清楚明确的认识与实践。这是我为你最操心的。因为你的生活将来要和我一样的忙，也许更忙。不能充分掌握时间与区别事情的缓急先后，你的一切都会打折扣。所以有关这些方面的问题，不但希望你多听听我的意见，更要自己多想想，想过以后立刻想办法实行，应改的应调整的都应当立刻改，立刻调整，不以任何理由耽搁。

　　四月二十一日

　　接十七日信，很高兴你又过了一关。人生的苦难，theme［主题］不过是这几个，其余只是 variations［变奏曲］而已。爱情的苦汁早尝，壮年中年时代可以比较冷静。古语说得好，塞翁失马，未始非福。你比一般青年经历人事都更早，所以成熟也早。这一回痛苦的经验，大概又使你灵智的长成进了一步，你对艺术的领会又可深入一步。我祝贺你有跟自己斗争的勇气。一个又一个的筋斗栽过去，只要爬得起来，一定会逐渐攀上高峰，超脱在小我之上。辛酸的眼泪是培养你心灵的酒浆。不经历尖锐的痛苦的人，不会有深厚博大的同情心。所以孩子，我很高兴你这种蜕变的过程，但愿你将来比我对人生有更深切的了解，对人类有更热烈的爱，对艺术有更诚挚的信心！孩子，我相信你一定不会辜负我的期望。

六月二十四日下午

终于你的信到了！联络局没早告诉你出国的时期，固然可惜，但你迟早要离开我们，大家感情上也迟早要受一番考验；送君十里终须一别，人生不是都要靠隐忍来撑过去吗？你初到的那天，我心里很想要你二十以后再走，但始终守法和未雨绸缪的脾气把我的念头压下去了，在此等待期间，你应当把所有留京的琴谱整理一个彻底，用英文写两份目录，一份寄家里来存查。这种工作也可以帮助你消磨时间，省却烦恼。孩子，你此去前程远大，这几天更应当仔仔细细把过去种种作一个总结，未来种种作一个安排；在心理上精神上多作准备，多多锻炼意志，预备忍受四五年中的寂寞和感情的波动。这才是你目前应做的事。孩子，别烦恼。我前信把心里的话和你说了，精神上如释重负。一个人发泄是要求心理健康，不是使自己越来越苦闷。多听听贝多芬的第五①，多念念《克利斯朵夫》里几段艰苦的事迹（第一册末了，第四册第九卷末了），可以增加你的勇气，使你更镇静。好孩子，安安静静的准备出国罢。一切零星小事都要想周到，别怕天热，别贪懒，一切事情都要做得妥帖。行前必须把带去的衣服什物记在"小手册"上，把留京及寄沪的东西写一清账。想念我们的时候，

---

① 系指贝多芬《第五"命运"交响曲》。

看看照相簿。……

七月四日晨

　　孩子，希望你对实际事务多注意些，应办的即办，切勿懒洋洋的拖宕。夜里摆龙门阵的时间，可以打发不少事情呢。宁可先准备好了再玩。
　　也许这是你出国以前接到的最后一信了，也许连这封信也来不及收到，思之怆然。要嘱咐你的话是说不完的，只怕你听得起腻了。可是关于感情问题，我还是要郑重告诫。无论如何要克制，以前途为重，以健康为重。在外好好利用时间，不但要利用时间来工作，还要利用时间来休息、写信。别忘了杜甫那句诗："家书抵万金！"

七月十五日 *

　　得到这次教训后，千万要提高警惕，不能重蹈覆辙。你的感情太多了，对你终身是个累。所以你要大彻大悟，交朋友的时候，一定要事先考虑周详，而且也不能五分钟热度，凭一时冲动，冒冒失失的做了。我有句话，久已在心里嘀咕：我觉得你的爱情不专，一个接着一个，在你现在的年龄上，不算少了。我是一个女子，对这方面很了解女人的心理，要是碰到你这样善变，见了真有些寒心。你这次出国数年，除了努力学习以外，再也不要出乱子，这事出入重大，除了你，对爸爸的前途也有影响的。望你把全部精力放在研究学问上,多用理智,少用感情,当然,那是要靠你坚强的信心。克制一切的烦恼,不是件容易的事,但是非克服不可。对于你的感情问题,我向来不参加任何意见,觉得你各方面都在进步,你是聪明人,自会觉悟的。我既是你妈妈,我们是休戚相关的骨肉,不得不要唠叨几句,加以规劝。

回想我跟你爸爸结婚以来,二十余年感情始终如一,我十四岁上,你爸爸就爱上了我(他跟你一样早熟),十五岁就订婚,当年冬天爸爸就出国了。在他出国的四年中,虽然不免也有波动,可是他主意老,觉悟得快,所以回国后就结婚。婚后因为他脾气急躁,大大小小的折磨总是难免的,不过我们感情还是那么融洽,那么牢固。到现在年龄大了,火气也退了,爸爸对我更体贴了,更爱护我了。我虽不智,天性懦弱,可是靠了我的耐性,对他无形中或大或小多少有些帮助,这是我觉得可以骄傲的,可以安慰的。我们现在真是终身伴侣,缺一不可的。现在你也长大成人,父母对儿女的终身问题,也常在心中牵挂,不过你年纪还轻,不要操之过急。以你这些才具,将来不难找到一个满意的对象。好了,唠唠叨叨写得太多,你要头痛了。

今天接到你发自满洲里的信,真是意想不到的快,高兴极了!等到你接到我们的信时,你早已一切安顿妥当。望你将经过情形详细告诉我们,你的消息对我们永远是新鲜的。

七月二十九日*

上星期六(七月二十四日)爸爸说三天之内应该有聪的信,果然，他的预感一点儿也不错，二十六日收到你在车中写的，莫斯科发的，由张宁和①转寄的信，我们多高兴！你的信，字迹虽是草率，可是写得太好了，我们大为欣赏。一个人孤独了，思想集中，所发的感想都是真情实意。你所赏识的李太白、白居易、苏东坡、辛稼轩等各大诗人也是我们所喜欢，一切都有同感，亦是一乐也。等到你有什么苦闷、寂寞的时候，多多接触我们祖国的伟大诗人，可以为你遣兴解忧，给你温暖。……阿敏的琴也脱胶了，正在修理。这一星期来，他又恢复正常，他也有自知之明，并不固执了，因为我们同他讲欣赏与学习是两件事。他是平均发展的，把中学放弃了，未免可惜，我们赞成他提琴不要放弃，中学也不要放弃，陈又新②的看法亦然如此。现在他似乎想通了，不闹情绪了，每天拉琴四小时，余下时间看《克利斯朵夫》，还有听音乐，偶尔出去看看电影。这次波兰电影周，《萧邦的青年时代》他陪我去看了，有些不过瘾，编剧有问题，光线太阴暗，还不是理想的。

八月十一日午前

你的生活我想象得出，好比一九二九年我在瑞士。但你更幸运，有良师益友为伴，有你的音乐做你崇拜的对象。我二十一岁在瑞士正患着青春期的、浪漫底克的忧郁病；悲观、厌世、彷徨、烦闷、无聊；我在《贝多芬传》译序中说的就是指那个时期。孩子，

---

① 张宁和，时任中央乐团指挥。
② 陈又新，傅雷中学同学，小提琴教授，时任上海音乐学院弦乐系主任，傅敏的提琴老师，"文革"中被迫害致死。

你比我成熟多了，所有青春期的苦闷，都提前几年，早在国内度过；所以你现在更能够定下心神，发愤为学；不至于像我当年蹉跎岁月，到如今后悔无及。

你的弹琴成绩，叫我们非常高兴。对自己父母，不用怕"自吹自捧"的嫌疑，只要同时分析一下弱点，把别人没说出而自己感到的短处也一齐告诉我们。把人家的赞美报告我们，是你对我们最大的安慰；但同时必须深深的检讨自己的缺陷。这样，你写的信就不会显得过火；而且这种自我批判的功夫也好比一面镜子，对你有很大帮助。把自己的思想写下来（不管在信中或是用别的方式），比着光在脑中空想是大不同的。写下来需要正确精密的思想，所以写在纸上的自我检讨，格外深刻，对自己也印象深刻。你觉得我这段话对不对？

我对你这次来信还有一个很深的感想，便是你的感觉性极强、极快。这是你的特长，也是你的缺点。你去年一到波兰，弹 Chopin［萧邦］的 style［风格］立刻变了；回国后却保持不住；这一回一到波兰又变了。这证明你的感受力极快。但是天下事有利必有弊，有长必有短，往往感受快的，不能沉浸得深，不能保持得久。去年时期短促，固然不足为定论，但你至少得承认，你的不容易"牢固执著"是事实。我现在特别提醒你，希望你时时警惕，对于你新感受的东西不要让它浮在感受的表面；而要仔细分析，究竟新感受的东西，和你原来的观念、情绪、表达方式有何不同。这是需要冷静而强有力的智力，才能分析清楚的。希望你常常用这个步骤来"巩固"你很快得来的新东西（不管是技术是表达）。长此做去，不但你的演奏风格可以趋于稳定、成熟（当然所谓稳定不是刻板化、公式化），而且你一般的智力也可大大提高，受到锻炼。孩子！记住这些！深深的记住！还要实地做去！这些话我相信只有我能告诉你。

还要补充几句：弹琴不能徒恃 sensation［感觉］，sensibility［感受，敏感］。那些心理作用太容易变。从这两方面得来的，必要经过理性的整理、归纳，才能深深的化入自己的心灵，成为你个性的一部分，人格的一部分。当然，你在波兰几年住下来，熏陶的结果，多少也（自然而然）会把握住精华。但倘若你事前有了思想准备，特别在智力方面多下功夫，那么你将来的收获一定更大更丰富，基础也更稳固。再说得明白些：艺术家天生敏感，换一个地方，换一批群众，换一种精神气氛，不知不觉会改变自己的气质与表达方式。但主要的是你心灵中最优秀最特出的部分，从人家那儿学来的精华，都要紧紧抓住，深深的种在自己性格里，无论何时何地这一部分始终不变。这样你才能把独有的特点培养得厚实。

其次，我不得不再提醒你一句：尽量控制你的感情，把它移到艺术中去。你周围美好的天使太多了，我怕你又要把持不住。你别忘了，你自誓要做几年清教徒的，在男女之爱方面要过几年僧侣生活，禁欲生活的！这一点千万要提醒自己！时时刻刻提防自己！一切都要醒悟得早，收蓬收得早，不要让自己的热情升高之后再去压制，那时痛苦更多，而且收效也少。亲爱的孩子，无论如何你要在这方面听从我的忠告！爸爸妈妈最不放心的不过是这些。

你记住一句话：青年人最容易给人一个"忘恩负义"的印象。其实他是眼睛望着前面，饥渴一般的忙着吸收新东西，并不一定是

"忘恩负义";但懂得这心理的人很少;你千万不要让人误会。

八月十六日晚

我忙得很,只能和你谈几桩重要的事。

你素来有两个习惯:一是到别人家里,进了屋子,脱了大衣,却留着丝围巾;二是常常把手插在上衣口袋里,或是裤袋里。这两件都不合西洋的礼貌。围巾必须和大衣一同脱在衣帽间,不穿大衣时,也要除去围巾。手插在上衣袋里比插在裤袋里更无礼貌,切忌切忌!何况还要使衣服走样,你所来往的圈子特别是有教育的圈子,一举一动务须特别留意。对客气的人,或是师长,或是老年人,说话时手要垂直,人要立直。你这种规矩成了习惯,一辈子都有好处。

在饭桌上,两手不拿刀叉时,也要平放在桌面上,不能放在桌下,搁在自己腿上或膝盖上。你只要留心别的有教养的青年就可知道。刀叉尤其不要掉在盘下,叮叮当当的!

出台行礼或谢幕,面部表情要温和,切勿像过去那样太严肃。这与群众情绪大有关系,应及时注意。只要不急,心里放平静些,表情自然会和缓。

你的老师有多少年纪了?是哪个音乐学院的教授?过去经历如何?面貌怎样的?不妨告诉我们听听。别忘了爸爸有时也像你们一样,喜欢听故事呢。

总而言之,你要学习的不仅仅在音乐,还要在举动、态度、礼貌各方面吸收别人的长处。这些,我在留学的时代是极注意的;否则,我对你们也不会从小就管这管那,在各种 manners [礼节,仪态]方面跟你们烦了。但望你不要嫌我繁琐,而要想到一切都是要使你更完满、更受人欢喜!

九月四日

……还有一件要紧的小事情:信封上的字**别太大**,把整个封面都占满了;两次来信,一封是路名被邮票掩去一部分,一封是我的姓名被贴去一只角。因为信封上实在没有地方可贴邮票了。你看看我给你的信封上的字,就可知道怎样才合适。

你的批评精神越来越强,没有被人捧得"忘其所以",我真快活!你说的脑与心的话,尤其使我安慰。你有这样的了解,才显出你真正的进步★。一到波兰,遇到一个如此严格、冷静、着重小节和分析曲体的老师,真是太幸运了。经过他的锻炼,你除了热情澎湃以外,更有个钢铁般的骨骼,使人觉得又热烈又庄严,又有感情又有理智,给人家的力量更深更强!我祝贺你,孩子,我相信你早晚会走到这条路上:过了几年,你的修养一定能够使你的 brain [理智]与 heart [感情] 保持平衡。你的性灵越发掘越深厚、越丰富,你的技巧越磨越细,两样凑在一处,必有更广大的听众与批评家会欣赏你。孩子,我真替你快活。

你此次上台紧张★★,据我分析,还不在于场面太严肃——去年在罗京比赛①不是一样严肃得可怕吗?主要是没先试琴,一上去听见 tone [声音] 大,已自吓了一跳,touch [触键] 不平均,又吓了

---

① 指一九五三年参加在罗马尼亚首都布加勒斯特"第四届世界青年联欢节"上的钢琴比赛。

一跳，pedal［踏板］不好，再吓了一跳。这三个刺激是你二十日上台紧张的最大原因。你说是不是？所以今后你切须牢记，除非是上台比赛，谁也不能先去摸琴，否则无论在私人家或在同学演奏会中，都得先试试 touch 与 pedal。我相信下一回你决不会再 nervous ［紧张］的。

大家对你的欣赏，妈妈一边念信一边直淌眼泪。你瞧，孩子，你的成功给我们多大的欢乐！而你的自我批评更使我们喜悦得无可形容。

要是你看我的信，总觉得有教训意味，仿佛父亲老做牧师似的；或者我的一套言论，你从小听得太熟，耳朵起了茧；那末希望你从感情出发，体会我的苦心；同时更要想到：只要是真理，是真切的教训，不管出之于父母或朋友之口，出之于熟人生人，都得接受。别因为是听腻了的，无动于衷，当作耳边风！你别忘了：你从小到现在的家庭背景，不但在中国独一无二，便是在世界上也很少很少。哪个人教育一个年轻的艺术学生，除了艺术以外，再加上这么多的**道德**的？我完全信任你，我多少年来播的种子，必有一日在你身上开花结果——我指的是一个德艺俱备，人格卓越的艺术家！

你的随和脾气多少得改掉一些。对外国人比较容易，有时不妨直说：我有事，或者：我要写家信。艺术家特别需要冥思默想。老在人堆里（你自己已经心烦了），会缺少反省的机会；思想、感觉、感情也不能好好的整理、归纳。

★ 傅聪在一九五四年八月二十四日给父母的信中说：

我的教授其实是一个非常 cold［冷漠］的人，并不 sympathetic［热心］，但确是最好的教授，绝无 artist［艺术家］气质。他的耳朵和眼睛，有锐敏的观察力，对于学生演奏的一点一滴，都注意得清清楚楚。他对于我所以特别适合，因为他很少有热情的时候，很少欣赏到别人演奏中的气质，spirit，总是注意小地方，和曲子的结构、比例等等。他是完完全全的 brain［理智］，而不是 heart［热情］。我有足够的 heart，不需要一个太热情的教授来把我捧得忘乎所以，却需要一个教授时时刻刻来加强我的 brain。

我现在整个的心、灵魂都在音乐里。他们（同学）有时竟把我从琴上拖下来。真是，只有音乐使我感到无上的幸福，一种创造的幸福。我一个人清静的工作时，才是最愉快的时候。我怕任何人来扰乱我。我需要清静，需要静静的想。音乐的环境培养了我的内心生活，而内心生活又培养了我的音乐。

★★ 傅聪在一九五四年八月二十四日给父母的信中说：

二十日下午我参加了演奏会，那一天共是三个人。我的 program［节目］很大，二个 Preludes［《前奏曲》］，Etudes［《练习曲》］，Nocturnes［《夜曲》］，Scherzo［《谐谑曲》］，Mazurkas［《玛祖卡》］，Berceuse［《摇篮曲》］和 Fantasy［《幻想曲》］。除了 Polonaise［《波洛奈兹》］以外，差不多比赛的初复赛节目都全了。我的成绩，自己非常不满意，但我得到了轰动全场的成功。这种音乐会，本来是不鼓掌的，但我弹完以后，所有的听众，连教授在内，全都鼓掌。许多人要我签名，许多人吻我，一个老头儿的胡子刮得我怪疼的。"Bravo, Fantastic, grand artist..."［"好啊！真棒！了不起的艺术家！……"］霍夫曼教授来和我说："在你心里有萧邦的灵魂，而波兰的钢琴家们却没有。音乐第一重要，技巧是其次的问题。你不是波兰人,而你的《玛祖卡》却是最好的。"我自己很不满意,因为那天我很 nervous［紧张］,原因是一方面好久没有上台了,尤其在这种严肃得可怕的场合,另一方面,事先我没有试一下钢琴,那是一个九尺的 Steinway［斯丹威］,tone［音质］很好,touch［琴键的触摸］却很不 even［平稳］,pedal［踏板］也很难控制。我平时练的是 Bluthner［布吕特讷］,touch 非常轻,而且总是关着琴盖练的,那天一上台,我就吓了一跳,声音大得不得了,我以为自己的 touch 太硬了,pedal 也糊涂,我越来越慌,脚也发抖,手也发麻,感觉到血管里的血流得特别快,弹了很多夹音,许多地方也没有把我平时了解的表现出来。我的教授事后和我谈了些,他是个非常严厉的老师,总是注意到每一小节的毛病。我那天所有的毛病都未能逃过他的耳朵。他当然是鼓励我的,说我最重要的问题是 pedal,还要克服 nervous［紧张］,要多多上台。那天虽然 nervous,我的 music［音乐］还很好,《玛祖卡》最好,我自己的结论是弹得很动人,但不完整。

还有一点我要告诉你们,就是全体都认为我有迷人的 tone［音质］,最轻的时候,还是很结实而 singing［富于歌唱性］,最响的时候连房子都震动而一点不硬,这都是使我惊异的。

十月二日

……我是过来人,决不至于大惊小怪。你也不必为此担心,更不必硬压在肚子里不告诉我们。心中的苦闷不在家信中发泄,又哪里去发泄呢?孩子不向父母诉苦向谁诉呢?我们不来安慰你,又该谁来安慰你呢?人一辈子都在高潮—低潮中浮沉,唯有庸碌的人,生活才如死水一般;或者要有极高的修养,方能廓然无累,真正的解脱。只要高潮不过分使你紧张,低潮不过分使你颓废,就好了。

太阳太强烈，会把五谷晒焦；雨水太猛，也会淹死庄稼。我们只求心理相对平衡，不至于受伤而已。你也不是栽了筋斗爬不起来的人。我预料国外这几年，对你整个的人也有很大的帮助。这次来信所说的痛苦，我都理会得；我很同情，我愿意尽量安慰你、鼓励你。克利斯朵夫不是经过多少回这种情形吗？他不是一切艺术家的缩影与结晶吗？慢慢的你会养成另外一种心情对付过去的事：就是能够想到而不再惊心动魄，能够从客观的立场分析前因后果，做将来的借鉴，以免重蹈覆辙。一个人唯有敢于正视现实，正视错误，用理智分析，彻底感悟；终不至于被回忆侵蚀。我相信你逐渐会学会这一套，越来越坚强的。我以前在信中和你提过感情的 ruin［创伤，覆灭］，就是要你把这些事当作心灵的灰烬看，看的时候当然不免感触万端，但不要刻骨铭心的伤害自己，而要像对着古战场一般的存着凭吊的心怀。倘若你认为这些话是对的，对你有些启发作用，那末将来在遇到因回忆而痛苦的时候（那一定免不了会再来的），拿出这封信来重读几遍。

十月二十二日晨

你的比赛问题固然是重负，但无论如何要作一番思想准备★。只要尽量以得失置之度外，就能心平气和，精神肉体完全放松，只有如此才能希望有好成绩。这种修养趁现在做起还来得及，倘若能常常想到"文章千古事，得失寸心知"的名句，你一定会精神上放松得多。唯如此才能避免过度的劳顿与疲乏的感觉。**最磨折人**的不是脑力劳动，也不是体力劳动（那种疲乏很容易消除，休息一下就能恢复精力），而是**操心**（worry）！孩子，千万听我的话。

下功夫叫自己心理上松动，包管你有好成绩。紧张对什么事都有弊无利。从现在起，到比赛，还有三个多月，只要凭"愚公移山"的意志，存着"我尽我心"的观念；一紧张就马上叫自己宽弛，**对付你的精神要像对付你的手与指一样，时时刻刻注意放松**，我保证你明年有成功。这个心理卫生的功夫对你比练琴更重要，因为练琴的成绩以心理的状态为基础，为主要条件！你要我们少为你操心，也只有尽量叫你放松。这些话你听了一定赞成，也一定早想到的，但要紧的是实地做去，而且也要跟自己斗争；斗争的方式当然不是紧张，而是冲淡，而是多想想人生问题，宇宙问题，把个人看得渺小一些，那末自然会减少患得患失之心，结果身心反而舒泰，工作反而顺利！下次来信，希望你报告我们，在这方面努力的结果如何。

平日你不能太忙。人家拉你出去，你事后要补足功课，这个对你精力是有妨碍的。还是以练琴的理由，多推辞几次吧。要不紧张，就不宜于太忙；宁可空下来自己静静的想想，念一两首诗玩味一下。切勿一味重情，不好意思。工作时间不跟人出去，做成了习惯，也不会得罪人的。人生精力有限，谁都只有二十四小时；不是安排得严密，像你这样要弄坏身体的，人家技巧不需苦练，比你闲，你得向他们婉转说明。这一点上，你不妨常常想起我的榜样，朋友们也并不怪怨我呀。

★ 傅聪在一九五四年十月十二日给父母的信中说：

每天的工作是那么累，零零碎碎的事又那么多，音乐会啊，朋友来找我啊，常常耽误我练习的时间，我一定得补回来。这样便常常牺牲了写信的时间。

最近工作紧张，我疲惫不堪而有不能支持的感觉。虽说我只要做到"竭尽所能"，但是想到国家交给我的责任是如何重大，而我又是好强的，还有最使我寒心的，是大家对我的期望太高了，不单是国内，而就是在波兰，现在他们音乐界到处盛传我如何的了不起。只有我自己明白自己的根底，自己的才能。若是他们不那样重视我，也许就会轻松得多。

最近我主要是练 concerto［协奏曲］，我的 tone［音质］大有进步，特别是 big chords［很重的和弦］。这月的二十二、二十三日间又要到华沙去，是波兰最后一次预选，我只去参加和乐队 rehearse concerto［合练协奏曲］。

十一月六日午

S.① 说你平日工作太多。工作时也太兴奋。她自己练琴很冷静，你的练琴，从头至尾都跟上台弹一样。她说这太伤精神，太动感情，对健康大有损害。我觉得这话很对。艺术是你的终身事业，艺术本身已是激动感情的，练习时万万不能再紧张过度。人寿有限，精力也有限，要从长里着眼，马拉松赛跑才跑得好。你原是感情冲动的人，更要抑制一些。S. 说 Drz.② 老师也跟你谈过几次这

---

① 即波兰著名钢琴家斯曼齐安卡。
② 杰维茨基（Drzewiecki），波兰著名钢琴教授，音乐学者，傅聪的钢琴业师。

一点。希望你听从他们的劝告，慢慢的学会控制。这也是人生修养的一个大项目。

十一月十七日午

你到波以后常常提到精神极度疲乏，除了工作的"时间"以外，更重要的恐怕还是工作时"消耗精力"的问题。倘使练琴时能多抑制情感，多着重于技巧，多用理智，我相信一定可以减少疲劳。比赛距今尚有三个多月，长时期的心理紧张与感情高昂，足以影响你的成绩；千万小心，自己警惕，尽量冷静为要！我十几年前译书，有时也一边译一边感情冲动得很，后来慢慢改好了。

练琴一定要节制感情，你既然自知责任重大，就应当竭力爱惜精神。好比一个参加世运的选手，比赛以前的几个月，一定要把**身心**的健康保护得非常好，才能有充沛的精力出场竞赛。俗语说"养兵千日"，"**养**"这个字极有道理。

十二月二十七日

一天练出一个 concerto［协奏曲］的三个乐章带 cadenza［华彩段］，你的 technic［技巧］和了解，真可以说是惊人。你上台的日子还要练足八小时以上的琴，也叫人佩服你的毅力。孩子，你真有这个劲儿，大家说还是像我，我听了好不 flattered［得意］！不过身体还得保重，别为了多争半小时一小时，而弄得筋疲力尽。**从现在**

起，你尤其要保养得好，不能太累，休息要充分，常常保持 fresh [饱满] 的精神。好比参加世运的选手，离上场的日期愈近，身心愈要调养得健康，**精神饱满比什么都重要**。所谓 the first prize is always "luck" [第一名总是"碰运气的"] 这句话，一部分也是这个道理。目前你的比赛节目既然差不多了，technic [技巧]、pedal [踏板] 也解决了，那更不必过分拖累身子！再加一个半月的琢磨，自然还会百尺竿头，更进一步。你不用急，不但你有信心，老师也有信心，我们大家都有信心：主要仍在于心理修养，精神修养，存了"得失置之度外"、"胜败兵家之常"那样无挂无碍的心，包你没有问题的。第一，饮食寒暖要极小心，一点儿差池不得。比赛以前，连小伤风都不让它有，那就行了。

到波兰五个月，有这样的进步，恐怕你自己也有些出乎意外吧。李先生今年一月初说你：gains come with maturity [因日渐成熟而有所进步]，真对。勃隆斯丹过去那样赏识你，也大有先见之明。还是我做父亲的比谁都保留，其实我也是 expect the worst, hope for the best [做最坏的打算，抱最高的希望]。我是你的舵工，责任最重大；从你小时候起，我都怕好话把你宠坏了。现在你到了这地步，样样自己都把握得住，我当然不再顾忌，要跟你说：我真高兴，真骄傲！中国人气质，中国人灵魂，在你身上和我一样强，我也大为高兴。

妈妈说你的信好像满纸都是 sparkling [光芒四射，耀眼生辉]。当然你浑身都是青春的火花，青春的鲜艳，青春的生命、才华，自然写出来的有那么大的吸引力了。我和妈妈常说，这是你一生之中的黄金时代，希望你好好的享受、体验，给你一辈子做个最精彩的回忆的底子！眼看自己一天天的长大成熟，进步，了解的东西一天天的加多，精神领域一天天的加阔，胸襟一天天的宽大，感情一天天的丰满深刻：这不是人生最美满的幸福是什么！这不是最隽永最迷人的诗歌是什么！孩子，你好福气！

一九五五年

一月九日深夜

开音乐会的日子，你仍维持八小时工作；你的毅力、精神、意志，固然是惊人，值得佩服，但我们毕竟为你操心。孩子，听我们的话，不要在已经觉得疲倦的时候再 force［勉强］自己。多留一分元气，在长里看还是占便宜的。尤其在比赛以前半个月，工作时间要减少一些，最要紧的是保养身心的新鲜，元气充沛，那末你的演奏也一定会更丰满，更 fresh［清新］！

一月二十二日夜 *

差不多快一个月了。没接到你的信，天天希望有你的信，真是望眼欲穿。最近为了爸爸跌伤了右腿，又正逢过年，里里外外把我忙得不可开交，因此也不能静下来给你写信。上星期日（十七日）中午有位老先生，是黄宾虹的老朋友，请爸爸和周伯伯（煦良）在锦江饭店吃午饭。不幸得很，他一进门（是侧门），不知里面有四五级石阶，就往下走，眼睛忙着看什么厅什么厅的一间间餐室，脚下却不留意，以为是平地，就这么踩空了，一跤摔下去。地下是水门汀,所以一跌下去就不能动,许多人把他扶起来,痛得厉害,勉强吃了一点东西。周伯伯打电话回来告诉我,把我急死了,就通知林医生。等周伯伯送爸爸回来,经林医生诊断结果,真是不幸中之万幸,骨头没有跌断,伤了神经,可是也够痛苦的,自己一些也不能动弹,什么事都要人家帮忙,后来又找了一个伤科医生,诊断也是如此,贴了伤膏药,同时吃林医生给的止痛药,总算一天好似一天。到今天为止,在床上躺了一星期,痛是好多了,可是还不能行动,只能偶尔坐坐。今年天气特别冷,我就陪着他睡在书房内。开头几天,痛得不能安睡,自己又不能翻身,我一夜要起来几次,幸而有炉子,就是睡眠不足而已。现在好得多了,我也安心些了。你知道爸爸还有腰酸背痛的病,这次到底跌得太重了,所以又引起了腰酸的病,这几天倒是腰酸重于腿痛。希望能早日恢复,否则更要心焦。

爸爸说比赛期越近,越要多休息,千万千万!多阅读中国的东西,可以转移你的精神紧张,同时也是精神养料,对比赛前期也是一种摄身之道。因为这样心情更可放松。

一月二十六日

元旦一手扶杖,一手搭在妈妈肩上,试了半步,勉强可走,这两日也就半坐半卧。但和残废一样,事事要人服侍,单独还是一步行不得。大概再要养息一星期方能照常。

早预算新年中必可接到你的信,我们都当作等待什么礼物一般的等着。果然昨天早上收到你（波 11）来信★，而且是多少可喜的消息。孩子！要是我们在会场上，一定会禁不住涕泗横流的。世界上最高的最纯洁的欢乐，莫过于欣赏艺术，更莫过于欣赏自己的孩子的手和心传达出来的艺术！其次，我们也因为你替祖国增光而快乐！更因为你能借音乐而使多少人欢笑而快乐！想到你将来一定有更大的成就，没有止境的进步，为更多的人更广大的群众服务，鼓舞他们的心情，抚慰他们的创痛，我们真是心都要跳出来了！能够把不朽的大师的不朽的作品发扬光大，传布到地球上每一个角落去，真是多神圣，多光荣的使命！孩子，你太幸福了，天待你太厚了。我更高兴的更安慰的是：多少过分的谀辞与夸奖，都没有使你丧失自知之明，众人的掌声、拥抱，名流的赞美，都没有减少你对艺术的谦卑！总算我的教育没有白费，你二十年的折磨没有白受！你能坚强（不为胜利冲昏了头脑是坚强的最好的证据），只要你能坚强，我就一辈子放了心！成就的大小、高低，是不在我们掌握之内的，一半靠人力，一半靠天赋，但只要坚强，就不怕失败，不怕挫折，不怕打击——不管是人事上的，生活上的，技术上的，学习上的打击；从此以后你可以孤军奋斗了。何况事实上有多少良师益友在周围帮助你，扶掖你。还加上古今的名著，时时刻刻给你精神上的养料！孩子，从今以后，你永远不会孤独的了，即使孤独也不怕的了！

赤子之心这句话，我也一直记住的。赤子便是不知道孤独的。赤子孤独了，会创造一个世界，创造许多心灵的朋友！永远保持赤子之心，到老也不会落伍，永远能够与普天下的赤子之心相接相契相抱!你那位朋友说得不错,艺术表现的动人,一定是从心灵的纯洁来的!不是纯洁到像明镜一般,怎能体会到前人的心灵?怎能打动听众的心灵?

斯曼齐安卡说的萧邦协奏曲的话,使我想起前二信你说Richter[李赫特]弹柴可夫斯基的协奏曲的话。一切真实的成就,必有人真正的赏识。

音乐院长说你的演奏像流水、像河,更令我想到克利斯朵夫的象征。天舅舅①说你小时候常以克利斯朵夫自命;而你的个性居然和罗曼·罗兰的理想有些相像了。河,莱茵,江声浩荡……钟声复起,天已黎明……中国正到了"复旦"的黎明时期,但愿你做中国的——新中国的——钟声,响遍世界,响遍每个人的心!滔滔不竭的流水,流到每个人的心坎里去,把大家都带着,跟你一块到无边无岸的音响的海洋中去吧!名闻世界的扬子江与黄河,比莱茵的气势还要大呢!……黄河之水天上来,奔流到海不复回!……无边落木萧萧下,不尽长江滚滚来!……有这种诗人灵魂的传统的民族,应该有气吞牛斗的表现才对。

你说常在矛盾与快乐之中,但我相信艺术家没有矛盾不会进步,不会演变,不会深入。有矛盾正是生机蓬勃的明证。眼前你感到的还不过是技巧与理想的矛盾,将来你还有反复不已更大的矛盾呢:形式与内容的枘凿,自己内心的许许多多不可预料的矛盾,都在前途等着你。别担心,解决一个矛盾,便是前进一步!矛盾是解决不完的,所以艺术没有止境,没有perfect[完美]的一天,人生也没

---

① 天舅舅,即朱人秀,母亲最小的哥哥。

有 perfect 的一天！唯其如此，才需要我们日以继夜、终生的追求、苦练；要不然大家做了羲皇上人，垂手而天下治，做人也太腻了！

★ 傅聪在一九五五年一月十六日给父母的信中报告了他一月八日、九日和十三日在波兰古城克拉科夫开的三次音乐会的情况，以下是该信中提到弹萧邦协奏曲的情形和评论：

从十二月十九克拉科夫的第一次音乐会以后，我已经又开了三次音乐会——一月八日、九日、十三日。明天到另一个城市 Czestochowa [琴斯托霍瓦] 去，有两个 symphony concert [交响音乐会]，我弹萧邦的协奏曲；十九日再往 Bisco [比斯措] 举行独奏会。二十日去华沙，逗留两星期，那是波兰方面最后一次集体学习，所有的波兰选手与教授都在那里，我也参加。

克拉科夫的第一次音乐会非常成功，听众热烈得如醉若狂。Regina Smangianka [雷吉娜·斯曼齐安卡] 说："萧邦这个协奏曲在波兰是听得烂熟的了，已经引不起人们的兴趣，但是在你的演奏中，差不多每一个小节都显露出新的面貌，那么 individual [有个性] 而又那么萧邦。总而言之，我重新认识了一个新的 Chopin Concerto [萧邦协奏曲]。"

克拉科夫音乐院院长、作曲家兼理论家 Rutkowski [鲁特科夫斯基] 说我的演奏和李赫特极相似，音乐像水，像 river [江河之水]，只觉得滔滔不绝的流出来，完全是自然的，而且像是没有终结的。

一位八十岁的老太太，曾经是萧邦的学生的学生 Paderewski [帕德雷夫斯基] 的好朋友，激动的跑来和我说，她多少年来以为真正的萧邦已经不为人所了解了，已经没有像她的老师和 Paderewski 所表现的那种萧邦了，现在却从一个中国人身上重新感到了真正的萧邦。她说我的 tone [音质]就像Paderewski,那是不可解释的,只因为每一个note[音符]的tone里面都包含着a great heart[一颗伟大的心]。

真的,那么多而那么过分的称赞,使我脸红;但你们听了会高兴,所以我才写。还有很多呢,等我慢慢的想,慢慢的写。

十二月十九日那次音乐会以后,就是圣诞节,在波兰是大节日,到处放假,我却反而郁闷。因为今天这儿,明天那儿,到处请我做客,对我真是一种磨难,又是推辞不了的。差不多两星期没有练琴,心里很着急,你们的来信使我更着急。因为其实我并没有真正进步到那个地步。我还是常有矛盾,今天发现技巧好多了,明天又是失望;当然music[音乐]大致不会有很大的下落,但技巧,我现在真弄不明白,前些时候弹好了的,最近又不行了。

以下是该信中提到两次独奏会的情形:

一月八日、九日两场音乐会,在克拉科夫的"文化宫"举行,节目单没有印,都是recital[独奏会]。八日成绩不甚佳,钢琴是Bechstein[贝希斯泰因],又小又旧。第二天换了一架Steinway[斯丹威],虽不甚好,比第一次的强多了。两次音乐会,听众都非常热烈。从音乐来讲,九日成绩颇佳。

十三日的音乐会在音乐学院的音乐厅举行。那是一系列的音乐会。十日、十一日、十二日、十三日,由杰维茨基的四个学生演出。钢琴是Petrof[彼德罗夫],又紧又重,tone[音质]也不好,加soft pedal[柔音踏板]与不加soft pedal距离极远,音乐控制极难。我对这次演出并不完全满意,但那天真是enormous success[巨大的成功],因为当时的听众几乎都是musicians[音乐家],而且他们一连听了四天的演奏。我每一曲完了,大家都喊bis[再来一个];而那种silence[寂静]也是我从来没有经历过的。音乐会完了以后,听众真是疯狂了,像潮水一般涌进来,拥抱我,吻我,让他们的泪水沾满了我的脸;许多人声音都哑了、变了,说他们一生从来没有如此感动过，甚至说："为什么你不是一个波兰人呢？"

Sztomka［什托姆卡］教授说："Polish pianists don't know Chopin, only the Chinese feels Chopin."［"所有的波兰钢琴家都不懂萧邦，唯有你这个中国人感受到了萧邦。"］

上届萧邦竞赛的第一奖 Halina Czerny-Stefanska［哈莉娜·切尔内—斯坦番斯卡］说，若是上回比赛有我参加，她就根本不参加了。她说：*Scherzo*［《谐谑曲》］，*Berceuse*［《摇篮曲》］，*Masurkas*［《玛祖卡》］，从来没听到这样动人的演奏，"…to me, you are an even greater pianist than Richter"（"……对我来讲，你是一个远比李赫特更为了不起的钢琴家"）；又说："You are thirty years older than all Polish pianists（指这次参加比赛的），…you haven't great technic, but you have such a strong will that even all that are beyond your technic also go."［"你比所有参赛的波兰钢琴家要大三十岁……你的技巧并非了不起，但是你坚强的意志使得所有超越你技巧的部分照样顺利而过。"］她说我的 tone colour changes［音色变化］是一种不可学的 talent［天赋］，special in Chopin［萧邦所特有的］，那种忽明忽暗，那种细腻到极点的心理变化。她觉得我的 *Nocturne*［《夜曲》］的结尾真像一个最纯洁最温柔的笑容；而 *a Minor Mazurka Op.59*［作品五十九号的《a 小调玛祖卡》］，却又是多么凄凉的笑容。这些话使我非常感动，表示她多么真切的了解我，至少没有一个人曾经像她这样，对我用言语来说出我心中最微妙的 feeling［感受］。她说，这种"talent is difficult to say where it comes from, mostly it comes from some pureness of heart; only such pureness can give an artist this sensibility, this warmth"［这种"天赋很难说来自何方，多半是来自纯洁无瑕的心，唯有这样纯洁无瑕的心才会给艺术家这种情感，这种激情"］。这儿，她的话不正是王国维的话吗："词人者，不失其赤子之心者也？"

关于成功，我不愿再写了，真是太多了，若是一个自己不了解自己的人,那是够危险的,但我很明白自己,总感到悲哀,因为没有做到 perfect〔完美〕的地步,也许我永远不可能 perfect。李赫特曾经和我说,真正的艺术家永远不会 perfect,perfect 永远不是 art〔艺术〕;这话有些道理。

对于比赛,我只抱着竭尽所能的心。我的确有非常特殊的长处,但可能并不适宜于比赛。比赛要求的是 perfect〔完美〕,往往比赛造成的是 pianist〔钢琴家〕,而不是 artist〔艺术家〕。

不管这些罢,我是又矛盾又快乐的。最近的音乐会格外使我感动,看到自己竟有那么大的力量使人们如醉如痴,而且都是 musicians〔音乐家〕,都是波兰人!我感到的是一种真正的欢乐,也许一个作曲家创作的时候,感到的也是这种欢乐吧!

我现在还看到听众的泪水,发亮的眼睛,涨红的脸,听到他们的喘息,急促的心跳,嘶哑的声音,滚烫的手和脸颊,在他们拥抱我的一刹那,我感到我的心和他们的心交融了!

从 Poznan〔波兹南〕寄来一个女孩子写的信,说:"从前我从来不大想起中国的,中国是太远太远了,跟我有什么关系呢?但听到了你的 recital〔独奏会〕以后,你和中国成了我整天思念的题目了。从你的 marvelous and profound understanding of Chopin〔对萧邦深刻而非凡的理解〕,我感到有一个伟大的,有着古老文化的民族在你的心灵里。"能够使人家对我最爱的祖国生出这种景仰之情,我真觉得幸福。

三月二十日上午

期待了一个月的结果终于揭晓了,多少夜没有好睡,十九日晚更是神思恍惚,昨(二十日)夜为了喜讯过于兴奋,我们仍没睡着。先是昨晚五点多钟,马太太从北京来长途电话;接着八时许无线电报告（仅至第五名为止），今晨报上又披露了十名的名单。难为你，亲爱的孩子！你没有辜负大家的期望，没有辜负祖国的寄托，没有辜负老师的苦心指导，同时也没辜负波兰师友及广大群众这几个月来对你的鼓励！

也许你觉得应该名次再前一些才好，告诉我，你是不是有"美中不足"之感？可是别忘了，孩子，以你离国前的根基而论，你七个月中已经作了最大的努力，这次比赛也已经 do your best［尽力而为］。不但如此，这七个月的成绩已经近乎奇迹。想不到你有这些才华，想不到你的春天来得这么快，花开得这么美，开到世界的乐坛上放出你的异香。东方升起了一颗星，这么光明，这么纯净，这么深邃；替新中国创造了一个辉煌的世界纪录！我做父亲的一向低估了你，你把我的错误用你的才具与苦功给点破了，我真高兴，我真骄傲，能够有这么一个儿子把我错误的估计全部推翻！妈妈是对的，母性的伟大不在于理智，而在于那种直觉的感情；多少年来，她嘴上不说，心里是一向认为我低估你的能力的；如今她统统向我说明了。我承认自己的错误，但是用多么愉快的心情承认错误：这也算是一个奇迹吧？

回过来说：我过去对你的低估，在某些方面对你也许有不良的影响，但有一点至少是对你有极大的帮助的。唯其我对你要求严格，终不至于骄纵你——你该记得罗马尼亚三奖初宣布时你的愤懑心理，可见年轻人往往容易估高自己的力量。我多少年来把你紧紧拉着，至少养成了你对艺术的严肃的观念，即使偶尔忘形，也极易拉回来。我提这些话，不是要为我过去的做法辩护，而是要趁你成功的时候特别让你提高警惕,绝对不让自满和骄傲的情绪抬头。我知道这也用不着多嘱咐,今日之下,你已经过了这一道骄傲自满的关,但我始终是中国儒家的门徒,遇到极盛的事,必定要有"如临深渊,如履薄冰"的格外郑重、危惧、戒备的感觉。

说到"不完整",我对自己的翻译也有这样的自我批评。无论译哪一本书,总觉得不能从头至尾都好;可见任何艺术最难的是"完整"!你提到 perfection [完美],其实 perfection 根本不存在的,整个人生、世界、宇宙,都谈不上 perfection。要就是存在于哲学家的理想和政治家的理想之中。我们一辈子的追求,有史以来多少世代的人的追求,无非是 perfection,但永远是追求不到的,因为人的理想、幻想,永无止境,所以 perfection 像水中月、镜中花,始终可望而不可及。但能在某一个阶段求得总体的"完整"或是比较的"完整",已经很不差了。

比赛既然过去了,我们希望你每个月能有两封信来。尤其是我希望多知道:(1) 国外音乐界的情形;(2) 你自己对某些乐曲的感想和心得。千万抽出些功夫来!以后不必再像过去那样日以继夜的扑在琴上。修养需要多方面的进行,技巧也得长期训练,切勿操之过急。静下来多想想也好,而写信就是强迫你整理思想,也是极好的训练。

三月二十七日夜

我再要和你说一遍:平日来信多谈谈音乐问题。你必有许多感想和心得，还有老师和别的教授们的意见。这儿的小朋友们一个一个都在觉醒，苦于没材料。他们常来看我，和我谈天；我当然要尽量帮助他们。你身在国外，见闻既广，自己不断的在那里进步，定有不少东西可以告诉我们。同时一个人的思想是一边写一边谈出来的，借此可以刺激头脑的敏捷性，也可以训练写作的能力与速度。此外，也有一个道义的责任，使你要尽量的把国外的思潮向我们报道。一个人对人民的服务不一定要站在大会上演讲或是做什么惊天动地的大事业，随时随地，点点滴滴的把自己知道的、想到的告诉人家，无形中就是替国家播种、施肥、垦殖！孩子，你千万记住这些话，多多提笔！

黄宾虹先生于本月二十五日在杭患胃癌逝世，享寿九十二岁。以艺术家而论，我们希望他活到一百岁呢。去冬我身体不好，中间摔了一跤，很少和他通信；只是在十一月初到杭州去，连续在他家看了二天画，还替他拍了照，不料竟成永诀。听说他病中还在记挂我，跟不认识我的人提到我。我听了非常难过，得信之日，一晚没睡好。

四月三日

我认为回国一行，连同演奏，至少要花两个月；而你还要等波兰的零星音乐会结束以后方能动身。这样，前前后后要费掉三个多月。这在你学习上是极大的浪费。尤其你技巧方面还要加工，倘若再想参加明年的 Schumann［舒曼］比赛，他的技巧比萧邦的更麻烦，你更需要急起直追。与其让政府花了一笔来回旅费而耽误你几个月学习,不如叫你在波兰灌好唱片(像我前信所说)寄回国内,大家都可以听到,而且是永久性的;同时也不妨碍你的学业。我们做父母的,在感情上极希望见见你,听到你这样成功的演奏,但为了你的学业,我们宁可牺牲这个福气。我已将此意写信告诉马先生,请他与文化部从长考虑。我想你对这个问题也不会不同意吧?

其次,转往苏联学习一节,你从来没和我们谈过。你去波以后我给你二十九封信,信中表现我的态度难道还使你不敢相信,什么事都可以和我细谈、细商吗?你对我一字不提,而托马先生直接向中央提出,老实说,我是很有自卑感的,因为这反映你对我还是不放心。大概我对你从小的不得当、不合理的教育,后果还没有完全消灭。你比赛以后一直没信来,大概心里又有什么疙瘩吧!马先生回来,你也没托带什么信,因此我精神上的确非常难过,觉得自己功不补过。现在谁都认为(连马先生在内)你今日的成功是我在你小时候打的基础,但事实上,谁都不再对你当前的问题再来征求我一分半分意见;是的,我承认老朽了,不能再帮助你了。

可是我还有几分自大的毛病,自以为看事情还能比你们青年看得远一些,清楚一些。同时我还有过分强的责任感,这个责任感使我忘记了自己的老朽,忘记了自己帮不了你忙而硬要帮你忙。

所以倘使下面的话使你听了不愉快,使你觉得我不了解你,不了解你学习的需要,那么请你想到上面两个理由而原谅我,请你原谅我是人,原谅我抛不开天下父母对子女的心。

一个人要做一件事,事前必须考虑周详。尤其是想改弦易辙,丢开老路,换走新路的时候,一定要把自己的理智做一个天平,把老路与新路放在两个盘里很精密的称过。现在让我来替你做一件工作，帮你把一项项的理由，放在秤盘里：

〔甲盘〕　　　　　　　　〔乙盘〕

（一）杰老师过去对你的帮助是否不够？假如他指导得更好，你的技术是否还可以进步？

（一）苏联的教授法是否一定比杰老师的高明？技术上对你可以有更大的帮助？

（二）六个月在波兰的学习，使你得到这次比赛的成绩，你是否还不满意？

（二）假定过去六个月在苏联学，你是否觉得这次的成绩可以更好？名次更前？

（三）波兰得第一名的，也是杰老师的学生，他得第一的原因何在？

（三）苏联得第二名的，为什么只得一个第二？

（四）技术训练的方法，波兰派是否有毛病，或是不完全？

（四）技术训练的方法，在苏联是否一定胜过任何国家？

（五）技术是否要靠时间慢慢的提高？

（五）苏联是否有比较快的方法提高？

（六）除了萧邦以外，对别的作家的了解，波兰的教师是否不大使你佩服？

（六）对别的作家的了解，是否苏联比别国也高明得多？

（七）去年八月周小燕在波兰知道杰老师为了要教你，特意训练他的英语，这点你知道吗？

（七）苏联教授是否比杰老师还要热烈？

〔一般性的〕

（八）以你个人而论，是否换一个技术训练的方法，一定还能有更大的进步？所以对第（二）项要特别注意，你是否觉得以你六个月的努力，倘有更好的方法教你，你是否技术上可以和别人并驾齐驱，或是更接近？

（九）以学习 Schumann［舒曼］而论，是否苏联也有特殊优越的条件？

（十）过去你盛称杰老师教古典与近代作品教得特别好，你现在是否改变了意见？

（十一）波兰居住七个月来的总结，是不是你的学习环境不大理想？苏联是否在这方面更好？

（十二）波兰各方面对你的关心、指点，是否在苏联同样可以得到？

（十三）波兰方面一般带着西欧气味，你是否觉得对你的学习不大好？

这些问题希望你平心静气，非常客观的逐条衡量，用"民主表决"的方法，自己来一个总结。到那时再作决定。总之，听不听由你，说不说由我。你过去承认我"在高山上看事情"，也许我是近视眼，看出来的形势都不准确。但至少你得用你不近视的眼睛，来检查我看到的是否不准确。果然不准确的话，你当然不用，也不该听我的。

假如你还不以为我顽固落伍，而愿意把我的意见加以考虑的话，那对我真是莫大的"荣幸"了！等到有一天，我发觉你处处比我看得清楚，我第一个会佩服你，非但不来和你"缠夹二"乱提意见,而且还要遇事来请教你呢!目前,第一不要给我们一个闷葫芦!磨难人最厉害的莫如 unknown[不知]和 uncertain[不定]!对别人同情之前,对父母先同情一下吧!

四月二十一日夜

能够起床了,就想到给你写信。

邮局把你比赛后的长信遗失,真是害人不浅。我们心神不安半个多月,都是邮局害的。三月三十日是我的生日,本来预算可以接到你的信了。到四月初,心越来越焦急,越来越迷糊,无论如何也想不通你始终不来信的原因。到四月十日前后,已经根本抛弃希望,似乎永远也接不到你的家信了。

四月十日上午九时半至十一时,听北京电台广播你弹的 Berceuse[《摇篮曲》]和一支 Mazurka[《玛祖卡》],一边听,一边说不出有多少感触。耳朵里听的是你弹的音乐,可是心里已经没有把握孩子对我们的感情怎样——否则怎么会没有信呢?——真的,孩子,你万万想不到我跟你妈妈这一个月来的精神上的波动,除非你将来也有了孩子,而且也是一个像你这样的孩子!马先生三月三十日就从北京寄信来,说起你的情形,可见你那时身体是好的,那末迟迟不写家信更叫我们惶惑"不知所措"了。何况你对文化部提了要求,对我连一个字也没有:难道又不信任爸爸了吗?这个疑问给了我最大的痛苦,又使我想到舒曼痛惜他父亲早死的事,又想到莫扎特写给他父亲的那些亲切的信:其中有一封信,是莫扎特离开了 Salzburg[萨尔茨堡]大主教,受到父亲责难,莫扎特回信说:

"是的,这是一封父亲的信,可不是**我的父亲**的信!"

聪,你想,我这些联想对我是怎样的一种滋味!四月三日(第30号)的信,我写的时候不知怀着怎样痛苦、绝望的心情,我是永远忘不了的。妈妈说的:"大概我们一切都太顺利了,太幸福了,天也嫉妒我们,所以要给我们受这些挫折!"要不这样说,怎么能解释邮局会丢失这么一封要紧的信呢?

你那封信在我们是有历史意义的,在我替你编录的"学习经过"和"国外音乐报道"(这是我把你的信分成的类别,用两本簿子抄下来的),是极重要的材料。我早已决定,我和你见了面,每次长谈过后,我一定要把你谈话的要点记下来。为了青年朋友们的学习,为了中国这么一个处在音乐萌芽时代的国家,我做这些笔记是有很大的意义的。所以这次你长信的失落,逼得我留下一大段空白,怎么办呢?

可是事情不是没有挽回的。我们为了丢失那封信,二十多天的精神痛苦,不能不算是付了很大的代价;现在可不可以要求你也付些代价呢?只要你每天花一小时的工夫,连续三四天,补写一封长信给我们,事情就给补救了。而且你离开比赛时间久一些,也许你一切的观感倒反客观一些。我们极需要知道你对自己的演出的评价,对别人的评价——尤其是对于前四五名的。我一向希望你多发表些艺术感想,甚至对你弹的 Chopin [萧邦] 某几个曲子的感想。我每次信里都谈些艺术问题,或是报告你国内乐坛消息,无非想引起你的回响,同时也使你经常了解国内的情形。

一个人太容易满足固然不行,太不知足而引起许多不现实的幻想也不是健全的！这一点，我想也只有我一个人会替你指出来。假如我把你意思误会了，那末你不妨把我的话当作"有则改之，无则加勉"。爸爸一千句、一万句，无非是为你好，为你个人好，也就是为我们的音乐界好，也就是为我们的祖国、人民以及全世界的人类好！

我知道克利斯朵夫（晚年的）和乔治之间的距离，在一个动荡的时代是免不了的。但我还不甘落后，还想事事、处处追上你们，了解你们，从你们那儿汲取新生命、新血液、新空气，同时也想竭力把我们的经验和冷静的理智，献给你们，做你们一支忠实的手杖！万一有一天，你们觉得我这根手杖是个累赘的时候，我会感觉到，我会销声匿迹，决不来绊你们的脚！

你有一点也许还不大知道。我一生遇到重大的问题，很少不是找几个内行的、有经验的朋友商量的；反之，朋友有重大的事也很少不来找我商量的。我希望和你始终能保持这样互相帮助的关系。

杰维茨基教授四月五日来信说："聪很少和我谈到将来的学习计划。我只知道他与苏联青年来往甚密，他似乎很向往于他们的学派。但若聪愿意，我仍是很高兴再指导他相当时期。他今后不但要在技巧方面加工，还得在情绪（emotion）和感情（sentimento）的平衡方面多下克制功夫（这都是我近二三年来和你常说的）；我预备教他一些 less romantic［较不浪漫］的东西，即巴赫、莫扎特、斯卡拉蒂、初期的贝多芬等等。"

他也提到你初赛的 tempo［速度］拉得太慢，后来由马先生帮着劝你，复赛效果居然改得多等等。你过去说杰老师很 cold［冷漠］，据他给我的信，字里行间都流露出热情，对你的热情。我猜想他有些像我的性格，不愿意多在口头奖励青年。你觉得怎么样？

五月八日／九日

说到"不答复"，我又有了很多感慨。我自问：长篇累牍的给你写信，不是空唠叨，不是莫名其妙的 gossip［说长道短］，而是有好几种作用的。第一，我的确把你当作一个讨论艺术，讨论音乐的对手；第二，极想激出你一些青年人的感想，让我做父亲的得些新鲜养料，同时也可以间接传布给别的青年；第三，借通信训练你的——不但是文笔，而尤其是你的思想；第四，我想时时刻刻，随处给你做个警钟，做面"忠实的镜子"，不论在做人方面，在生活细节方面，在艺术修养方面，在演奏姿态方面。我做父亲的只想做你的影子，既要随时随地帮助你、保护你，又要不让你对这个影子觉得厌烦。但我这许多心愿，尽管我在过去的三十多封信中说了又说，你都似乎没有深刻的体会，因为你并没有适当的反应，就是说：尽量给我写信，"被动的"对我说的话或是表示赞成，或是表示异议，也很少"主动的"发表你的主张或感想——特别是从十二月以后。

你不是一个作家，从单纯的职业观点来看，固无须训练你的文笔。但除了多写之外，以你现在的环境，怎么能训练你的思想、你的理智、你的 intellect［才智］呢？而一个人思想、理智、intellect 的训练，总不能说不重要吧？多少读者来信，希望我多跟他们通信；可惜他们的程度与我相差太远，使我爱莫能助。你既然具备了足够的条件，可以和我谈各式各种的问题，也碰到我极热烈的渴望和你谈这些问题,而你偏偏很少利用!孩子,一个人往往对手头的东西(或是机会,或是环境,或是任何可贵的东西)不知珍惜,直到要失去了的时候再去后悔!这是人之常情,但我们不能因为是人之常情而宽恕我们自己的这种愚蠢,不想法去改正。

你不是抱着一腔热情,想为祖国、为人民服务吗?而为祖国、为人民服务是多方面的,并不限于在国外为祖国争光,也不限于用音乐去安慰人家——虽然这是你最主要的任务。我们的艺术家还需要把自己的感想、心得,时时刻刻传达给别人,让别人去作为参考的或者是批判的资料。你的将来,不光是一个演奏家,同时必须兼做教育家;所以你的思想,你的理智,更需要训练,需要长时期的训练。我这个可怜的父亲,就在处处替你作这方面的准备,而且与其说是为你作准备,还不如说为中国音乐界作准备更贴切。孩子,一个人空有爱同胞的热情是没用的,必须用事实来使别人受到我的实质的帮助,这才是真正的道德实践。别以为我们要求你多写信是为了父母感情上的自私——其中自然也有一些,但决不是主要的。你很知道你一生受人家的帮助是应当用行动来报答的;而从多方面去锻炼自己就是为报答人家作基本准备。

勃隆斯丹太太来信,要我祝贺你,她说:"我从未怀疑过,哪怕是一分钟,在这次比赛中他会是多个第一名中的一个。聪真棒!由于他的勤奋不已(这是与坚强的意志不可分的)和巨大的才能(正如上帝赋予的那样),在相当短的时期内,几乎创造了奇迹!我真诚的希望聪认识到他即将进入伟大艺术家生涯的大门,获得精神上的无限喜悦,同样也充满了荆棘和艰辛。主要的不光是他个人获得了成功,而在于他给予别人精神上巨大的振奋和无限的欢乐。"①

和你的话是谈不完的,信已经太长,妈妈怕你看得头昏脑涨,劝我结束。她觉得你不能回来一次,很遗憾。我们真是多么想念你啊!你放心,爸爸是相信你一切都很客观,冷静,对人的批评并非意气用事;但是一个有些成就的人,即使事实上不骄傲,也很容易被人认为骄傲的(一个有些名和地位的人,就是这样的难做人!),所以在外千万谨慎,说话处处保留些。尤其双方都用一种非祖国的语言,意义轻重更易引起误会。

五月十一日

孩子,别担心,你四月二十九、三十两信写得非常彻底,你的情形都报告明白了,我们决无误会②。过去接不到你的信固然是痛苦,但一旦有了你的长信,明白了底细,我们哪里还会对你有什么不快,只有同情你,可怜你补写长信,又开了通宵的"夜车",使我们心里老大的不忍。你出国七八个月,写回来的信并没什么过火之处,偶尔有些过于相信人或是怀疑人的话,我也看得出来,也会打些小折扣。一个热情的人,尤其是青年,过火是免不了的;只要心地善良,正直,胸襟宽,能及时改正自己的判断,不固执己见,那

---

① 勃隆斯丹太太的原信为英文,此处为编者所译。
② 傅聪于一九五五年三月二十日比赛结束后举行获奖演奏会,二十一日和二十二日又有音乐会和宴会。二十三日上 Zakopane〔扎科帕内〕山区休假,通宵写了一封长信,二十四日托人发出,结果家中未收到。无奈于四月二十九日和三十日重写。

就很好了。你不必多责备自己，只要以后多写信，让我们多了解你的情况，随时给你提提意见，那就比空自内疚、后悔挽救不了的"以往"，有意思多了。你说写信退步，我们都觉得你是进步。你分析能力比以前强多了，态度也和平得很。爸爸看文字多么严格，从文字上挑剔思想又多么认真，不会随便夸奖你的。

我认为一个人只要真诚，总能打动人的；即使人家一时不了解，日后仍会了解的。我这个提议，你觉得如何？因为我一生做事，总是第一坦白，第二坦白，第三还是坦白。绕圈子、躲躲闪闪，反易叫人疑心；你要手段，倒不如光明正大，实话实说，只要态度诚恳、谦卑、恭敬，无论如何人家不会对你怎的。我的经验，和一个爱弄手段的人打交道，永远以自己的本来面目对付，他也不会用手段对付你，倒反看重你的。你不要害怕，不要羞怯，不要不好意思；但话一定要说得真诚老实。既然这是你一生的关键，就得拿出勇气来面对事实，用最光明正大的态度来应付，无须那些不必要的顾虑而不说真话！就是在实际做的时候，要注意措辞及步骤。只要你的感情是真实的，别人一定会感觉到，不会误解的。

你考虑这许多细节的时候，必须心平气和，精神上很镇静，切勿烦躁，也切勿焦急。有问题终得想法解决，不要怕用脑筋。我历次给你写信，总是非常冷静、非常客观的。唯有冷静与客观，终能想出最好的办法。

对外国朋友固然要客气，也要阔气，但必须有分寸。像西卜太太之流，到处都有，你得提防。巴尔扎克小说中人物，不是虚造的。人的心理是：难得收到的礼，是看重的，常常得到的不但不看重，反而认为是应享的权利，临了非但不感激，倒容易生怨望。所以我特别要嘱咐你"有分寸"！

五月十六日

你现在对杰老师的看法也很对。"做人"是另外一个问题，与教学无关。对谁也不能苛求。你能继续跟杰老师上课，我很赞成，千万不要驼子摔跤，两头不着。有个博学的老师指点，总比自己摸索好，尽管他有些见解与你不同。但你还年轻，musical literature [音乐文献] 的接触真是太有限了，乐理与曲体的知识又是几乎等于零，更需要虚心一些，多听听年长的，尤其是一个 scholarship [学术成就，学问修养] 很高的人的意见。

有一点，你得时时刻刻记住：你对音乐的理解，十分之九是凭你的审美直觉；虽则靠了你的天赋与民族传统，这直觉大半是准确的，但究竟那是西洋的东西，除了直觉以外，仍需要理论方面的，逻辑方面的，史的发展方面的知识来充实；即使是你的直觉，也还要那些学识来加以证实，自己才能放心。所以便是以口味而论觉得格格不入的说法，也得采取保留态度，细细想一想，多辨别几时，再作断语。这不但对音乐为然，治一切学问都要有这个态度。所谓冷静、客观、谦虚，就是指这种实际的态度。

来信说学习主要靠 mind [头脑]，ear [听力]，及敏感，老师的帮助是有限的。这是因为你的理解力强的缘故，一般弹琴的，十分之六七以上都是要靠老师的。这一点，你在波兰同学中想必也看得很清楚。但一个有才的人也有另外一个危机,就是容易自以为是的走牛角尖。所以**才气越高,越要提防**,用 solid [扎扎实实] 的学识来充实,用冷静与客观的批评精神,**持续不断的检查自己**。唯有真正能做到这一步,而且**终身**的做下去,才能成为一个真正的艺术家。

还要说两句有关学习的话,就是我老跟恩德①说的:"要有耐性,不要操之过急。越是心平气和,越有成绩。时时刻刻要承认自己是笨伯,不怕做笨功夫,那就不会期待太切,稍不进步就慌乱了。"对你,第一要紧是安排时间,多多腾出无谓的"消费时间",我相信假如你在波兰能像在家一样,百事不打扰,每天都有七八小时在琴上,你的进步一定更快!

十二月十一日夜

"毛选"中的《实践论》及《矛盾论》,可多看看,这是一切理论的根底。此次寄你的书中,一部分是纯理论,可以帮助你对马列主义及辩证法有深切了解。为了加强你的理智和分析能力,帮助你头脑冷静,彻底搞通马列及辩证法是一条极好的路。我本来富于科学精神,看这一类书觉得很容易体会,也很有兴趣,因为事实上我做人的作风一向就是如此的。你感情重,理智弱,意志尤其弱,亟

---

① 即牛恩德,傅聪青年时期的琴友,傅聪出国后,常去探望傅雷夫妇,后被傅雷夫妇认作干女儿。一九五六年后先后赴英、美学琴,定居美国。退休前一直是钢琴教授,二〇一二年病逝。

须从这方面多下功夫。否则你将来回国以后,什么事都要格外赶不上的。

　　住屋及钢琴两事现已圆满解决,理应定下心来工作。倘使仍觉得心绪不宁,必定另有原因,索性花半天功夫仔细检查一下,病根何在?查清楚了才好对症下药,廓清思想。老是蒙着自己,不正视现实,不正视自己的病根,而拖泥带水,不晴不雨的糊下去,只有给你精神上更大的害处。该拿出勇气来,彻底清算一下。

　　你始终太容易信任人。我素来不轻信人言,等到我告诉你什么话,必有相当根据,而你还是不大重视,轻描淡写。这样的不知警惕,对你将来是危险的!一个人妨碍别人,不一定是因为本性坏,往往是因为头脑不清,不知利害轻重。所以你在这些方面没有认清一个人的时候,切忌随口吐露心腹。一则太不考虑和你说话的对象,二则太不考虑事情所牵涉的另外一个人。(还不止一个呢!)来信提到这种事,老是含混得很。去夏你出国后,我为另一件事写信给你,要你检讨,你以心绪恶劣推掉了。其实这种作风,这种逃避现实的心理是懦夫的行为,决不是新中国的青年所应有的。你要革除小布尔乔亚根性,就要从这等地方开始革除!

　　别怕我责备!(这也是小布尔乔亚的懦怯。)也别怕引起我心烦,爸爸不为儿子烦心,为谁烦心?爸爸不帮助孩子,谁帮助孩子?儿子苦闷不向爸爸求救,向谁求救?你这种顾虑也是一种短视的温情主义,要不得!懦怯也罢,温情主义也罢,总之是反科学,反马列主义。为什么一个人不能反科学、反马列主义?因为要生活得好,对社会尽贡献,就需要把大大小小的事,从日常生活、感情问题,一直到学习、工作、国家大事,一贯的用科学方法、马列主义的方法,去分析,去处理。批评与自我批评所以能成为有力的武器,也就在于它能培养冷静的科学头脑,对己、对人、对事,都一视同仁,做不偏不倚的检讨。而批评与自我批评最需要的是勇气,只要存着一丝一毫懦怯的心理,批评与自我批评便永远不能做得彻底。我并非说有了自我批评(即挖自己的根),一个人就可以没有烦恼。不是的,烦恼是永久免不了的,就等于矛盾是永远消灭不了的一样。但是不能因为眼前的矛盾消灭了将来照样有新矛盾,就此不把眼前的矛盾消灭。挖了根,至少可以消灭眼前的烦恼。将来新烦恼来的时候,再去消灭新烦恼。挖一次根,至少可以减轻烦恼的严重性,减少它危害身心的可能;不挖根,老是有些思想的、意识的、感情的渣滓积在心里,久而久之,成为一个沉重的大包袱,慢慢的使你心理不健全,头脑不冷静,胸襟不开朗,创造更多的新烦恼的因素。这一点不但与马列主义的理论相合,便是与近代心理分析和精神病治疗的研究结果也相合。

至于过去的感情纠纷,时时刻刻来打扰你的缘故,也就由于你没仔细挖根。我相信你不是爱情至上主义者,而是真理至上主义者;那末你就该用这个立场去分析你的对象(不论是初恋的还是以后的),你跟她(不管是谁)在思想认识上,真理的执著上,是否一致或至少相去不远?从这个角度上去把事情解剖清楚,许多烦恼自然迎刃而解。你也该想到,热情是一朵美丽的火花,美则美矣,无奈不能持久。希望热情能永久持续,简直是愚妄;不考虑性情、品德、品格、思想等等,而单单执著于当年一段美妙的梦境,希望这梦境将来会成为现实,那末我警告你,你可能遇到悲剧的!世界上很少如火如荼的情人能成为美满的、白头偕老的夫妇的；传奇式的故事，如但丁①之于裴阿脱里克斯，所以成为可哭可泣的千古艳事，就因为他们没有结合；但丁只见过几面（似乎只有一面）裴阿脱里克斯。歌德②的太太克里斯丁纳是个极庸俗的女子，但歌德的艺术成就，是靠了和平宁静的夫妇生活促成的。过去的罗曼史，让它成为我们一个美丽的回忆，作为一个终身怀念的梦，我认为是最明哲的办法。老是自苦是只有消耗自己的精力，对谁都没有裨益的。孩子，以后随时来信，把苦闷告诉我，我相信还能凭一些经验安慰你呢。爸爸受的痛苦不能为儿女减除一些危险，那末爸爸的痛苦也是白受了。但希望你把苦闷的缘由写得详细些（就是要你自己先分析一个透彻），免得我空发议论，无关痛痒的对你没有帮助。好了，再见吧，多多来信，来信分析你自己就是一种发泄，而且是有益于心理卫生的发泄。爸爸还有足够的勇气担受你的苦闷，相信我吧！你也有足够的力量摆脱烦恼，有足够的勇气正视你的过去，我也相信你！

---

① 但丁（1265—1321），意大利诗人，被恩格斯誉为"中世纪的最后一位诗人，同时又是新时代最初一位诗人"。一生著作甚丰，其中最有价值的是《神曲》。

② 歌德（1749—1832），十八世纪中叶至十九世纪初德国和欧洲最重要的作家。

一九五六年

一月四日深夜

我劝你千万不要为了技巧而烦恼★,主要是常常静下心来,细细思考,发掘自己的毛病,寻找毛病的根源,然后想法对症下药,或者向别的师友讨教。烦恼只有打扰你的学习,反而把你的技巧拉下来。共产党员常常强调:"克服困难",要克服困难,先得**镇定**!只有多用头脑才能解决问题。同时也切勿**操之过急**,假如经常能有些少许进步,就**不要灰心**,不管进步得多么少。而主要还在于内心的修养,性情的修养;我始终认为手的紧张和整个身心有关系,不能机械的把"手"孤立起来。练琴的时间必须正常化,不能少,也不能多;多了整个的人疲倦之极,只会有坏结果。要练琴时间正常,必须日常生活科学化,计划化,纪律化!假定有事出门,回来的时间必须预先肯定,在外面也切勿难为情,被人家随便多留,才能不打乱事先定好的日程。

★ 傅聪在一九五五年十二月二十三日给父母的信中谈到对技术的苦闷:你们要我谈技巧问题,我能谈些什么呢?光在纸上写是说不出什么道理的,我自己常为此而烦恼,"放松"问题老是不能彻底解决,今天好像好一些,明天又退了;当然比从前是好多了,比起真正的放松还远。这是非常艰难的过程,特别我老习惯深,而对音乐的表现有强烈的欲望,在演奏时不免常常由于音乐而忘记了注意方法问题。

要我具体写出心烦些什么,自己也弄不清楚,只觉得常常脑子里一片混乱。我还是非常 nervous [紧张],没有耐心,不会平心静气的思索,能够平心静气时,也就没有什么烦恼了。

最近我已经颇有规律的练琴了。心情也不能说不好,只是乱,常常忽忧忽喜。主要还是学习上的苦闷,老觉得自己不行,technic [技巧] 好像永远解决不了似的。

要培养理智,要培养冷静:这确是我最需要的东西。还有,一定要克服许多不必要的敏感。……成功绝不会冲昏我的头脑,却常常使我担忧。我知道自己是有能力的。"自信"我是有的,但是我根底差,技巧上缺陷还很多,所知道的扎实的东西也少得很,我的成功随时随地需要十二万分的努力来撑持的。我有时的情绪坏是由于忧虑:在技术上我还是常常遇到挫折,在音乐方面有时也如此。我是极其敏感的人,因此心情不安,又非常担忧别人对我期望高,而我所能做到的却不能满足别人的期望。骄傲,我是绝对没有的,相反,我常常怀疑自己,有时甚至会自卑。

一月二十日

昨天接一月十日来信,和另外一包节目单,高兴得很。第一,你心情转好了,第二,一个月内你来两封信,已经是十个多月没有的事了。只担心一件,一天十二小时的工作对身心压力太重。我明白你说的"十二小时绝对必要"的话,但这句话背后有一个很重要的原因：倘使你在十一十二两月中不是常常烦恼，每天保持——不多说——六七小时的经常练琴，我断定你现在就**没有**一天练十二小时的"**必要**"。你说是不是？从这个经验中应得出一个教训：以后即使心情有波动，工作可不能松弛。平日练八小时的，在心绪不好时减成六七小时，那是可以原谅的，也不至于如何妨碍整个学习进展。超过这个尺寸，到后来势必要加紧突击，影响身心健康。往者已矣，来者可追，孩子，千万记住：下不为例！何况正规工作是驱除烦恼最有效的灵药！我只要一上桌子，什么苦闷都会暂时忘掉★。

你这一行的辛苦，当然辛苦到极点。就因为这个，我屡次要你生活正规化，学习正规化。不正规如何能持久？不持久如何能有成绩？如何能巩固已有的成绩？以后一定要安排好，控制得牢，万万不能"空"与"忙"调配得不匀，免得临时着急，日夜加工的赶任务。而且作品的了解与掌握，就需要长时期的慢慢消化、咀嚼、吸收。这些你都明白得很，问题在于实践！

★ 傅聪在一九五六年一月十日给父母的信中谈到自己心情好转的情况：
最近我的心情已经好转了，一方面因为去捷克、南斯拉夫期近，非得用功不可，一开始工作心里就没有负担了。另一方面，爸爸的信和那些理论书对我也很有帮助，只是时间太少。我现在每天差不多练十二小时左右（十二小时完全是必要的），练完后，总是筋疲力尽，身体疲劳，脑子也疲劳，我几乎不大能再用心思考别的问题了。弄我们这一门实在不容易，要有一点成绩，就得日以继夜的劳动，要把脑子所分析的，心里所感受的，都在一双手上滚得烂熟，一点也马虎不得，特别是像我技术基础不很扎实的人。

二月八日

勃隆斯丹太太有信来。……有几句话她要我告诉你的:

听了斯坦番斯卡在加拿大举行的独奏音乐会后,勃隆斯丹夫人写道:"我从未听到过弹萧邦弹得那么细腻灵巧、那么精美雅致;比她弹巴赫—布索尼《夏空》的音色变幻更宏丽;比她弹斯卡拉蒂和莫扎特的《奏鸣曲》更典雅更明澈。然而,这是无可非议的,她弹的萧邦是远离尘世的无与伦比的。……我跟她提到了聪曾是我得意的最有才能的学生,她,还有她丈夫,马上赞同聪是个大天才,而且,带着一点民族的自豪感谈到了去年春天聪获得演奏《玛祖卡》最优奖的事。在我谈到聪的名字时,斯坦番斯卡教授立刻惊呼:'啊,你就是他在上海的那位老师!'我真是惊喜万分。显然,聪早已跟他们谈起过我。"①

百代公司也有信来,说你对自己的批评,足见你要求的严格,更值得称赞;但他们认为你的批评是过分的,因为弹得实在有极高的 musicality［对音乐的理解与鉴赏能力］。他们也承认唱片质地不够好,那是波兰胶带上的毛病。正式片上可以稍为修改一些,"只要机器相当好,听来效果是可以满意的"。又希望将来你到巴黎去,在他们的 studio［录音室］中录,一定可以完美。我送给公司的《敦煌画集》,他们已收到,信中表示非常高兴,还说:"我们为你和你儿子所尽的一些力,不值得受这样高的报酬。"百代公司又说正式片定于一月底出来。去年说过十月底的,拖到现在。所以虽说一月

---

① 勃隆斯丹太太的原信为英文,此处为编者所译。

底，我仍不敢肯定他们会做到。

寄来的法、比、瑞士的材料，除了一份以外，字里行间，非常清楚的对第一名不满意，很显明是关于他只说得了第一奖，多少钱；对他的演技一字不提。英国的报道也只提你一人。可惜这些是一般性的新闻报道，太简略。法国的《法国晚报》的话讲得最显明："不管奖金的额子多么高，也不能使一个二十岁的青年得到成熟与性格。"——这句中文译得不好，还是译成英文吧："The prize in a competition, however high it may be, is not sufficient to give a pianist of 20 the maturity and personality.""尤其是头几名分数的接近，更不能说 the winner has won definitely [冠军名至实归，冠军绝对领先]。总而言之，将来的时间和群众会评定的。在我们看来，the revelation of V Competition of Chopin is the Chinese pianist Fou Tsong, who stands very highly above the other competitors by a refined culture and quite matured sensitivity. [在第五届萧邦钢琴比赛中，才华毕露的是中国钢琴家傅聪，由于他优雅的文化背景与成熟的领悟能力，在全体参赛者之间，显得出类拔萃。]"

这是几篇报道中，态度最清楚的。

二月十三日

上海政协开了四天会，我第一次代表小组发言，第二次个人补充发言，附上稿子二份，给你看看。十日平信寄你一包报纸及剪报，内有周总理的政治报告，关于知识分子问题的报告，及全国政协大会的发言选辑，并用红笔勾出，使你看的时候可集中要点，节约时间。另有一本《农业发展纲要》小册子。预料那包东西在三月初可以到你手里；假使你没空，可以在去南途中翻阅。从全国政协的发言中，可看出我国各方面的情况，各阶层的意见，各方面的人才。

上海政协此次会议与去年五月大会情形大不相同。出席人员不但情绪高涨，而且讲话都富有内容，问题提得很多，很具体（上次大会歌功颂德的空话占十分之七八）。杨伯伯①代表音乐小组发言，有声有色，精彩之至。他说明了音乐家的业务进修需要怎么多的时间，现在各人的忙乱，业务水平天天在后退；他不但说的形象化，而且音响化。休息时间我遇到《文汇报》社长徐铸成，他说："我今天上了一课（音乐常识）。"对社会人士解释音乐家的劳动性质，是非常必要的。只有在广大人民认识了这特殊的劳动性质，才能成为一种舆论，督促当局对音乐界的情况慢慢的改善。

大会发言，我的特点是全体发言中套头语最少，时间最短的。第一次发言不过十一分钟，第二次不过六分钟。人家有长到二十五分钟的，而且拖拖拉拉，重复的句子占了一半以上。

林伯伯由周伯伯（煦良，他是上海政协九个副秘书长之一，专门负责文化事业）推荐，作为社会人士，到北京去列席全国政协大会。从一月三十日起到二月七日为止，他在北京开会。行前我替他预备了发言稿，说了一些学校医学卫生（他是华东师大校医）和他的歌唱理论，也大概说了些音乐界的情形。结果他在小组上讲了，

---

① 杨嘉仁，时任上海音乐学院指挥系主任，傅雷挚友，于"文革"中被迫害致死。

效果很好。他到京后自己又加了一段检讨自己的话,大致是:"我个人受了宗派主义的压迫,不免抱着报复的心思,埋头教学生,以为有了好的歌唱人才出来,自然你们这些不正派的人会垮台。我这个思想其实就是造成宗派主义思想,把自己的一套建立成另外一个宗派;而且我掉进了宗派主义而不自知。"你看,这段话说得好不好?

他一向比较偏,只注意歌唱,只注意音质;对音乐界一般情况不关心,对音乐以外的事更不必说。这一回去北京,总算扩大了他的心胸与视野。毛主席请客,他也有份,碰杯也有份。许多科学家和他谈得很投机。中央统战部部长李维汉也和他谈了"歌唱法",打电话给文化部丁副部长燮林(是老辈科学家),丁又约了林谈了二十分钟。大概在这提倡科学研究的运动中,林伯伯的研究可以得到政府的实力支持。——这一切将来使我连带也要忙一些。因为林伯伯什么事都要和我商量:定计划等等,文字上的修改,思想方面的补充,都需要我参加。

孩子,你一定很高兴,大家都在前进,而且是脚踏实地的前进,绝不是喊口号式的。我们的国家虽则在科学成就上还谈不到"原子能时代",但整个社会形势进展的速度,的确是到了"原子能时代"了。大家都觉得跟不上客观形势。单说我自己吧,尽管时间充裕,但各式各样的新闻报道、学习文件、报纸、杂志、小册子,多得你顾了这,顾不了那,真是着急。本门工作又那么费时间,差不多和你练琴差不多。一天八九小时,只能译一二千字;改的时候,这一二千字又要花一天时间,进步之慢有如蜗牛。而且技术苦闷也和你一样,随处都是问题,了解的能力至少四五倍于表达的能力。……你想不是和你相仿吗?

一般小朋友，在家自学的都犯一个大毛病：太不关心大局，对社会主义的改造事业很冷淡。我和名强、酉三、子歧都说过几回，不发生作用。他们只知道练琴。这样下去，少年变了老年，与社会脱节，真正要不得。我说少年变了老年，还侮辱了老年人呢！今日多少的老年人都很积极，头脑开通。便是宋家婆婆也是脑子清楚得很。那般小朋友的病根，还是在于家庭教育。家长们只看见你以前关门练琴，可万万想不到你同样关心琴以外的学问和时局；也万万想不到我们家里的空气绝对不是单纯的，一味的音乐，音乐，音乐的！当然，小朋友们自己的聪明和感受也大有关系；否则，为什么许多保守顽固的家庭里照样会有精神蓬勃的子弟呢？

假如你看了我的信，我的发言，和周总理的报告等等有感触的话，只希望你把热情化为力量，把惭愧化为决心。你最要紧的是抓紧时间，生活纪律化，科学化；休息时间也不能浪费！

二月二十九日夜

一切伟大的艺术家（不论是作曲家，是文学家，是画家……）必然兼有独特的个性与普遍的人间性。我们只要能发掘自己心中的人间性，就找到了与艺术家沟通的桥梁。再若能细心揣摩，把他独特的个性也体味出来，那就能把一件艺术品整个儿了解了——当然不可能和原作者的理解与感受完全一样，了解的多少、深浅、广狭，还是大有出入；而我们自己的个性也在中间发生不小的作用。

大多数从事艺术的人，缺少真诚。因为不够真诚，一切都在嘴里随便说说，当作唬人的幌子，装自己的门面，实际只是拾人牙慧，并非真有所感。所以他们对作家决不能深入体会，先是对自己就没有深入分析过。这个意思，克利斯朵夫（在第二册内）也好像说过的。

真诚是第一把艺术的钥匙。知之为知之，不知为不知。真诚的"不懂"，比不真诚的"懂"，还叫人好受些。最可厌的莫如自以为是，自作解人。有了真诚，才会有虚心；有了虚心，才肯丢开自己去了解别人，也才能放下虚伪的自尊心去了解自己。建筑在了解自己了解别人上面的爱，才不是盲目的爱。

而真诚是需要长时期从小培养的。社会上，家庭里，太多的教训使我们不敢真诚，真诚是需要很大的勇气作后盾的。所以做艺术家先要学做人。艺术家一定要比别人更真诚，更敏感，更虚心，更勇敢，更坚忍，总而言之，要比任何人都 less imperfect［较少不完美之处］！

好像世界上公认有个现象：一个音乐家（指演奏家）大多只能限于演奏某几个作曲家的作品。其实这种人只能称为演奏家而不是艺术家。因为他们的胸襟不够宽广，容受不了广大的艺术天地，接受不了变化无穷的形与色。假如一个人永远能开垦自己心中的园地，了解任何艺术品都不应该有问题的。

有件小事要和你谈谈。你写信封为什么老是这么不 neat［干净］？日常琐事要做的 neat，等于弹琴要讲究干净是一样的。我始终认为做人的作风应当是一致的，否则就是不调和；而从事艺术的人应当最恨不调和。我这回附上一小方纸，还比你用的信封小一些，照样能写得很宽绰。你能不能注意一下呢？以此类推，一切小事养成这种 neat 的习惯，对你的艺术无形中也有好处。因为无论如何细小不足道的事，都反映出一个人的意识与性情。修改小习惯，就等于修改自己的意识与性情。所谓学习，不一定限于书本或是某种技术；否则随时随地都该学习这句话，又怎么讲呢？我想你每次接到我的信，连寄书谱的大包，总该有个印象，觉得我的字都写得整整齐齐、清楚明白吧！

三月一日晨

你去南斯拉夫的日子，正是你足二十二岁生日。大可利用路上的时间，仔细想一想我每次信中所提的学习正规化，计划化，生活科学化等等，你不妨反省一下，是否开始在实行了？还有什么缺点需要改正？过去有哪些成绩需要进一步巩固？总而言之，你该作个小小的总结。

我们社会的速度，已经赶上了原子能时代。谁都感觉到任务重大而急迫，时间与工作老是配合不起来。所以最主要的关键在于争取时间。我对你最担心的就是这个问题。生活琐事上面，你一向拖拖拉拉，浪费时间很多。希望你大力改善，下最大的决心扭转过来。爸爸的心老跟你在一块，为你的成功而高兴，为你的烦恼而烦恼，为你的缺点操心！在你二十二岁生日的时候，我对你尤其有厚望！勇敢些，孩子！再勇敢些，克服大大小小的毛病，努力前进！

四月二十九日

你有这么坚强的斗争性，我很高兴。但切勿急躁，妨碍目前的学习。以后要多注意：坚持真理的时候必须注意讲话的方式、态度、语气、声调。要做到越有理由，态度越缓和，声音越柔和。坚持真理原是一件艰巨的斗争，也是教育工作，需要好的方法、方式、手段，还有是耐心。万万不能动火，令人误会。这些修养很不容易，我自己也还离得远呢。但你可趁早努力学习！

经历一次磨折，一定要在思想上提高一步。以后在作风上也要改善一步。这样才不冤枉。一个人吃苦碰钉子都不要紧，只要吸取教训，所谓人生或社会的教育就是这么回事。你多看看文艺创作上所描写的一些优秀党员，就有那种了不起的耐性，肯一再的细致的说服人，从不动火，从不强迫命令。这是真正的好榜样。而且存了这种心思，你也不会再烦恼；而会把斗争当做日常工作一样了。要坚持，要贯彻，但是也要忍耐！

五月三十一日

昨（三十日）接夏衍对我上月底去信的答复，特抄附。信中提到的几件事，的确值得你作为今后的警戒。我过去常常嘱咐你说话小心，但没有强调关于国际的言论，这是我的疏忽。嘴巴切不可畅，尤其在国外！对宗教的事，跟谁都不要谈。我们在国内也从不与人讨论此事。在欧洲，尤其犯忌。你必须深深体会到这些，牢记在心！对无论哪个外国人，提到我们自己的国家，也须特别保留。你即使对自己要求很严，并无自满情绪；但因为了解得多了一些，自然而然容易恃才傲物，引人误会。我自己也有这毛病，但愿和你共同努力来改掉。对波兰的音乐界，在师友同学中只可当面提意见；学术讨论是应当自由的，但不要对第三者背后指摘别人，更不可对别国的人批评波兰的音乐界。别忘了你现在并不是什么音乐界的权威！也勿忘了你在国内固然招忌，在波兰也未始不招忌。一个人越爬得高，越要在生活的各方面兢兢业业。你年轻不懂事，但只要有决心，凭你的理解力，学得懂事并不太难。

七月二十九日

上次我告诉你政府决定不参加 Mozart［莫扎特］比赛，想必你不致闹什么情绪的①。这是客观条件限制。练的东西，艺术上的体会与修养始终是自己得到的。早一日露面，晚一日露面，对真正的艺术修养并无关系。希望你能目光远大，胸襟开朗，我给你受的教育，从小就注意这些地方。身外之名，只是为社会上一般人所追求，惊叹；对个人本身的渺小与伟大都没有相干。孔子说的"富贵于我如浮云"，现代的"名"也属于精神上"富贵"之列。

这一年来常在外边活动，接触了许多人；总觉得对事业真正爱好、有热情，同时又有头脑的人实在太少。不求功利而纯粹为真理、为进步而奋斗的，极少碰到。最近中央统战部李维汉部长宣布各民主党派要与共产党长期共存，互相监督，特别是对共产党监督的政

---

① 傅聪在一九五六年七月二十四日给父母的信中说："不能参加莫扎特比赛真是可惜。其实，比赛原不邀请；奥国向任何一国都未提出邀请，只是通知而已。所谓邀请，恐怕也就是通知的意思。我国与奥国既无外交关系，宣传材料当然不会寄给我国了。"

策。各党派因此展开广泛讨论，但其中还是捧场恭维的远过于批评的。要求真正民主，必须每个人自觉的不断的斗争。而我们离这一步还远得很。社会上多的是背后发牢骚，当面一句不说，甚至还来一套颂扬的人。这种人不一定缺少辨别力，就是缺少对真理的执著与热爱，把个人的利害得失看得高于一切。当然，要斗争、要坚持，必须要讲手段、讲方式，看清客观形势；否则光是乱冲乱撞，可能头破血流而得不到一点结果。

八月一日

领导对音乐的重视，远不如对体育的重视：这是我大有感慨的。体育学院学生的伙食就比音院的高百分之五十。我一年来在政协会上，和北京来的人大代表谈过几次，未有结果。国务院中有一位副总理（贺）专管体育事业，可有哪一位副总理专管音乐？假如中央对音乐像对体育同样看重，这一回你一定能去 Salzburg［萨尔茨堡］①了。既然我们请了奥国专家来参加我们北京举行的莫扎特纪念音乐会，为什么不能看机会向这专家提一声 Salzburg 呢？只要三四句富于暗示性的话，他准会向本国政府去提。这些我当然不便多争。中央不了解，我们在音乐上得一个国际大奖比在奥林匹克运动会上得几个第三第四，影响要大得多。

这次音乐节，谭伯伯②的作品仍无人敢唱。为此我写信给陈毅

---

① 萨尔茨堡，奥地利西北部城市，奥地利文化艺术中心，莫扎特的诞生地。
② 谭伯伯，即我国优秀作曲家谭小麟（1911—1948）。

副总理去，不过时间已经晚了，不知有效果否。北京办莫扎特纪念音乐会时，茅盾当主席，说莫扎特富有法国大革命以前的民主精神，真是莫名其妙。我们专爱扣帽子，批判人要扣帽子，捧人也要戴高帽子，不管这帽子戴在对方头上合适不合适。马思聪写的文章也这么一套。我在《文艺报》文章里特意撇清这一点，将来寄给你看①。国内乐坛要求上轨道，路还遥远得很呢。比如你回国，要演奏concerto［协奏曲］，便是二三支，也得乐队花半个月的气力，假定要跟你的interpretation［演绎］取得一致，恐怕一支concerto［协奏曲］就得练半个月以上。所以要求我们理想能实现一部分，至少得等到第二个五年计划以后。不信你瞧吧。

十月三日晨

亲爱的孩子：你回来了，又走了②；许多新的工作，新的忙碌，新的变化等着你，你是不会感到寂寞的；我们却是静下来，慢慢的回复我们单调的生活，和才过去的欢会与忙乱对比之下，不免一片空虚——昨儿整整一天若有所失。孩子，你一天天的在进步，在发展；这两年来你对人生和艺术的理解又跨了一大步，我愈来愈爱你了，除了因为你是我们身上的血肉所化出来的而爱你以外，还因为你有如此焕发的才华而爱你：正因为我爱一切的才华，爱一切的艺

---

① 傅雷应《文艺报》之约，为纪念莫扎特诞辰二百周年，于一九五六年七月十八日撰写了题为《独一无二的艺术家莫扎特》一文，登载于该刊一九五六年第十四期。
② 傅聪一九五六年八月下旬回到上海与父母团聚，并应邀在上海举行了一场钢琴独奏会和两场莫扎特钢琴协奏曲音乐会，于九月底去京转赴波兰继续留学。

术品，所以我也把你当作一般的才华（离开骨肉关系），当作一件珍贵的艺术品而爱你。你得千万爱护自己，爱护我们所珍视的艺术品！遇到任何一件出入重大的事，你得想到我们——连你自己在内——对艺术的爱！不是说你应当时时刻刻想到自己了不起，而是说你应当从客观的角度重视自己：你的将来对中国音乐的前途有那么重大的关系，你每走一步，无形中都对整个民族艺术的发展有影响，所以你更应当战战兢兢，郑重将事！随时随地要准备牺牲目前的感情，为了更大的感情——对艺术对祖国的感情。你用在理解乐曲方面的理智，希望能普遍的应用到一切方面，特别是用在个人的感情方面。我的园丁工作已经做了一大半，还有一大半要你自己来做的了。爸爸已经进入人生的秋季，许多地方都要逐渐落在你们年轻人的后面，能够帮你的忙将要越来越减少；一切要靠你自己努力，靠你自己警惕，自己鞭策。你说到技巧要理论与实践结合，但愿你能把这句话用在人生的实践上去；那末你这朵花一定能开得更美，更丰满，更有力，更长久！

　　谈了一个多月的话，好像只跟你谈了一个开场白。我跟你是永远谈不完的，正如一个人对自己的独白是终身不会完的。你跟我两人的思想和感情，不正是我自己的思想和感情吗？清清楚楚的，我跟你的讨论与争辩，常常就是我跟自己的讨论与争辩。父子之间能有这种境界，也是人生莫大的幸福。除了外界的原因没能使你把假期过得像个假期以外，连我也给你一些小小的不愉快，破坏了你回家前的对家庭的期望。我心中始终对你抱着歉意。但愿你这次给我的教育（就是说从和你相处而反映出我的缺点）能对我今后发生作用，把我自己继续改造。尽管人生那么无情，我们本人还是应当把自己尽量改好，少给人一些痛苦，多给人一些快乐。说来说去，我仍抱着"宁天下人负我，毋我负天下人"的心愿。我相信你也是这样的。

十月十日深夜

这两天开始恢复工作；一面也补看文件，读完了刘少奇同志在"八大"的报告，颇有些感想，觉得你跟我有些地方还是不够顾到群众，不会用适当的方法去接近、去启发群众。希望你静下来把这次回来的经过细想一想，可以得出许多有益的结论。尤其是我急躁的脾气，应当作为一面镜子，随时使你警惕。感情问题，务必要自己把握住，要坚定，要从大处远处着眼，要顾全局，不要单纯的逞一时之情，要极冷静，要顾到几个人的幸福，短视的软心往往会对人对己造成长时期的不必要的痛苦！孩子，这些话千万记住。爸爸妈妈最不放心的就是这些。

学习方面，我还要重复一遍：重点计划必不可少。平日生活要过得有规律一些，晚上睡觉切勿太迟。

十月十一日下午

谢谢你好意，想送我《苏加诺藏画集》。可是孩子，我在沪也见到了，觉得花一百五十元太不值得。真正的好画，真正的好印刷（三十年代只有德、荷、比三国的美术印刷是世界水平；英、法的都不行。二次大战以后，一般德国犹太人亡命去美，一九四七年时看到的美国名画印刷才像样），你没见过，便以为那画册是好极了。上海旧书店西欧印的好画册也常有，因价贵，都舍不得买。你辛辛苦苦，身体吃了很多亏挣来的钱，我不能让你这样花。所以除了你自己的一部以外，我已写信托马先生退掉一部。省下的钱，慢慢替你买书买谱，用途多得很，不会嫌钱太多的。这几年我版税收入少，要买东西全靠你这次回来挣的一笔款子了。

说到骄傲，我细细分析之下，觉得你对人不够圆通固然是一个原因，人家见了你有自卑感也是一个原因；而你有时说话太直更是一个主要原因。例如你初见恩德，听了她弹琴，你说她简直不知所云。这说话方式当然有问题。倘能细细分析她的毛病，而不先用大帽子当头一压，听的人不是更好受些吗？有一夜快十点多了，你还要练琴，她劝你明天再练；你回答说：像你那样，我还会有成绩吗？对待人家的好意，用反批评的办法，自然不行。妈妈要你加衣，要你吃肉，你也常用这一类口吻。你惯了，不觉得；但恩德究不是亲姐妹，便是亲姐妹，有时也吃不消。这些毛病，我自己也常犯，但愿与你共勉之！从这些小事情上推而广之，你我无意之间伤害人的事一定不大少，也难怪别人都说我们骄傲了。我平心静气思索以后，有此感想，不知你以为如何？

平日仍望坚持牛奶、鸡子、牛油。无论如何，营养第一，休息睡眠第一。为了艺术，样样要多克制自己！再过二年的使徒生活，战战兢兢的应付一切。人越有名，不骄傲别人也会有骄傲之感；这也是常情；故我们自己更要谦和有礼！

一九五七年

三月十八日深夜于北京

毛主席的讲话,那种口吻、音调,特别亲切平易,极富于幽默感;而且没有教训口气,速度恰当,间以适当的 pause [停顿],笔记无法传达。他的马克思主义是到了化境的,随手拈来,都成妙谛,出之以极自然的态度,无形中渗透听众的心。讲话的逻辑都是隐而不露,真是艺术高手。沪上文艺界半年来有些苦闷,地方领导抓得紧,仿佛一批评机关缺点,便会煽动群众;报纸上越来越强调"肯定",老谈一套"成绩是主要的,缺点是次要的"等等。(这话并不错,可是老挂在嘴上,就成了八股。)毛主席大概早已嗅到这股味儿,所以从一月十八日至二十七日就在全国省市委书记大会上提到百家争鸣问题,二月底的最高国务会议更明确的提出,这次三月十二日对我们的讲话,更为具体,可见他的思考也在逐渐往深处发展。他再三说人民内部矛盾如何处理对党也是一个新问题,需要与党外人士共同研究;党内党外合在一起谈,有好处;今后三五年内,每年要举行一次。他又嘱咐各省市委也要召集党外人士共同商量党内的事。他的胸襟宽大,思想自由,和我们旧知识分子没有分别,加上极灵活的运用辩证法,当然国家大事掌握得好了。毛主席是真正把古今中外的哲理融会贯通了的人。

我的感觉是百花齐放、百家争鸣确是数十年的教育事业，我们既要耐性等待，又要友好斗争；自己也要时时刻刻求进步——所谓自我改造。教条主义官僚主义，我认为主要有下列几个原因：一是阶级斗争太剧烈了，老干部经过了数十年残酷内战与革命，到今日已是中年以上，生理上即已到了衰退阶段；再加多数人身上带着病，精神更不充沛，求知与学习的劲头自然不足了。二是阶级斗争时敌人就在面前，不积极学习战斗就得送命，个人与集体的安全利害紧接在一起；革命成功了，敌人远了，美帝与原子弹等等，近乎抽象的威胁，故不大肯积极学习社会主义建设的门道。三是革命成功，多少给老干部一些自满情绪，自命为劳苦功高，对新事物当然不大愿意屈尊去体会。四是社会发展得快，每天有多少事需要立刻决定，既没有好好学习，只有简单化，以教条主义官僚主义应付。这四点是造成官僚、主观、教条的重要因素。否则，毛主席说过"我们搞阶级斗争，并没先学好一套再来，而是边学边斗争的"；为什么建设社会主义就不能边学边建设呢？反过来，我亲眼见过中级干部从解放军复员而做园艺工作，四年功夫已成了出色的专家。佛子岭水库的总指挥也是复员军人出身，遇到工程师们各执一见、相持不下时，他出来凭马列主义和他专业的学习，下的结论，每次都很正确。可见只要年富力强，只要有自信，有毅力，死不服气的去学技术，外行变为内行也不是太难的。党内要是这样的人再多一些，官僚主义等等自会逐步减少。

毛主席的话和这次会议给我的启发很多，下次再和你谈。

从马先生处知道你近来情绪不大好，你看了上面这些话，或许会好一些。千万别忘了我们处在大变动时代,我国如此,别国也如此。毛主席只有一个,别国没有,弯路不免多走一些,知识分子不免多一些苦闷,这是势所必然,不足为怪的。苏联的失败经验省了我们许多力气;中欧各国将来也会参照我们的做法慢慢的好转。在一国留学,只能集中精力学其所长;对所在国的情形不要太忧虑,自己更不要因之而沮丧。我常常感到,真正积极、真正热情、肯为社会主义事业努力的朋友太少了,但我还是替他们打气,自己还是努力斗争。到北京来我给楼伯伯、庞伯伯、马先生打气。

自己先要锻炼得坚强,才不会被环境中的消极因素往下拖,才有剩余的精力对朋友们喊"加油加油"!你目前的学习环境真是很理想了,尽量钻研吧。室外的低气压,不去管它。你是波兰的朋友,波兰的儿子,但赤手空拳,也不能在他们的建设中帮一手。唯一报答她的办法是好好学习,把波兰老师的本领,把波兰音乐界给你的鼓励与启发带回到祖国来,在中国播一些真正对波兰友好的种子。他们的知识分子彷徨,你可不必彷徨。伟大的毛主席远远的发出万丈光芒,照着你的前路,你得不辜负他老人家的领导才好。

……你该记得,胜利以前的一年,我在上海集合十二三个朋友(内有宋伯伯、姜椿芳、两个裘伯伯等等),每两周聚会一次,由一个人作一个小小学术讲话;然后吃吃茶点,谈谈时局,交换消息。那个时期是我们最苦闷的时期,但我们并不消沉,而是纠集了一些朋友自己造一个健康的小天地,暂时躲一下。你现在的处境和我们那时大不相同,更无须情绪低落。我的性格的坚韧,还是值得你学习的。我的脆弱是在生活细节方面,可不在大问题上。希望你坚强，想想过去大师们的艰苦奋斗，想想克利斯朵夫那样的人物，想想莫扎特、贝多芬；挺起腰来，不随便受环境影响！别人家的垃圾，何必多看？更不必多烦心。做客应当多注意主人家的美的地方；你该像一只久饥的蜜蜂，尽量吮吸鲜花的甘露，酿成你自己的佳蜜。何况你既要学 piano［钢琴］，又要学理论，又要弄通文字，整天在艺术、学术的空气中，忙还忙不过来，怎会有时间多想邻人的家务事呢？

亲爱的孩子，听我的话吧，爸爸的一颗赤诚的心，忙着为周围的几个朋友打气，忙着管闲事，为社会主义事业尽一分极小的力，也忙着为本门的业务加工，但求自己能有寸进；当然更要为你这儿子作园丁与警卫的工作；这是我的责任，也是我的乐趣。多多休息，吃得好，睡得好，练琴时少发泄感情，（谁也不是铁打的！）生活有规律些，自然身体会强壮，精神会饱满，一切会乐观。万一有什么低潮来，想想你的爸爸举着他一双瘦长的手臂远远的在支撑你；更想想有这样坚强的党、政府与毛主席，时时刻刻做出许多伟大的事业，发出许多伟大的言论，无形中但是有效的在鼓励你前进！平衡身心，平衡理智与感情，节制肉欲，节制感情，节制思想，对像你这样的青年是有好处的。修养是整个的，全面的；不仅在于音乐，特别在于做人——不是狭义的做人，而是包括对世界、对政局的看法与态度。二十世纪的人，生在社会主义国家之内，更需要冷静的理智，唯有经过铁一般的理智控制的感情才是健康的，才能对艺术有真正的贡献。孩子，我千言万语也说不完，我相信你一切都懂，问题只在于实践！我腰酸背疼，两眼昏花，写不下去了。我祝福你，我爱你，希望你强，更强，永远做一个强者，有一颗慈悲的心的强者!

五月二十五日 *

好久没写信给你了,最近数月来,天天忙于看报,简直看不完。爸爸开会回家,还要做传达报告给我听,真兴奋。自上海市宣传会议整风开始,踊跃争鸣,久已搁笔的老作家,胸怀苦闷的专家学者,都纷纷写文章响应,在座谈会上大胆谈矛盾谈缺点,大多数都是从热爱党的观点出发,希望大力改进改善。尤其是以前被整的,更是扬眉吐气,精神百倍。但是除了北京上海争鸣空前外,其他各省领导还不能真正领悟毛主席的精神,还不敢放,争鸣空气沉闷,连文物丰富的浙江杭州也死气沉沉,从报纸驻各地记者的报道上可以看出,一方面怕放了,不可收拾;一方面怕鸣了将来挨整,顾虑重重,弄得束手束脚,毫无生气。这次争鸣,的确问题很多,从各方面揭发的事例,真气人也急人。领导的姑息党员,压制民主,评级评薪的不公平,作风专横,脱离群众等等相当严重,这都是与非党人士筑起高墙鸿沟的原因。现在要大家来拆墙填沟,因为不是一朝一夕来的,所以也只好慢慢来。可是无论哪个机关学校,过去官僚主义、宗派主义、教条主义(这叫三害,现在大叫"除三害")越严重的,群众意见越多越尖锐,本来压在那里的,现在有机会放了,就有些不可收拾之势,甚至要闹大民主。对于一般假积极分子,逢迎吹拍,离间群众,使领导偏听偏信的,都加以攻击。爸爸写了一篇短文,大快人心。但是我们体会到过去"三反"、"思改"时已经犯了错误,损伤了不少好人,这次不能闹大民主，重蹈覆辙，我们要本着毛主席的精神，要和风细雨，治病救人，明辨是非，从团结——批评——团结的愿望出发，希望不要报复，而是善意的互相批评，改善关系，要同心一致的把社会主义事业搞好。当然困难很多，须要党内党外一起来克服的。

楼伯伯①请假一月余，到宁波余姚四明山一带体验生活，本月十三日回来就住在我们家，被我们硬留了十天，爸爸要他趁此机会写些文章，否则，借此整风时期，马上回京，就要卷入整风运动，哪有工夫写东西。居然成绩不错，写出了三篇，因为白天爸爸开会，他就上三楼写作，到晚上再谈天。楼伯伯很高兴，住在我们家最随便而不拘束。

关于出版问题，爸爸写了七千多字的长文章，在宣传会议上发言。一致公认他的文章非常公平合理。北京上海的出版界文艺界都认为要彻底改变现有的制度，出版事业是文化事业，不能以一般企业看待。要把现在合并的出版社分散，结构缩小，精简人员，不能机关化，衙门化；新华书店一网包收的独家发行，改为多边发行，要改善"缺"与"滥"的现象。总之不能像过去那样一意孤行的作风，一定要征求专家及群众的意见。也许北京还要来个全国性的出版会议，商量如何进行改革。

前几天爸爸写了一封信给杰老师，告诉他，如果法国希望你去演奏的话，一定要经过法国方面的邀请，由双方的对外文协接头……因为中法还没恢复外交关系，只有经过这个组织，互相邀

---

① 楼伯伯，即楼适夷（1905—2001），傅雷挚友，浙江人，作家，翻译家，出版家。

请，互相交流。如果驻波法国使馆人员要提起请你去法国的话，你就把这个组织的名称告诉他们。最好由法国音乐界团体或通过法中友好协会（据说巴黎有此组织）和中国对外文化协会联系。

五月二十六日

这一向开会多了，与外界接触多了，更感到社会一般人士也赶不上新形势。好些人发表的言论，提的意见，未能十分中肯、十分深入，因为他们对问题思索得不够。可见要把社会主义事业建设起来，不但是党内，党外人士也须好好的学习，多用脑子。我在北京写给你的信，说一切要慢慢来，什么整风运动，什么开展民主，都需要党内外一步一步的学习。现在大家有些急躁，其实是不对的。一切事情都不可能一蹴即成。官僚主义、宗派主义、主观主义、教条主义，由来已久，要改也非一朝一夕之事。我们尽管揭发矛盾，提意见，可是心里不能急，要耐性等待，要常常督促，也要设身处地代政府想想。问题千千万万，必须分清缓急轻重，分批解决；有些是为客观条件所限，更不是一二年内所能改善。总之，我们不能忘了样样要从六亿人口出发，要从农业落后、工业落后、文化落后的具体形势出发；要求太高太急是没有用的。

九月二十五日 *

收到你二十二日夜写的信，很高兴你经过了一番锻炼后，得到深刻的教育，使你有机会痛改前非；他们向你提的意见，就是你在家时我们提的意见。可知大家对你的爱护是一致的。……

你现在思想方面，固然认识有所提高，但在感情方面是否也认识清楚了呢？……你初回家时，晚上在园子里爸爸对你讲的一番话，一番分析，你现在的头脑应该比较冷静，可以好好想一想，是否有所清醒呢！要是一个人的幸福建筑在人家的痛苦上，不是彻头彻尾的个人主义，也就是小资产阶级的意识么！……为了国家，为了广大人民，为了你自己的一生，为了你的艺术，是不是应该把事情看得远一些，为了将来的幸福而忍受一下眼前的苦闷呢！

回想二十年前，我跟你爸爸的情形，那时你五岁，弟弟二岁，我内心的斗争是剧烈的，为了怨恨，不能忍受，我可以一走了之；可是我再三考虑，觉得不是那么简单，我走了，孩子要吃苦，我不应该那么忍心、自私，为了一个"我"而牺牲了你们的幸福。我终于委曲求全的忍受了下来。反过来想一想，要是你爸爸当时也只为了眼前的幸福而不顾一切，那么，今天还有你们吗？还有我们这个美满的家庭吗？那是不可想象的。所以幸福是拿或多或少的痛苦换来的。眼前的，短时期的幸福往往种下了将来的，长期的，甚至下一代痛苦的根，这是最值得深思的。常常要设身处地的为人家想，这也是化"大我"为"小我"的一例。我们做父母的，决不自私。对人家的婚姻，有美满的，有痛苦的，看也看得多了，因此对你敲敲警钟，无非出于爱子之心。……

十月七日 *

节目单及信都已收到，菊娣给我的时候，觉得厚厚一封，以为是一封长信,其实还是草草率率,并不详细。日子过得真快,还有五天你又要离开祖国了,希望你一路平安,我们虽不在一起,心总是放在你身上的。

……可知一个成了名的艺术家,处处要当心,无意中得罪了人,自己还不知道呢!我现在顺便告诉你,就是要你以后做人,好好提高警惕,待人千万和气,也不要乱批评人家,病从口入,祸从口出,这几句话要牢牢记住。因为不了解你的人,常常会误会你骄傲自大,无缘无故的招来了敌人。你这次经过了一番思想批判[①],受到了莫大的教育,以后千万要在行动上留意,要痛改前非,思想没有成熟的,不要先讲,谨慎小心是不会错的。爸爸给你的信,要常常看,他为你真是花尽心血,吃不下睡不着,那是常有的。不要懒惰,多写信来,你在这方面是够吝啬的;在你是不费多大力,多大时间,所谓没时间,推托而已。可是给我们的安慰是非笔墨所能写的。希望你走前给我们信,到了莫斯科也写信来,到了华沙更要常常来信,好了,不多谈了,愿你这次的教育,对你有大的帮助!

十月二十五日 *

……爸爸说,要你第一,注意以后说话,千万不要太主观,千

[①] 傅聪于一九五七年夏应召回国参加整风反右运动,在北京与李德伦和吴祖强一起作检查,并接受批判。该年十月上旬傅聪在北京举行了一场独奏会后即赴莫斯科和列宁格勒开音乐会,十月二十日左右回到华沙。

万不要有说服人的态度，这是最犯忌的，因为就是你说的对，但是给人的印象只觉得你的骄傲自大，目中无人，好像天下只有你看得清、看得准，理由都是你的。还有一个大毛病，就是好辩，不论大小，都要辩，这也是犯忌的。希望你先把这两个毛病，时加警惕，随时改掉。有了意见不要乱发表，要学得含蓄些。这些话都是他切身感到的，以后他自己也要在这方面努力改变。最近爸爸没有空，过后要写长信给你的。……

阿敏来信知道钱部长跟你谈了两小时，他只告诉我们："说周总理特别关照要同傅聪谈谈，他们已经摸过你的底，你是块大材，要你抱着超过世界水平的雄心，要你多接触群众，所以与别人不同，要下去五年。"不知还谈些什么，望你详细告诉我们。谈了两小时，内容一定很多，望你不要怕烦，多多告诉我们。

不知你回华沙后，学校对你怎样？功课是否已开始？这一年为时不多，可是对你来讲，非常重要，是一个大关键，你一定要抓紧时间，不能像在家里那样的懒散，生活要有纪律，工作要有计划。杰老师那里，尽量多学。国家对你企望越大，你的责任越重。党是了解你的，爱护你的，要自重，好好努力，奋发用功，才能有所报于万一。还有波兰文，一定要搞好，你是有能力做好的，将来与老师通信，看波兰书籍，对你得益极大，千万不可推托没有时间，对人对己都说不过去，这一点傲性要有，不要给人笑话。

十二月二十三日*

作协批判爸爸的会，一共开了十次，前后作了三次检讨，最后一次说是进步了，是否算是结束，还不知道。爸爸经过这次考验，总算有些收获，就是人家的意见太尖锐了或与事实不符，多少有些难受，神经也紧张，人也瘦了许多，常常失眠，掉了七磅。工作停顿，这对他最是痛苦，因为心不定。最近看了些马列主义的书，对他思想问题解决了许多。五个月来，爸爸痛苦，我也跟着不安，所以也瘦了四磅。爸爸说他过去老是看人家好的地方，对有实力的老朋友更是如此，活到五十岁了，才知道看人不是那么简单，老朋友为了自己的利害关系，会出卖朋友，提意见可以乱提，甚至造谣，还要反咬一口，……好在爸爸问心无愧，实事求是。可是从会上就看出了一个人的真正品质，使他以后做人要提高警惕。爸爸做人，一向心直口快，从来不知"提防"二字，而且大小事情一律认真对付，不怕暴露思想；这次的教训可太大太深了。我就更连带想起你，你跟爸爸的性格，有许多相同的地方，而且有过之，真令人不寒而栗。

想你在北京整风学习时也经历过一次，应该从中吸取教训，再加上爸爸的例子，你以后一定要审慎，要站稳立场，讲话不能乱讲，不能脱口而出，非思索过不可。看人看事，更不可太简单，常言道"祸从口出，病从口入"，千万牢记在心！你是极易冲动，很难控制的人，加上嫉妒你的人又多，所以一举一动要格外小心，我们最担心的就是这一点，望好自为之。

十二月二十五日 *

前天发出一信，忘了一件重要的事。爸爸在这一年来，尤其在宣传会议前后及其间一段时间，所写给你的信，由你挑选一下，我想这是最真实的思想，跟儿子的信，总是实际的思想情况，不会有虚假的了。希望你立刻寄回来，我想可以交给领导看，这更能帮助领导了解爸爸的好办法。领导虽然了解，但这就比较实际，可以看出具体情况了。

一九五八年

三月十七日

二月二十八日来信直花了十七天才到,真奇怪。来信谈及几点,兹分别就我的看法说明如下:

一、资本主义国家与我们尚未建立外交关系(便是英国与我们,虽互派代办,关系仍很微妙),向例双方文化艺术使节来往,都是由本国的民间团体出面相互邀请的。比国直接向波兰学校提出,在国际惯例上也是相当突兀的。因为你不是波兰人,而你去他国演出,究竟要由本国政府同意。去年春天法国有文化团体来沪,其中一位代表来看过我,我曾与他谈及你去法演出问题,应由他们以法中友协一类的名义,向我们对外文协或音协等提出。便是来看我的那位代表所隶属的来华文化团,也是由我们对外文协以民间团体名义请他们,而非由政府出面的。便是五六年冬法国前总理富尔来访问,也是应我国人民外交协会之邀。故文化部回示使馆的话,完全正确。你不妨向杰老师说明情况,最好由杰老师私人告诉比国,请他们以民间文艺团体名义,写信给中国对外文协或音协。

二、新民主主义国家的情形当然不同,他们是可以向当地我们的使馆提出的。倘提了几次无回音,你不妨向他们说:"也许贵国的驻华使馆可以向我们外交部提出。"我觉得以你的地位这样答复人家，不至于犯什么错误。当然你也应同时说明，这是你个人的意思，究竟如何还得由他们自己考虑。——这一段话你也不妨告诉杰老师，倘由杰老师有便时对保、南等国的音乐团体说明，比你自己说明更妥当。

三、苏联乐队来华访问，约你合作一事，值得仔细考虑。第一，这一下跟着他们跑，要费很多时间；中央是否允许你从头至尾和他们到处演出，临时仍会有变化。倘若回来好几个月，而只有极少时间是和苏联乐队合作，那就得事先想想清楚。第二，你的乐理、和声、波兰文的学习还落后很多，亟须赶上去，没有时间可浪费。第三，即使假期内老师出门，你在波兰练曲子恐怕仍比国内快一些，集中一些；而在你目前，最主要的是争取时间多学东西，因为不管你留波时期还有多少，原则上总是所剩有限了。第四，你今年究竟算学完不学完？学校方面的理论课来得及来不及考完？——这些总不能半途而废吧？——倘使五月中回国了，还要赶回波兰去应考，则对你准备考试有妨碍，对试前的学习也有妨碍。

基于以上理由，我觉得你需要郑重考虑。即使中央主动要你回来一次，你也得从全面学习及来回时间等等方面想周到，向中央说明才对。末了，以后你再不能自费航空来回；为国家着想，航空票开支也太大，而火车来回对你的学习时间又有妨碍。总而言之，希望你全面想问题，要分出你目前的任务何者主要，何者次要；不要单从一个角度看问题。

眼前国内形势一日千里，变化之快之大，非你意料所及；政治思想非要赶上前来不可，一落后，你将来就要吃亏的，尤其你在国外时间耽久的人,更要在思想上与国内形势密切联系。——音乐学生下乡情况,不知道。不过我觉得主要是训练培养与劳动人民的息息相关的思想感情,不在乎你能否挑多少斤泥。而且各人情况不同,政府安排也不同,你不必事先多空想。——上海乐队最近下厂下乡演出,照样 encore［加奏］。我们倘以为工农大众不欢迎西洋音乐,非但是主观,也是一种保守思想,说得重一些,也是脱离群众的思想。你别嫌我说话处处带政治性,这是为了你将来容易适应环境,为你在社会主义制度下过得心情愉快作准备。

我左说右说,要你加紧学波兰文,至少要能看书、写信;但你从未报告过具体进度,我很着急。这与国家派你出去的整个期望有关。当然学音乐的人不比学文学的;但若以后你不能用波兰文与老师同学通信,岂不同时使波兰朋友失望,且不说丢了国家的面子!

我身体仍未恢复,主要是神经衰弱。几个月来还是第一次写这样长的信呢。

在莫斯科录音一事,你应深深吸取教训。做人总要谦虚,成绩是大家促成的,不是你一个人的力量。思想上通了,说话态度自然少出毛病。杨部长对你的批评是极中肯的;你早一天醒悟(还要实际上改正),你的前途才早一天更有希望。

在国外遇到首长的机会,也许比国内多;谈话之前,应把自己要说的成熟考虑,有需求也要细细想过如何提才最合理——对国家对个人都合理。千万不能老是从"个人第一"出发,大忌大忌!

四月十七日 *

……你在待人接物方面,处处流露出骄傲的态度,给人很不好的印象。以后千万要当心,对他们或任何人态度第一要谦虚真诚,有什么问题,不妨同他们诚诚恳恳的商量,不要怕跟他们接触。总之,对人的坏印象要靠自己争取,慢慢抓回来。马伯伯碰到钱部长,谈起你,钱部长非常爱你,也器重你。虽然领导上是了解你的,但是你浑身的缺点一定要你自动改,不要辜负党对你的爱护,好自为之。马伯伯他们还是很爱护你,到处关心你,一有机会总说你的好话;我们不是势利,马伯伯将来对你会起一定的作用,他说句话是会对你有帮助的,因为他赏识你,了解你,还多少对你有些偏爱。你回波半年多了,应当写封信给马家,一方面问候他们,同时把你学习情况谈谈,这是你理所当然,应该做的事。不要给人一个忘恩负义的印象。望你接受我这个意见,不要迟疑,马上就写。

亲爱的孩子,我的政治水平低,做人方面也有许多缺点,本来不足以做你们的榜样。我也知道啰啰嗦嗦写了一堆,也不足以说服你,但是不管怎样,都出于我的真心诚意,总希望下一代的要远远胜过我们。希望你平心静气的看信,并且要深思一番,也不要闹情绪,要高高兴兴的接受我的意见,我的忠告。我们常常看到报上,多多少少的领导,虚心接受群众的意见,而且对尖锐的批评,他们非但不闹情绪,反而鼓励大家,不要有顾虑,尽量提,自己还诚诚恳恳做检查,并改正。假使你真能接受我的意见,那么,希望你马家的信立刻写,再也不要拖拉,等你来信时说,马家的信已写了,那我该多高兴!

爸爸最近忙于誊稿、改稿,一连二十多天没有休息过,虽然头痛时发,神经衰弱得厉害,还是极力争取时间,一年半了,没有成绩出来,自己觉得说不过去。等他工作告一段落就会写信给你的。

……孩子,大家对你的要求是高的,所以一定要克服困难,打倒自己心里的敌人。希望你要从行动上有所改变!

八月二日*

自从四月里接到你的信到现在,足足三个多月了,只字未见,真不知如何的惦念!天天想写信,也天天等你的信,你说叫我们放心,其实怎能放得下心。就是学习忙,工作忙,随便涂几笔,略告些近况,对我们来说,于愿已足了。不知你身体如何?为什么几个月的不写信?对我们你是没有顾忌的,应该同忧同乐。阿敏来信,也说写了信给你,始终无回音。七月十九日,他有个波兰同学回国,托他带了些书给你,想你早已收到了吧!国内有时有谣言,说你回来了,我们莫名其妙,不管怎样,你要回来,你总会先写信通知我们的。千句并一句,我们只希望你的来信,多么令人思念的信!……

爸爸虽然身体不好,常常失眠,你知道他向来是以工作为乐的,所以只要精神身体吃得消,一面努力学习马列主义,作为自我改造的初步,来提高自己的政治认识,理论基础;一面做些翻译的准备工作。不接到你的信,使他魂梦不安,常常说梦话,这一点是很痛苦的。爸爸这一年来似乎衰老了许多，白发更多了。我也较去年瘦了许多，常常要脸肿脚肿，都是心脏不健全的迹象。孩子，接到此信，赶快写信来，只有你的信，是我同你爸爸唯一的安慰！

九月十八日 *

千望万望总算望到了你的信①，虽然短短的，但已经给我们不少安慰了，事情也清楚了。我知道你现在正是最忙的时候，既要参加 festival［音乐节］，又要准备考试。但愿你顺利通过。我想提醒你几件要紧的事，千万不要当作耳边风，静静的想想。（一）你不是有录音机么？乘在波之便，设法把波方替你录的全部录音录在你自己的机器上，将来带回来，至少自己人可以听听。你千万不可糊涂，一定要争取，你有了这样好的条件，不把录音带回国是可惜的。此事现在开始就要着手办了，等到临时想到，就来不及了，你得好好安排一下。（二）在波兰穿旧的衣袜等等，不要随便扔了，回国后正需要旧衣旧鞋。（三）回国前千万不要买东西，国内各方面都在节约，大家以朴素为主。何况你东西多，反而累赘。（四）回国前若有余款，可留在使馆，或者根本送给使馆，不要看重个人利益，宁可节约些留给国家。以上四点，要你注意的，千万要做到。

---

① 傅聪于一九五八年八月二十日给父母写了离波赴英前的最后一封信。

一九五九年

三月十二日

一、对外只谈艺术,言多必失,放人利用。
二、行动慎重,有事多与老辈商量,三思而行。
三、生活节俭,用钱要计算。
四、爸爸照常工作。

十月一日

孩子,十个月来我的心绪你该想象得到;我也不想千言万语多说,以免增加你的负担①。你既没有忘怀祖国,祖国也没有忘了你,始终给你留着余地,等你醒悟。我相信:祖国的大门是永远向你开着的。

---

① 一九五七至一九五八年,傅雷在"反右运动"中受到长达一年的错误批判。为了避免引起傅聪的愤懑情绪,影响学业,父母始终没有告知实情;但当时傅聪已经听说了关于父亲的政治传言,到该年十月份,傅聪在波兰甚至听说父亲不仅被划为"右派",而且已被捕入狱。在此景况下,为避免"父子双亡"的后果,傅聪在波兰艺术家的协助下,于一九五八年十二月下旬无奈出走英国。

好多话，妈妈已说了，我不想再重复。但我还得强调一点，就是：适量的音乐会能刺激你的艺术，提高你的水平；过多的音乐会只能麻痹你的感觉，使你的表演缺少生气与新鲜感，从而损害你的艺术。你既把艺术看得比生命还重，就该忠于艺术，尽一切可能为保持艺术的完整而奋斗。这个奋斗中目前最重要的一个项目就是：不能只考虑需要出台的一切理由，而要多考虑不宜于多出台的一切理由。其次，千万别做经理人的摇钱树！他们的一千零一个劝你出台的理由，无非是趁艺术家走红的时期多赚几文，哪里是为真正的艺术着想！一个月七八次乃至八九次音乐会实在太多了，大大的太多了！长此以往，大有成为钢琴匠，甚至奏琴的机器的危险！你的节目存底很快要告罄的；细水长流才是办法。若是在如此繁忙的出台以外，同时补充新节目，则人非钢铁，不消数月，会整个身体垮下来。没有了青山，哪还有柴烧？何况身心过于劳累就会影响到心情，影响到对艺术的感受。这许多道理想你并非不知道，为什么不挣扎起来，跟经理人商量——必要时还得坚持——减少一半乃至一半以上的音乐会呢？我猜你会回答我：目前都已答应下来，不能取消，取消了要赔人损失等等。可是你能否把已定的音乐会一律推迟一些，中间多一些空隙呢？否则，万一临时病倒，还不是照样得取消音乐会？难道捐税和经理人的佣金真是奇重，你每次所得极微，所以非开这么多音乐会就活不了吗？来信既说已经站稳脚跟，那末一个月只登台一二次（至多三次）也不用怕你的名字冷下去。决定性的仗打过了，多打零星的不精彩的仗，除了浪费精力，报效经理人以外，毫无用处，不但毫无用处，还会因表演的不够理想而损害听众对你的印象。你如今每次登台都与国家面子有关；个人的荣辱得失事小，国家的荣辱得失事大！你既热爱祖国，这一点尤其不能忘了。为了身体，为了精神，为了艺术，为了国家的荣誉，你都不能不大大减少你的演出。为这件事，我从接信以来未能安睡，往往为此一夜数惊！

还有你的感情问题怎样了？来信一字未提，我们却一日未尝去心。我知道你的性格，也想象得到你的环境；你一向滥于用情；而即使不采主动，被人追求时也免不了虚荣心感到得意：这是人之常情，于艺术家为尤甚，因此更需警惕。你成年已久，到了二十五岁也该理性坚强一些了，单凭一时冲动的行为也该能多克制一些了。不知事实上是否如此？要找永久的伴侣，也得多用理智考虑勿被感情蒙蔽！情人的眼光一结婚就会变，变得你自己都不相信：事先要不想到这一着，必招后来的无穷痛苦。除了艺术以外，你在外做人方面就是这一点使我们操心。因为这一点也间接影响到国家民族的荣誉，英国人对男女问题的看法始终清教徒气息很重，想你也有所发觉，知道如何自爱了；自爱即所以报答父母，报答国家。

真正的艺术家，名副其实的艺术家，多半是在回想中和想象中过他的感情生活的。唯其能把感情生活升华才给人类留下这许多杰作。反复不已的、有始无终的，没有结果也不可能有结果的恋爱，只会使人变成唐·璜，使人变得轻薄，使人——至少——对爱情感觉麻痹，无形中流于玩世不恭；而你知道，玩世不恭的祸害，不说别的，先就使你的艺术颓废；假如每次都是真刀真枪，那么精力消耗太大，人寿几何，全部贡献给艺术还不够，怎容你如此浪费！歌德的《少年维特之烦恼》的故事，你总该记得吧。要是歌德没有这大智大勇，历史上也就没有歌德了。你把十五岁到现在的感情经历回想一遍，也会怅然若失了吧？也该从此换一副眼光，换一种态度，换一种心情来看待恋爱了吧？总之，你无论在订演出合同方面，在感情方面，在政治行动方面，主要得避免"身不由主"，这是你最大的弱点。在此举国欢腾，庆祝十年建国十年建设十年成就的时节，我写这封信的心情尤其感触万端，非笔墨所能形容。孩子，珍重，各方面珍重，千万珍重，千万自爱！

十月一日 *

未接来信之前，我们的心情是沉痛的，痛苦的，你的变化太突兀了，令人无法捉摸。我们做父母的只觉得惭愧，没有给你什么好的感受。我们除了一片热忱的爱子之心之外，但愿你自觉的醒悟过来。一个人身在国外，对祖国的怀念是深切的，不论做人方面，事业方面，处处要保持我们中国人传统的谦虚和大方。

来信说已经跑过许多地方，开过几十次音乐会，总算得到好评，这当然是你辛勤劳动的成果。每次演出都好像上战场，只许成功，不许失败。但是你有没有考虑到，这样多的音乐会，长此下去，会损伤你的健康？我一向知道你不注意起居饮食，为了演出可以废寝忘食，还要跑东跑西，何其劳累，在你年富力强的时候，也许还不觉得，但迟早要影响健康，跟你总算账的。太多的演出，对你学习有妨碍。照理，像你这样的钢琴家，每月至多二三次，那么才有充分时间学习其他东西。须知不进则退，于你是不利的。你应该有个打算,好好的安排,也可以和经纪人商量,总以演出不妨碍学习和休息为主。宁可生活清苦些,节制一些力量(对理财方面也要有打算,要节约,不可加强浪费的恶习)。俗语说:在家靠父母,出门靠朋友,你孤身海外,更需要处处向长者讨教,与朋友商量,千万不可独断独行。

与华沙的杰老师,有没有时时去信请教问候,你是他的得意学生,切不可忘了他。

爸爸年来多病,工作也时断时续。领导上非常照顾他的身体,没有让他参加什么活动。你是向来知道爸爸的脾气,只要身体吃得消就工作,而工作态度是越来越认真负责,除非发烧,睡倒了才肯休息。近年来主要是一般的身体衰老,神经衰弱,百病丛生,我也不细谈了,你看了干着急也无用。

一九六〇年

一月十日

近来又随便看了些音乐书。有些文章写得很扎实,很客观。一个英国作家说到李斯特,有这么一段:"我们不大肯相信,一个涂脂抹粉,带点俗气的姑娘会跟一个朴实无华的不漂亮的姊妹人品一样好;同样,我们也不容易承认李斯特的光华灿烂的钢琴奏鸣曲会跟舒曼或勃拉姆斯的棕色的和灰不溜秋的奏鸣曲一样精彩。"(见 The Heritage of Music-2nd Series [《音乐的遗产》第二集] p.196)接下去他断言那是英国人的清教徒气息作怪。他又说大家常弹的李斯特都是他早年的炫耀技巧的作品,给人一种条件反射,听见李斯特的名字就觉得俗不可耐;其实他的奏鸣曲是 pure gold [纯金],而后期的作品有些更是严峻到极点——这些话我觉得颇有道理。一个作家很容易被流俗歪曲,被几十年以至上百年的偏见埋没。那部 The Heritage of Music [《音乐的遗产》]我有三集,值得一读,论萧邦的一篇也不错,论比才①的更精彩,执笔的 Martin Cooper [马丁·库珀]② 在二月九日《每日电讯》上写过

---

① 比才(Bizet, 1838—1875),法国作曲家。
② 马丁·库珀(Martin Cooper, 1910—1986),英国作家,音乐评论家。

批评你的文章。"集"中文字深浅不一,需要细看,多翻字典,注意句法。

有几个人评论你的演奏都提到你身体瘦弱。由此可见你自己该如何保养身体,充分休息。今年夏天务必抽出一个时期去过暑假!来信说不能减少演出的理由,我很懂得,但除非为了生活所迫,下一届订合同务必比这一届合理,减少一些演出。要打天下也不能急,要往长里看。养精蓄锐,精神饱满的打决定性的仗比零碎仗更有效。何况你还得学习,补充节目,注意其他方面的修养;除此之外,还要有充分的休息!

你不依靠任何政治经济背景,单凭艺术立足,这也是你对己对人对祖国的最起码而最主要的责任!当然极好,但望永远坚持下去,我相信你会坚持,不过考验你的日子还未来到。至此为止你尚未遇到逆境。真要过了贫贱日子才真正显出"贫贱不能移"!居安思危,多多锻炼你的意志吧。

一月十日夜 *

从来信可看到你立身处事,有原则,有信心,我们心头上的石头也放下了。但愿你不忘祖国对你的培养,首长们的爱护,坚持你的独立斗争,为了民族自尊心,在外更要出人头地的为国争光,不仅在艺术方面,并且在做人方面。我相信你不会随风倒舵,也决不会随便改变主张。你的成功,仍然是祖国的光荣。孩子,你给了我们痛苦,也给了我们欢乐。

最近两个月来,我们有兴致听听音乐了,仅有的几张你灌的唱片,想到你就开着听,好像你就在我们眼前弹奏一般。我常常凭回忆思念你,悲欢离合,有甜蜜,有辛酸,人生犹如梦境,一霎眼我们半世过去了。我们这几年来老了许多,爸爸头发花白,神经衰弱,精力已大大减弱,晚上已不能工作;我的眼光衰退,也常常会失眠,这一切都是老态的表现,无法避免了。

我最担心的是你的身体,看你照片,似乎瘦了,也老了些。我深知你的脾气,为了练琴可以废寝忘食,生活向无规律,在我们身边还可以控制你,照顾你。不知你现在的饮食如何解决的?只要经济上没问题,对你来说,营养是第一,因为你在精神身体方面的消耗太大,不能不注意。衣食寒暖,不能怕麻烦,千万勿逞年轻,任性随便,满不在乎,迟早要算账的。希望以后多多告诉我们生活细节,让我们好像在一起生活一样。

杰老师曾有信来,他非常关心你,他说写过几次信给你,都没回音。孩子,你是老师心爱的学生,一定要常常去信请教、问候,报告演出情况,不能用忙字来推托,安慰老师也是你应尽之责。

现在你孤身海外,不论什么事,都要你自己合理安排,譬如理财一道,也要训练得有计划,有打算,要望长里看,不能糊里糊涂。尤其是辛勤劳苦挣来的,我们决不要讨人便宜,可也不要任人剥削。不知你灌唱片,公司与你订的合同是怎样的?

爸爸的书最近两年没有出新的[①],巴尔扎克的《赛查·皮罗多

[①] 自一九五八年傅雷被错划为"右派"后,翻译的书一概停出,出版社要他更名出书,他断然拒绝,说:"要么还是署名傅雷,要么不印我的译本。"直至一九六一年秋,摘去"右派"帽子后,出版社才恢复出版他的译本。

盛衰记》尚未付印。另一本《搅水女人》新近译完。丹纳的《艺术哲学》年底才整理插图,整整忙了十天,找插图材料,计算尺寸大小,加插图说明等等,都是琐碎而费手脚的,因为工作时间太长,每天搞到十一二点,做的时候提起精神不觉得怎么累,等到告一段落,精神松下来,人就支持不住,病了三天,也算是彻底休息了三天,你知道爸爸的脾气,他只有病在床上才算真正的休息。幸而吴医生[①]住在我们家,他是我们的医药顾问,一不舒服就找他,沾光不少。

二月一日夜 *

上月底爸爸工作告一段落,适逢过春节,抄了些音乐笔记给你作参考,也许对你有所帮助。原文是法文,有些地方直接译作英文倒反方便。以你原来的认识参照之下,必有感想,不妨来信谈谈。

我们知道你自我批评精神很强,但个人天地毕竟有限,人家对你的好评只能起鼓舞作用;不同的意见才能使你进步,扩大视野:希望用冷静和虚心的态度加以思考。不管哪个批评家都代表一部分群众,考虑批评家的话也就是考虑群众的意见。你听到别人的演奏之后的感想,想必也很多,也希望告诉我们。爸爸说,除了你钻研专业之外,一定要抽出时间多多阅读其他方面的书,充实你的思想内容,培养各方面的知识。爸爸还希望你看祖国的书报,需要什么

---

① 吴医生,系吴一峰医生,傅雷挚友,留德内科医生,傅聪一九四九年前在云南昆明时,就由他监管。

书可来信，我们可寄给你。

十二月号 Music & Musicians [《音乐与音乐家》]第二十五页第二栏第九行有一句：Fou Tsong delicately fingered Mozart Concerto K.595, as if it were Dresden china. [傅聪演奏《莫扎特钢琴协奏曲》作品五九五号如此精雅，仿佛特累斯顿的瓷器。]爸爸怕你不懂，要我告诉你：特累斯顿从十八世纪初期起即仿造中国陶瓷器，至今还有出品。评论的人说你演奏的莫扎特仿佛特累斯顿的瓷器。因为你是中国人表演德国人作品，又因为china（c字小写）在英文中是瓷器，与"中国"一字双关。

八月五日

两次妈妈给你写信，我都未动笔，因为身体不好，精力不支。不病不头痛的时候本来就很少，只能抓紧时间做些工作；工作完了已筋疲力尽，无心再做旁的事。人老了当然要百病丛生，衰老只有早晚之别，决无不来之理，你千万别为我担忧。我素来对生死看得极淡，只是鞠躬尽瘁，活一天做一天工作，到有一天死神来叫我放下笔杆的时候才休息。如是而已。弄艺术的人总不免有烦恼，尤其是旧知识分子处在这样一个大时代。你虽然年轻，但是从我这儿沾染的旧知识分子的缺点也着实不少。但你四五年来来信，总说一投入工作就什么烦恼都忘了；能这样在工作中乐以忘忧，已经很不差了。我们二十四小时之内，除了吃饭睡觉总是工作的时间多，空闲的时间少；所以即使烦恼，时间也不会太久，你说是不是？不过劳逸也要调节得好：你弄音乐，神经与感情特别紧张，一年下来也该彻底休息一下。暑假里到乡下去住个十天八天,不但身心得益,便是对你的音乐感受也有好处。何况入国问禁,入境问俗,对他们的人情风俗也该体会观察。老关在伦敦,或者老是忙忙碌碌在各地奔走演出,一些不接触现实,并不相宜。见信后望立刻收拾行装,出去歇歇,即是三五天也是好的。

……要写的中文不洋化,只有多写。写的时候一定打草稿,细细改过。除此以外并无别法。特别把可要可不要的字剔干净。

身在国外,靠艺术谋生而能不奔走于权贵之门,当然使我们安慰。我相信你一定会坚持下去。这点儿傲气也是中国艺术家最优美的传统之一,值得给西方做个榜样。可是别忘了一句老话:岁寒而后知松柏之后凋;你还没经过"岁寒"的考验,还得对自己提高警惕才好!

八月二十九日

八月二十日报告的喜讯使我们心中说不出的欢喜和兴奋。你在人生的旅途中踏上一个新的阶段,开始负起新的责任来,我们要祝贺你、祝福你、鼓励你。希望你拿出像对待音乐艺术一样的毅力、信心、虔诚,来学习人生艺术中最高深的一课。但愿你将来在这一门艺术中得到像你在音乐艺术中一样的成功!发生什么疑难或苦闷,随时向一二个正直而有经验的中老年人讨教,(你在伦敦已有一年八个月,也该有这样的老成的朋友吧?)深思熟虑,然后决定,切勿单凭一时冲动:只要你能做到这几点,我们也就放心了。

对终身伴侣的要求,正如对人生一切的要求一样不能太苛。事情总有正反两面：追得你太迫切了，你觉得负担重；追得不紧了，又觉得不够热烈。温柔的人有时会显得懦弱，刚强了又近乎专制。幻想多了未免不切实际，能干的管家太太又觉得俗气。只有长处没有短处的人在哪儿呢？世界上究竟有没有十全十美的人或事物呢？抚躬自问，自己又完美到什么程度呢？这一类的问题想必你考虑过不止一次。我觉得最主要的还是本质的善良，天性的温厚，开阔的胸襟。有了这三样，其他都可以逐渐培养；而且有了这三样，将来即使遇到大大小小的风波也不致变成悲剧。做艺术家的妻子比做任何人的妻子都难；你要不预先明白这一点，即使你知道"责人太严，责己太宽"，也不容易学会明哲、体贴、容忍。只要能代你解决生活琐事，同时对你的事业感到兴趣就行，对学问的钻研等等暂时不必期望过奢，还得看你们婚后的生活如何。眼前双方先学习相互的尊重、谅解、宽容。

对方把你作为她整个的世界固然很危险，但也很宝贵！你既已发觉，一定会慢慢点醒她；最好旁敲侧击而勿正面提出，还要使她感到那是为了维护她的人格独立，扩大她的世界观。倘若你已经想到奥里维的故事，不妨就把那部书叫她细读一二遍，特别要她注意那一段插曲。像雅葛丽纳①那样只知道 love, love, love! 的人只是童话中人物，在现实世界中非但得不到 love，连日子都会过不下去，因为她除了 love 一无所知，一无所有，一无所爱。这样狭窄的天地哪像一个天地！这样片面的人生观哪会得到幸福！无论男

---

① 雅葛丽纳，与前面提到的奥里维，均是罗曼·罗兰长篇小说《约翰·克利斯朵夫》中的人物。

女,只有把兴趣集中在事业上,学问上,艺术上,尽量抛开渺小的自我(ego),才有快活的可能,才觉得活的有意义。未经世事的少女往往会存一个荒诞的梦想,以为恋爱时期的感情的高潮也能在婚后维持下去。这是违反自然规律的妄想。古语说,"君子之交淡如水";又有一句话说,"夫妇相敬如宾"。可见只有平静、含蓄、温和的感情方能持久;另外一句的意义是说,夫妇到后来完全是一种知己朋友的关系,也即是我们所谓的终身伴侣。未婚之前双方能深切领会到这一点,就为将来打定了最可靠的基础,免除了多少不必要的误会与痛苦。

你是以艺术为生命的人,也是把真理、正义、人格等等看做高于一切的人,也是以工作为乐生的人;我用不着唠叨,想你早已把这些信念表白过,而且竭力灌输给对方的了。我只想提醒你几点:第一,世界上最有力的论证莫如实际行动,最有效的教育莫如以身作则;自己做不到的事千万勿要求别人;自己也要犯的毛病先批评自己,先改自己的。第二,永远不要忘了我教育你的时候犯的许多过严的毛病。我过去的错误要是能使你避免同样的错误,我的罪过也可以减轻几分;你受过的痛苦不再施之于他人,你也不算白白吃苦。总的来说,尽管指点别人,可不要给人"好为人师"的感觉。奥诺丽纳(你还记得巴尔扎克那个中篇吗?)的不幸一大半是咎由自取,一小部分也因为丈夫教育她的态度伤了她的自尊心。凡是童年不快乐的人都特别脆弱(也有训练得格外坚强的,但只是少数),特别敏感,你回想一下自己,就会知道对付你的爱人要如何 delicate [温柔],如何 discreet [谨慎] 了。

我相信你对爱情问题看得比以前更郑重更严肃了;就在这考验

时期，希望你更加用严肃的态度对待一切，尤其要对婚后的责任先培养一种忠诚、庄严、虔敬的心情！

九月七日（译自英文，致弥拉）

人在宇宙中微不足道，身不由己，但对他人来说，却又神秘莫测，自成一套。所以要透彻了解一个人，相当困难，再加上种族、宗教、文化与政治背景的差异，就更不容易。因此，我们以为你们两人决定先订婚一段日子，以便彼此能充分了解，尤其是了解对方的性格，确实是明智之举（但把"订婚"期拖得太长也不太好，这一点我们以后会跟你们解释）。我以为订婚期间还有一件要紧的事，就是要充分准备去了解现实，面对现实。现实与年轻人纯洁的心灵所想象的情况截然不同。生活不仅充满难以逆料的艰苦奋斗，而且还包含许许多多日常琐事，也许叫人更难以忍受。因为这种烦恼看起来这么渺小，这么琐碎，并且常常无缘无故，所以使人防不胜防。夫妇之间只有彻底谅解，全心包容，经常忍让，并且感情真挚不渝，对生活有一致的看法，有共同的崇高理想与信念，才能在人生的旅途上平安渡过大大小小的风波，成为琴瑟和谐的终身伴侣。

十月二十一日（译自英文，致弥拉）

看来，你对文学已有相当修养，不必再需任何指导，我只想推荐几本书，望你看后能从中汲取教益，尤其在人生艺术方面，有所提高。

　　莫罗阿：一、《恋爱与牺牲》；

　　　　　　二、《人生五大问题》。

　　　　　　（两本都是格拉塞版）

　　巴尔扎克：一、《两个新嫁娘的回忆》；

　　　　　　二、《奥诺丽纳》（通常与另两个故事合成一集，即《夏倍上校》与《禁治产》）。

　　因你对一切艺术很感兴趣，可以一读丹纳之《艺术哲学》（Hachette 出版，共两册）。这本书不仅对美学提出科学见解（美学理论很多，但此理论极为有益），并且是本艺术史通论，采用的不是一般教科书的形式，而是以渊博精深之见解指出艺术发展的主要潮流。我于一九五八年及一九五九年译成此书，迄今尚未出版，待出版后，当即寄聪。

　　你现在大概已经看完《约翰·克利斯朵夫》了吧？（你是看法文版，是吗？）这书是一八七〇年到一九一〇年间知识界之史诗，我相信一定对你大有启发。从聪来信看来——虽然他信中谈得很少，而且只是些无意中的观察所得——自从克利斯朵夫时代以来，西方艺术与知识界并无多大的改变：诚实，勤奋，有创造能力的年轻人，仍然得经历同样的磨难，就说我自己，也还没有渡完克利斯朵夫的最后阶段：身为一个激进的怀疑论者，年轻时惯于跟所有形式的偶像对抗，又深受中国传统哲学道德的熏陶，我经历过无比的困难与无穷的痛苦，来适应这信仰的时代。你记不记得老克利斯朵夫与奥里维的儿子，年轻的乔治之间的种种冲突（在《复旦》的第三部）？这就是那些经历过大时代动荡的人的悲剧。书中有某些片段,聪重读之后,也许会有崭新的体会。另一方面,像高脱弗烈特、摩达斯太、苏兹教授、奥里维、雅葛丽纳、爱麦虞限、葛拉齐亚等许多人物,在今日之欧洲仍生活在你的周围。

当然,阅读这部经典杰作之后,所引起的种种感情,种种问题,与种种思虑,我们不能在这封信中一一讨论,但我相信,看了此书,你的视野一定会扩大不少,你对以前向未留意过的人物与事迹,一定会开始关注起来。

……你可敬的父亲也一定可以体会到我的心情,因为他写信给我,把聪演奏会的情况热情的详述了一番。知道聪能以坚强的意志,控制热情,收放自如,使我非常高兴,这是我一向对他的期望。由于这是像你父亲这样的艺术家兼批评家告诉我的,当然极为可信。没有什么比以完美的形式表达出诗意的灵感与洋溢的热情更崇高了。这就是古典主义的一贯理想。为了聪的幸福,我不能不希望他迟早在人生艺术中也能像在音乐艺术中一样,达到和谐均衡的境地。

十月二十一日夜

……从你去年开始的信,可以看出你一天天的倾向于 wisdom〔智慧〕和所谓希腊精神。大概中国的传统哲学和艺术理想越来越对你发生作用了。从贝多芬式的精神转到这条路在我是相当慢的,你比我缩短了许多年。原因是你的童年时代和少年时代所接触的祖国文化(诗歌、绘画、哲学)比我同时期多的多。我从小到大,样样靠自己摸,只有从年长的朋友那儿偶然得到一些启发,从来没人有意的有计划的指导过我,所以事倍功半。来信提到朱晖①的情形使我感触很多。高度的才能不和高度的热爱结合,比只有热情而缺乏能力的人更可惋惜。

十一月十二日(译自英文,致弥拉)

在一个艺术家的家里,品味必须高雅,而不流于奢华,别让他为了一时之快而浪费钱财。他的艺术生活正在开始,前途虽然明朗,仍未得到确切的保障。由于他对治家理财之道向来漫不经心,你若能劝勉他在开支方面自我约制,撙节用度,就是对他莫大的帮助。他对人十分轻信(这当然表明他天性纯洁善良),不管是朋友,是陌生人,时常不分好歹的慷慨相待,你或许已经注意到,他很容易上歹徒骗子的当,所以,我们希望你能凭常识与直觉成为他的守护天使。这种常识与直觉,对每个女性来说,无论多么年轻,必然具有;而对多数艺术家来说(我指的是真正的艺术家),无论多么成熟,必然匮缺。过去十年以来,我们不断给予聪这种劝告,但我们深信,恋人的话语有时比父母的忠言有效得多。而事实上,也只有两人长相厮守,才能帮得了身旁的伴侣。

十一月十二日*(译自法文,致弥拉)

聪是一个性情相当易变的艺术家,诙谐喜悦起来像个孩子,落

---

① 朱晖,祖籍广东的新加坡指挥家,一九三四年生于印度尼西亚。

落寞欢起来又像个浪漫派诗人。有时候很随和，很容易相处；有时候又非常固执，不肯通融。而在这点上，我要说句公道话，他倒并非时常错误的。其实他心地善良温厚，待人诚恳而富有同情心，胸襟开阔，天性谦和。

十一月二十二日（译自法文，致弥拉）

由于聪时常拘于自己的音乐主张，我很想知道他能否从那些有关他弹奏与演技的批评中得到好处？这些批评有时虽然严峻但却充满睿智。不知他是否肯花工夫仔细看看这类批评，并且跟你一起讨论？（举例来说，你父亲刚寄给我的那篇《泰晤士报》上的文章，其中有几段说到聪对舒伯特及贝多芬〔作品———号〕奏鸣曲的演奏，依我看来就很值得好好反省。这样就能根据他人的意见，对自己的长处与短处作客观的分析。）你在艺术方面要求严格，意见中肯，我很放心，因为这样对他会有所帮助，可是他是否很有耐性听取你的意见？还有你父亲，他是艺术界极负盛名的老前辈，聪是否能够虚心聆教？聪还很年轻，对某些音乐家的作品，在艺术与学识方面都尚未成熟，就算对那些他自以为了解颇深的音乐家，例如莫扎特与舒伯特，他也可能犯了自以为是的毛病，沉溺于偏激而不尽合理的见解。我以为他很需要学习和听从朋友及前辈的卓越见解，从中汲取灵感与教益。你可否告诉我，他目前的爱好倾向于哪方面？假如他没有直接用语言表达清楚，你听了他的音乐也一定可以猜度出他在理智与感情方面的倾向。

十一月二十六日晚

自从弥拉和我们通信以后,好像你有了秘书,自己更少动笔了。知道你忙,精神紧张劳累,也不怪你。可是有些艺术问题非要你自己谈不可。你不谈,你我在精神上艺术上的沟通就要中断,而在我这个孤独的环境中更要感到孤独。除了你,没有人再和我交换音乐方面的意见。而我虽一天天的衰老,还是想多吹吹外面的风。你小时候我们指导你,到了今日,你也不能坐视爸爸在艺术的某一部门中落后!

没想到你们的婚期定得如此近,给我们一个措手不及。妈妈今儿整天在外选购送弥拉和你岳母的礼物。不过也许只能先寄弥拉的,下月再寄另外一包裹。原因详见给弥拉信。礼物不能在你们婚前到达伦敦,妈妈总觉得是件憾事。前信问你有否《敦煌壁画选》,现在我给你作为我给你们俩的新婚纪念品(下周作印刷品寄)。

孩子,你如今正式踏进人生的重要阶段了,想必对各个方面都已严肃认真的考虑过:我们中国人对待婚姻——所谓终身大事——比西方人郑重得多,你也决不例外;可是夫妇之间西方人比我们温柔得多,delicate [优雅] 得多,真有我们古人相敬如宾的作风,当然其中有不少虚伪的,互相欺骗的,想你也早注意到,在此订婚四个月内也该多少学习了一些。至于经济方面,大概你必有妥善的打算和安排。还有一件事,妈妈和我争执不已,不赞成我提出。我认为你们都还年轻,尤其弥拉,初婚后一二年内光是学会当家已是够烦了,是否需要考虑稍缓一二年再生儿育女,以便减轻一些她的负担,让她多轻松一个时期?妈妈反对,说还是早生孩子,宁可以后再节育。但我说晚一些也不过晚一二年,并非十年八年;说不说由我,听不听由你们;知无不言,言无不尽,朋友之间尚且如此,何况父母子女!有什么忌讳呢?你说是不是?我不过表示我的看法,决定仍在你们——而且即使我不说,也许你们已经讨论过这个问题了。弥拉的意思很对,你们该出去休息一个星期。我老是觉得,你离开琴,沉浸在大自然中,多沉思默想,反而对你的音乐理解与感受好处更多。人需要不时跳出自我的牢笼,才能有新的感觉,新的看法,也能有更正确的自我批评。

十二月二日

……我觉得你在放松精神一点上还大有可为。不妨减少一些工作,增加一些深思默想,看看效果如何。别老说时间不够;首先要从日常生活的琐碎事情上——特别是梳洗穿衣等等,那是我几年来常嘱咐你的——节约时间,挤出时间来!要不工作,就痛快休息,切勿拖拖拉拉在日常猥琐之事上浪费光阴。不妨多到郊外森林中去散步,或者上博物馆欣赏名画,从造型艺术中去求恬静闲适。你实在太劳累了!……你知道我说的休息绝不是懒散,而是调节你的身心,尤其是神经(我一向认为音乐家的神经比别的艺术家更需要保护;这也是有科学与历史根据的),目的仍在于促进你的艺术,不过用的方法比一味苦干更合理更科学而已!

你的中文并不见得如何退步,你不必有自卑感。自卑感反会阻止你表达的流畅。Do take it easy! [放松些，慢慢来！] 主要是你目前的环境多半要你用外文来思想，也因为很少机会用中文讨论文艺、思想等等问题。稍缓我当寄一些旧书给你，让你温习温习词汇和句法的变化。我译的旧作中，《嘉尔曼》和服尔德的文字比较最洗炼简洁，可供学习。新译不知何时印，印了当然马上寄。但我们纸张不足，对十九世纪的西方作品又经过批判与重新评价，故译作究竟哪时会发排，完全无法预料。

十二月二十四日（译自英文）

由于你们两人都很年轻，没有实际经验，我想把我们理财的方法告诉你们，也许会对你们有所帮助。我们结婚二十九年，你母亲天天都把用掉的每一分钱记在账簿上，从未间断过。如没有这种长期家庭式簿记制度，即使有了预算，也无济于事。每天晚上或第二天早晨，她核查支出与用剩的余款，就像小铺的账房，当然不如账房那么专注用心。一发现收支不符，而她又无论如何也记不起漏掉的项目是什么（我们两人记忆力都差），她就把不符之处列为："忘记项目"。每个月底她把全部用途加起来，跟预算比较并分析每一项不同的支出：衣、食、住、书籍费、应酬费、零用钱等——为了这项"比较研究"，她有一本特殊的分析账簿。假如我们的支出超过预算，她就会设法找出原因，以免下个月重蹈覆辙；每年年终，把全部收支相加之后，她就提出一个新的预算。所有这些工作已经成为她生活的常规，而且这也真是个好习惯：只有靠这种办法，人才可以逐渐学会如何处理钱财，如何攒下积蓄，以防意外并养育儿女。我们有些好朋友时常说钱到了我们手中,仿佛比在他们手里更能派用场了。

生活要过得体面而省俭;要小心而勿小气,慷慨而勿易于上当;享受生活乐趣,但切勿为满足一时欲望而过分奢侈,即使当时觉得这种欲念不可或缺也罢。这是种极不容易的艺术,只有性格坚强的人,运用明智,意志力与极大的耐性,再经过一些大大小小的惨痛教训,才办得到!这种人生艺术我们不能期望很快就学会,因此最好及早开始,尤其是在婚姻生活开始的时候。

聪看到这些话,也许会耸耸肩膀,可是,亲爱的孩子,请严肃考虑这个问题,你的幸福大部分有赖于如何解决这个问题。你如今不是单身汉了!别忘了在人生艺术上成功与在任何其他艺术中的成功一样,也值得钦慕与重视,也需要高度的聪慧与才智。主宰人生艺术的不外是调度钱财的能力。不错,假如我们需要或短缺金钱,过分无度为钱财所役,损人利己征物敛财,好比吝啬鬼,守财奴,资本家……那么,金钱确是万恶的。可是那些分明有钱而不知善用的人,可真是咎由自取!啊!亲爱的孩子,我们衷心希望你们在生活中各方面都美满幸福!为了你们好,宁愿让聪觉得我们唠唠叨叨,而不愿在操持家务最重要的篇章上保持缄默。弥拉学过家政,自然明白在家常琐务上能不厌其烦,一丝不苟,就是不出大纰漏的最佳保证。因此,弥拉在钱财上必须抓紧,而聪也必须乐于跟她合作。我知道你们两人对我所说的都很清楚,但要紧的是能知行合一,而不仅是纸上谈兵而已。

十二月三十一日（译自英文）

你并非是一个不知感恩的人，但你很少向人表达谢意。朋友对我们的帮助、照应与爱护，不必一定要报以物质，而往往只需写几封亲切的信，使他们快乐，觉得人生充满温暖。既然如此，为什么要以没有时间为推搪而不声不响呢？你应该明白我两年来没有跟勃隆斯丹太太通信是有充分的理由的。沉默很容易招人误会，以为我们冷漠忘恩，你很懂这些做人之道，但却永远不能以此来改掉懒惰的习惯。人人都多少有些惰性，假如你的惰性与偏向不能受道德约束，又怎么能够实现我们教育你的信条："先为人，次为艺术家，再为音乐家，终为钢琴家"？

一九六一年

一月五日（译自英文）

……你的信写得不长，也许是因为患了重伤风的缘故。信中对马耳他废墟只字未提，可见你对古代史一无所知；可是关于婚礼也略而不述却使我十分挂念，这一点证明你对现实毫不在意，你变得这么像哲学家，这么脱离世俗了吗？或者更坦白的说，你难道干脆就把这些事当作无关紧要的事吗？但是无足轻重的小事从某一观点以及从精神上来讲就毫不琐屑了。生活中崇高的事物，一旦出自庸人之口，也可变得伧俗不堪的。你知道得很清楚，我也不太看重物质生活，不太自我中心，我也热爱艺术，喜欢遐想；但是艺术若是最美的花朵，生活就是开花的树木。生活中物质的一面不见得比精神的一面次要及乏味，对一个艺术家而言，尤其如此。你有点过分偏重知识与感情了，凡事太理想化，因而忽略或罔顾生活中正当健康的乐趣。

不错，你现在生活的世界并非万事顺遂，甚至是十分丑恶的；可是你的目标，诚如你时常跟我说起的，是抗御一切诱惑，不论是政治上或经济上的诱惑，为你的艺术与独立而勇敢斗争，这一切已足够耗尽你的思想与精力了。为什么还要为自己无法控制的事情与情况而忧虑？注意社会问题与世间艰苦，为人类社会中丑恶的事情而悲痛是磊落的行为。故此，以一个敏感的年轻人来说，对人类命运的不公与悲苦感到愤慨是理所当然的，但是为此而郁郁不乐却愚不可及，无此必要。你说过很多次，你欣赏希腊精神，那末为什么不培养一下恬静与智慧？你在生活中的成就老是远远不及你在艺术上的成就。我经常劝你不时接近大自然及造型艺术，你试过没有？音乐太刺激神经，需要其他较为静态（或如你时常所说的较为"客观"）的艺术，如绘画、建筑、文学……来平衡，在十一月十三日的信里，我引了一小段 Fritz Busch［弗里茨·布施］的对话，他说的这番话在另外一方面看来对你很有益处，那就是你要使自己的思想松弛平静下来，并且大量减少内心的冲突。

一月五日 *

弥拉虽年轻，但从她几次来信，我深深的感觉到她相当成熟、体贴，使我回想自己结婚的时候比弥拉还年轻：二十岁还不到；当年我幼稚无知，怎么可以同今日的弥拉相比呢！还不是慢慢受了你爸爸的熏陶与影响，才对人生和艺术有所理解，而视野也变得广阔的吗？弥拉对你的了解，比我当时对你爸爸的了解，要深切得多，你太幸运了。现在你们开始共同生活，组织小家庭，中国有句老话"开门七件事，柴米油盐酱醋茶"，看来都是麻烦猥琐的事，但是为了生活，有什么办法呢？关于日常安排，你一定要多听弥拉的主意，因为我们女人总比较实际，不像你一天到晚老在音乐里，在云端里做梦。而且你有时也得从梦境中回到现实世界上来,体验体验家庭生活的繁琐与乐趣。你要知道 art of living [生活的艺术] 也不是一件容易的事,里面也有不少学问,也许比别的学问更加高深,也得一边学一边做。尤其重要的理财一道,你向来不屑理会,钱糊里糊涂来,糊里糊涂去。现在有弥拉帮你管,你只要开诚布公,尽可让她预算,让她安排,或者共同研究一下,每个月必得从收入中储蓄一部分!——我正在看萧邦的传记,他父亲就是一个艰苦奋斗的人,也是极重视孩子教育的人,常常警告萧邦,一定要 save money [储蓄],以防万一。现在你成了家,不是 bohemian [流浪汉] 了,为了二人的生活安全,责任更重,还要为未来的孩子着想。总之 play safe first![稳扎稳打,谨慎行事是第一位的!] 你想,要是你的父母过去生活无计划、无规律,你怎么会得到充分的教育,会有今日呢?虽然我们孜孜不倦的教导你,但是在生活的规律和用钱的得当两点上,始终没对你产生影响,我为之深感遗憾,也是觉得惭愧的,因为总是我们教育的方式方法不好。但是你还年轻,学起来还来得及,何况弥拉这方面比你能干得多,那么好了,就让她来补你的不足。千万别自作聪明,与弥拉闹别扭;我完全相信她的能力(你别低估了她)和善良的心地,倘若她有时在实际问题上坚持,那一定是为了使你的生活过得美满,为你们两人的前途打算。

……他知道你对希腊精神的向往,但认为你对希腊精神还不明确,就不厌其烦的想要满足你。因为丹纳的《艺术哲学》不知何时出版,他最近竟重理旧稿,把其中讲希腊的一个 chapter [章],约五万余字,每天抽出一部分时间抄录,预备寄你。爸爸虽是腰酸背痛,眼花流泪(多写了还要头痛),但是为了你,他什么都不顾了。前几天我把旧稿替他理出来,他自己也吓了一跳,原来的稿子,字写得像蚂蚁一样小,不得不用了放大镜来抄,而且还要仔仔细细的抄,否则就要出错。他这样坏的身体,对你的 devotion [爱护],对你的关怀,我看了也感动。孩子,世界上像你爸爸这样的无微不至的教导,真是罕有的。你要真心的接受,而且要拿实际行动来表示。来信千万别笼笼统统的,多一些报道,让他心里感到温暖快乐,这就是你对爸爸的报答。……

二月五日上午

上月二十四日宋家婆婆①突然病故,卧床不过五日,初时只寻常小恙,到最后十二小时才急转直下。人生脆弱一至于此!我和你妈妈为之四五天不能入睡,伤感难言。古人云秋冬之际,尤难为怀;人过中年也是到了秋冬之交,加以体弱多病,益有草木零落,兔死狐悲之感。但西方人年近八旬尚在孜孜矻矻,穷究学术,不知老之"已"至:究竟是民族年轻,生命力特别旺盛,不若数千年一脉相承之中华民族容易衰老欤?抑是我个人未老先衰,生意索然欤?想到你们年富力强,蓓蕾初放,艺术天地正是柳暗花明,窥得无穷妙境之时,私心艳羡,岂笔墨所能尽宣!

---

① 宋家婆婆,即我国老一辈戏剧家宋春舫(1892—1938)的夫人,傅雷挚友宋奇之母。

因你屡屡提及艺术方面的希腊精神（Hellenism），特意抄出丹纳《艺术哲学》中第四编"希腊的雕塑"译稿六万余字，钉成一本。原书虽有英译本，但其中神话、史迹、掌故太多，倘无详注，你读来不免一知半解；我译稿均另加笺注，对你方便不少。我每天抄录一段，前后将近一月方始抄完第四编。奈海关对寄外文稿检查甚严，送去十余日尚无音信，不知何时方能寄出，亦不知果能寄出否，思之怅怅。此书原系一九五七年"人文"向我特约，还是王任叔①来沪到我家当面说定，我在一九五八至一九五九年间译完，已搁置一年八个月。目前纸张奇紧，一时决无付印之望。……

二月七日

中华民族从古以来不追求自我扩张，从来不把人看做高于一切，在哲学文艺方面的表现都反映出人在自然界中与万物占着一个比例较为恰当的地位，而非绝对统治万物，奴役万物的主宰。因此我们的苦闷，基本上比西方人为少为小；因为苦闷的强弱原是随欲望与野心的大小而转移的。农业社会的人比工业社会的人享受差得多，因此欲望也小得多。况中国古代素来以不滞于物，不为物役为最主要的人生哲学。并非我们没有守财奴，但比起莫里哀②与巴尔扎克③笔下的守财奴与野心家来，就小巫见大巫了。

---

① 王任叔，时任人民文学出版社社长。
② 莫里哀（1622—1673），法国著名古典主义喜剧家。
③ 巴尔扎克（1799—1850），法国著名批判现实主义作家。

中华民族多数是性情中正和平、淡泊、朴实，比西方人容易满足。另一方面，佛教影响虽然很大，但天堂地狱之说只是佛教中的小乘（净土宗）的说法，专为知识较低的大众而设的。真正的佛教教理并不相信真有天堂地狱；而是从理智上求觉悟，求超度；觉悟是悟人世的虚幻，超度是超脱痛苦与烦恼。尽管是出世思想，却不予人以热烈追求幸福的鼓动，或急于逃避地狱的恐怖；主要是劝导人求智慧。佛教的智慧正好与基督教的信仰成为鲜明的对比。智慧使人自然而然的醒悟，信仰反易使人入于偏执与热狂之途。我们的民族本来提倡智慧（中国人的理想是追求智慧而不是追求信仰。——我们只看见古人提到彻悟，从未以信仰坚定为人生乐事〔这恰恰是西方人心目中的幸福〕。你认为韩德尔比巴赫为高，你说前者是智慧的结晶，后者是信仰的结晶：这个思想根源也反映出我们的民族性）。故知识分子受到佛教影响并无恶果。即使南北朝时代佛教在中国极盛，愚夫愚妇的迷信亦未尝在吾国文化史上遗留什么毒素，知识分子亦从未陷于虚无主义（即使有过一个短时期，但在历史上并无大害）。——相反，在两汉以儒家为唯一正统，罢黜百家，思想入于停滞状态之后，佛教思想的输入倒是给我们精神上的一种刺激，令人从麻痹中觉醒过来，从狭隘的一家一派的束缚中解放出来。在公元二三世纪的思想情况之下这是一个可喜的现象。——对中国知识分子拘束最大的倒是僵死的礼教，从南宋的理学（程子朱子）起一直到清朝末年，养成了规行矩步，整天反省，唯恐背礼越矩的迂腐头脑，也养成了口是心非的假道学、伪君子。其次是明清两代的科举制度，不仅束缚性灵，也使一部分有心胸有能力的人徘徊于功名利禄与真正修心养性、致知格物的矛盾中（反映于《儒林外史》中）。——然而这一类的矛盾也决不像近代西方人的矛盾那么有害身心。我们的社会进步迟缓，资本主义制度发展若断若续，封建时代的经济基础始终存在，封建时代的道德观、人生观、宇宙观以及一切上层建筑，到近百年中还有很大势力，使我们的精神状态、思想情形不致如资本主义高度发展的国家的人那样混乱、复杂、病态；我们比起欧美人来一方面是落后，一方面也单纯，就是说更健全一些。——从民族特性，传统思想，以及经济制度等等各个方面看，我们和西方人比较之下都有这个双重性。——五四以来，情形急转直下，西方文化的输入使我们的头脑受到极大的骚动，正如"帝国主义的资本主义"的侵入促成我们半封建半资本主义社会的崩溃一样。我们开始感染到近代西方人的烦恼，幸而时期不久，并且宗教影响在我们思想上并无重大作用（西方宗教只影响到买办阶级以及一部分比较落后地区的农民，而且也并不深刻），故虽有现代式的苦闷，并不太尖锐。我们还是有我们老一套的东方思想与东方哲学，作为批判西方文化的尺度。当然以上所说特别是限于解放以前为止的时期。解放以后情形大不相同，暇时再谈。但即是解放以前我们一代人的思想情况，你也承受下来了，感染得相当深了。我想你对西方艺术、西方思想、西方社会的反应和批评，骨子里都有我们一代（比你早一代）的思想根源，再加上解放以后新社会给你的理想，使你对西欧的旧社会更有另外一种看法，另外一种感觉。倘能从我这一大段历史分析（不管如何片面如何不正确）来分析你目前的思想感情，也许能大大减少你内心苦闷的尖锐程度，使你的矛盾不致影响你身心的健康与平衡，你说是不是？

二月七日晚

人没有苦闷,没有矛盾,就不会进步。有矛盾才会逼你解决矛盾,解决一次矛盾即往前迈进一步。到晚年矛盾减少,即是生命将要告终的表现。没有矛盾的一片恬静只是一个崇高的理想,真正实现的话并不是一个好现象。凭了修养的功夫所能达到的和平恬静只是极短暂的,比如浪潮的尖峰,一刹那就要过去的。或者理想的平和恬静乃是微波荡漾,有矛盾而不太尖锐,而且随时能解决的那种精神修养,可决非一泓死水:一泓死水有什么可羡呢?我觉得倘若苦闷而不致陷入悲观厌世,有矛盾而能解决(至少在理论上认识上得到一个总结),那末苦闷与矛盾并不可怕。所要避免的乃是因苦闷而导致身心失常,或者玩世不恭,变作游戏人生的态度。从另一角度看,最伤人的(对己对人,对小我与集体都有害的)乃是由passion〔激情〕出发的苦闷与矛盾,例如热衷名利而得不到名利的人,怀着野心而明明不能实现的人,经常忌妒别人、仇恨别人的人,那一类苦闷便是与己与人都有大害的。凡是从自卑感自溺狂等等来的苦闷对社会都是不利的,对自己也是致命伤。反之,倘是忧时忧国,不是为小我打算而是为了社会福利、人类前途而感到的苦闷,因为出发点是正义,是理想,是热爱,所以即有矛盾,对己对人都无害处,倒反能逼自己做出一些小小的贡献来。但此种苦闷也须用智慧来解决,至少在苦闷的时间不能忘了明哲的教训,才不至于转到悲观绝望,用灰色眼镜看事物,才能保持健康的心情继续在人生中奋斗——而唯有如此,自己的小我苦闷才能转化为一种活泼泼的力量而不仅仅成为愤世嫉俗的消极因素;因为愤世嫉俗并不能解决矛盾,也就不能使自己往前迈进一步。由此得出一个结论,我们不怕经常苦闷,经常矛盾,但必须不让这苦闷与矛盾妨碍我们愉快的心情。

三月二十八日晨(译自英文,致弥拉)

我会再劝聪在琐屑小事上控制脾气,他在这方面太像我了,我屡屡提醒他别受我的坏习惯影响。父母的缺点与坏脾气应该不断的作为孩子的借鉴,不然的话,人的性格就没有改善的指望了。你妈妈却是最和蔼可亲、平易近人的女性(幸好你属于她那一类型),受到所有亲朋戚友的赞美,她温柔婉约,对聪的为人影响极大。多年来要不是经常有妈妈在当中任劳任怨,小心翼翼,耐心调停,我与聪可能不会像今日一般和睦相处,因为我们俩人都脾气急躁,尤其对小事情更没有耐性。简言之,我们在气质上太相似了,一般来说,这是艺术家或诗人的气质,可是在诗人画家的妻子眼中看来,这种气质却一点诗情画意都没有!我只能劝你在聪发脾气的时候别太当真,就算他有时暴跳如雷也请你尽量克制,把他当做一个顽皮的孩子,我相信他很快会后悔,并为自己蛮不讲理而惭愧。我明白,要你保持冷静,很不容易,你还这么年轻!但是,这是平息风浪、避免波及的唯一方式,要不然,你自己的情绪也会因此变坏,那就糟了——这是家庭关系的致命伤!希望你在这一点上能原谅聪,正如妈妈一向原谅我一般,因为我可以向你担保,对小事情脾气暴躁,可说是聪性格中唯一的严重缺点。

另一方面,我们认为有一点很重要,就是聪在未来,应该把演奏次数减少，我在二月二十一日一信（E-No.11 T2）中，已经对你提过。一个人为了工作神经过度紧张，时常会发起脾气来。评论中屡次提到聪在演奏第一项节目时，表现得很紧张。为了音乐，下一季他应该减少合约。把这问题好好的讨论一下，不仅是为他在公众场所的演出水平，也更是为你俩的幸福。假如成功与金钱不能为你们带来快乐，那么为什么要为这许多巡回演出而疲于奔命呢？假如演出太多不能给你们家庭带来安宁，那么就酌情减少，倘若逾越分寸，世上就绝没有放纵无度而不自食其果的事！一切要合乎中庸之道，音乐亦不例外。这就是我一再劝聪应该时常去参观画廊的原因，欣赏造型艺术是维系一个人身心平衡的最佳方式。

四月九日（译自英文，致弥拉）

聪一定记得我们有句谈到智者自甘淡泊的老话，说人心不知足，因此我们不应该受羁于贪念与欲望。这是人所尽知的常识，可是真要实践起来，却非经历生活的艰辛不可。一个人自小到大从未为钱发愁固然十分幸运，从未见过自己的父母经济发生困难也很幸运；但是他们一旦自己成家，就不善理财了。一个人如果少年得志，他就更不善理财，这对他一生为害甚大。众神之中，幸运女神最为反复无常，不怀好意，时常袭人于不备。因此我们希望聪减少演出，降低收入，减少疲劳，减轻压力，紧缩开支，而多享受心境的平静以及婚姻生活的乐趣。亲爱的弥拉，这对你也更好些。归根结底，我相信你们俩对精神生活都比物质生活看得更重，因此就算家中并非样样舒裕也无关紧要——至少目前如此。真正的智慧在于听取忠言,立即实行,因为要一个人生来就聪明是不可能的,身为女人,你不会时常生活在云端里,由于比较实际,你在持家理财上,一定比聪学得更快更容易。

我四岁丧父,二十五岁丧母,所以在现实生活中没有人给我指点(在学识与文化方面亦复如此)。我曾经犯过无数不必要的错误,做过无数不必要的错事,回顾往昔,我越来越希望能使我至爱的孩子们摆脱这些可能遇上但避免得了的错误与痛苦。此外,亲爱的弥拉,因为你生活在一个紧张的物质世界里,我们传统的一部分,尤其是中国的生活艺术(凡事要合乎中庸之道)也许会对你有些好处。你看,我像聪一样是个理想主义者,虽然有时方式不同。你大概觉得我太迂腐,太道貌岸然了吧?

这两星期我在校阅丹纳[①]《艺术哲学》的译稿,初稿两年前就送给出版社了,但直到现在,书才到排字工人的手中。你知道,从排字到印刷,还得跨一大步,等一大段时日。这是一部有关艺术、历史及人类文化的巨著,读来使人兴趣盎然,获益良多,又有所启发。你若有闲暇,一定得好好精读和研究学习此书。

四月十五日(译自英文)

妈妈跟我两人把信念了好几遍,(每封你跟弥拉写来的信都要读三遍!)每遍都同样使我们兴致勃勃,欣喜莫名!你真不愧

[①] 丹纳(Taine,1828—1893),法国思想家,文艺评论家和历史学家。

为一个现代的中国艺术家,有赤诚的心,凛然的正义感,对一切真挚、纯洁、高尚、美好的事物都衷心热爱,我的教育终于开花结果。你的天赋禀资越来越有所发挥;你是对得起祖国的儿子!你在非洲看到欧属殖民地的种种丑恶行径而感到义愤填膺,这是难怪的,安德烈·纪德①三十年前访问比属刚果,写下《刚果之行》来抗议所见的不平,当时他的印象与愤怒也与你相差无几。你拒绝在南非演出是绝对正确的;当地的种族歧视最厉害,最叫人不可忍受。听到你想为非洲人义演,也使我感到十分高兴。了不起!亲爱的孩子!我们对你若非已爱到无以复加,就要为此更加爱你了。……

你们俩就算有时弄得一团糟也不必介怀,只要你们因此得到教训,不再重蹈覆辙就行了,没有人可以自诩从不犯错,可是每个人都能够越来越少犯错误。在私人生活方面,孩子气很可爱,甚至很富有诗意,可是你很明白在严肃的事情及社交场合上,我们必须十分谨慎,处处小心,别忘了英国人基本上是清教徒式的,他们对世情俗务的要求是十分严苛的。

聪的长信给我们很多启发,你跟我在许多方面十分相像,由于我们基本上都具有现代思想,很受十九世纪的西方浪漫主义以及他们的"世纪病"的影响。除了勤勉工作或专注于艺术、哲学、文学之外,我们永远不会真正感到快乐,永远不会排除"厌倦",我们两

---

① 安德烈·纪德(Andre Gide, 1869—1951),法国著名作家,一九四八年获诺贝尔文学奖。

人都很难逃避世事变迁的影响。现在没时间讨论所有这些以及其他有关艺术的问题，日后再谈吧！

我得提醒聪在写和讲英文时要小心些，我当然不在乎也不责怪你信中的文法错误，你没时间去斟酌文字风格，你的思想比下笔快，而且又时常匆匆忙忙或在飞机上写信，你不必理会我们，不过在你的日常会话中，就得润饰一下，选用比较多样化的形容词、名词及句法，尽可能避免冗赘的字眼及词句，别毫无变化的说"多妙"或"多了不起"，你大可选用"宏伟"，"堂皇"，"神奇"，"神圣"，"超凡"，"至高"，"高尚"，"圣洁"，"辉煌"，"卓越"，"灿烂"，"精妙"，"令人赞赏"，"好"，"佳"，"美"等等字眼，使你的表达方式更多姿多彩，更能表现出感情、感觉、感受及思想的各种层次，就如在演奏音乐一般。要是你不在乎好好选择字眼，长此以往，思想就会变得混沌、单调、呆滞、没有色彩、没有生命。再没有什么比我们的语言更能影响思想的方式了。

四月二十日 *

接到你南非归途中的长信，我一边读一边激动得连心都跳起来了。爸爸没念完就说了几次 Wonderful! Wonderful! [好极了！好极了！] 孩子，你不知给了我们多少安慰和快乐！从各方面看，你的立身处世都有原则性，可以说完全跟爸爸一模一样。对黑人的同情，恨殖民主义者欺凌弱小，对世界上一切丑恶的愤懑，原是一个充满热情，充满爱，有正义感的青年应有的反响。你的民族傲气，爱祖国爱事业的热忱，态度的严肃，也是你爸爸多少年来从头至尾感染你的；我想你自己也感觉到。孩子，看到你们父子气质如此相同，正直的行事如此一致，心中真是说不出的高兴。你们谈艺术、谈哲学、谈人生，上下古今无所不包，一言半语就互相默契，彻底了解；在父子两代中能够有这种情形，实在难得。我更回想到五六、五七两年你回家的时期，没有一天不谈到深更半夜，当时我就觉得你爸爸早已把你当作朋友看待了。

五月一日

终日在琐碎家务与世俗应对中过生活的人，也该时时到野外去洗掉一些尘俗气，别让这尘俗气积聚日久成为宿垢。弥拉接到我黄山照片后来信说，从未想到山水之美有如此者。可知她虽家居瑞士，只是偶尔在山脚下小住，根本不曾登高临远，见到神奇的景色。在这方面你得随时培养她。此外我也希望她每天挤出时间，哪怕半小时吧，作为阅读之用。而阅读也不宜老拣轻松的东西当做消遣；应当每年选定一二部名著用功细读。比如丹纳的《艺术哲学》之类，若能彻底消化，做人方面，气度方面，理解与领会方面都有进步，不仅仅是增加知识而已。巴尔扎克的小说也不是只供消闲的。像你们目前的生活，要经常不断的阅读正经书不是件容易的事，需要很强的意志与纪律才行。望时常与她提及你老师勃隆斯丹近七八年来的生活，除了做饭、洗衣、照管丈夫孩子以外，居然坚持练琴，每日一小时至一小时半，到今日每月有四五次演出。这种精神值得弥拉学习。

五月二十三日

越知道你中文生疏,我越需要和你多写中文;同时免得弥拉和我们隔膜,也要尽量写英文。有时一些话不免在中英文信中重复,望勿误会是我老糊涂。

……不愿意把物质的事挂在嘴边是一件事,不糊里糊涂莫名其妙的丢失钱是另一件事!这是我与你大不相同之处。我也觉得提到阿堵物是俗气,可是我年轻时母亲(你的祖母)对我的零用抓得极紧,加上二十四岁独立当家,收入不丰;所以比你在经济上会计算,会筹划,尤其比你原则性强。当然,这些对你的艺术家气质不很调和,但也只是对像你这样的艺术家是如此;精明能干的艺术家也有的是。萧邦即是一个有名的例子:他从来不让出版商剥削,**和他们谈判条件从不怕烦**。你在金钱方面的洁癖,在我们眼中是高尚的节操,在西方拜金世界和吸血世界中却是任人鱼肉的好材料。我不和人争利,但也绝不肯被人剥削,遇到这种情形不能不争——这也是我与你不同之处。但你也知道,我争的还是一个理而不是为钱,争的是一口气而不是为的利。在这一点上你和我仍然相像。

总而言之,理财有方法,有系统,并不与重视物质有必然的联系,而只是为了不吃物质的亏而采取的预防措施;正如日常生活有规律,并非求生活刻板枯燥,而是为了争取更多的时间,节省更多的精力来做些有用的事,读些有益的书,总之是为了更完美的享受人生。……

你说的很对,"学然后知不足",只有不学无术或是浅尝辄止的人才会自大自满。我愈来愈觉得读书太少,聊以自慰的就是还算会吸收,消化,贯通。像你这样的艺术家,应当无书不读,像 Busoni [布索尼]①,Hindemith [兴德米特]②那样。就因为此,你更需和弥拉俩妥善安排日常生活,一切起居小节都该有规律有计划,才能挤出时间来。当然,艺术家也不能没有懒洋洋的耽于幻想的时间,可不能太多;否则成了习惯就浪费光阴了。没有音乐会的期间也该有个计划,哪几天招待朋友,哪几天听音乐会,哪几天照常练琴,哪几天读哪一本书。一朝有了安排,就不至于因为无目的无任务而感到空虚与烦躁了。这些琐琐碎碎的项目其实就是生活艺术的内容。否则空谈"人生也是艺术",究竟指什么呢?对自己有什么好处呢?但愿你与弥拉多谈谈这些问题,订出计划来按部就班的做去。最要紧的是订的计划不能随便打破或打乱。你该回想一下我的作风,可以加强你实践的意志。

五月二十四日

我自己常常发觉译的东西过了几个月就不满意;往往当时感到得意的段落,隔一些时候就觉得平淡得很,甚至于糟糕得很。当然,也有很多情形,人家对我的批评与我自己的批评并不对头;人家指出的,我不认为是毛病;自己认为毛病的,人家却并未指出。想来你也有同样的经验。

在空闲(即无音乐会)期间有朋友来往,不但是应有的调剂,使自己不致与现实隔膜,同时也表示别人喜欢你,是件大好事。主

---

① 布索尼(Busoni, 1866—1928),意大利钢琴演奏家和作曲家。
② 兴德米特(Hindemith, 1895—1963),德国作曲家、音乐理论家。

要是这些应酬也得有限度有计划。最忌有求必应,每会必到;也最忌临时添出新客新事。西方习惯多半先用电话预约,很少人会做不速之客——即使有不速之客,必是极知己的人,不致妨碍你原定计划的。**希望弥拉慢慢能学会这一套安排的技术**。原则就是要取主动,不能处处被动!

孩子,来信有句话很奇怪。沉默如何就等于同意或了解呢?不同意或不领会,岂非也可用沉默来表现吗?在我,因为太追求逻辑与合理,往往什么话都要说得明白,问得明白,答复别人也答复得分明;沉默倒像表示躲避,引起别人的感觉不是信任或放心,而是疑虑或焦急。过去我常问到你经济情况,怕你开支浩大,演出太多,有伤身体与精神的健康;主要是因为我深知一个艺术家在西方世界中保持独立多么不容易,而唯有经济有切实保障才能维持人格的独立。并且父母对儿女的物质生活总是特别关心。再过一二十年,等你的孩子长成以后,你就会体验到这种心情。

六月二十六日晚

……最高兴的是你的民族性格和特征保持得那么完整,居然还不忘记:"一箪食(读如"嗣"),一瓢饮,回也不改其乐。"唯有如此,才不致被西方的物质文明湮没。你屡次来信说我们的信给你看到和回想到另外一个世界,理想气息那么浓的,豪迈的,真诚的,光明正大的,慈悲的,无我的(即你此次信中说的 idealistic, generous, devoted, loyal, kind, selfless)世界。我知道东方西方之间的鸿沟,只有豪杰之士,领悟颖异,感觉敏锐而深刻的极少数人方能体会。换句话说，东方人要理解西方人及其文化和西方人理解东方人及其文化同样不容易。即使理解了，实际生活中也未必真能接受。这是近代人的苦闷：既不能闭关自守，东方与西方各管各的生活，各管各的思想，又不能避免两种精神两种文化两种哲学的冲突和矛盾。当然，除了冲突与矛盾，两种文化也彼此吸引，相互之间有特殊的魅力使人神往。东方的智慧、明哲、超脱，要是能与西方的活力、热情、大无畏的精神融合起来，人类可能看到另一种新文化出现。西方人那种孜孜矻矻，白首穷经，只知为学，不问成败的精神还是存在（现在和克利斯朵夫的时代一样存在），值得我们学习。你我都不是大国主义者，也深恶痛绝大国主义，但你我的民族自觉、民族自豪和爱国热忱并无一星半点的排外意味。相反，这是一个有根有蒂的人应有的感觉与感情。每次看到你有这种表现，我都快活得心儿直跳，觉得你不愧为中华民族的儿子！妈妈也为之自豪，对你特别高兴，特别满意。

　　分析你岳父的一段大有见地，但愿作为你的借鉴。你的两点结论，不幸的婚姻和太多与太早的成功是艺术家最大的敌人，说得太中肯了。我过去为你的婚姻问题操心，多半也是从这一点出发。如今弥拉不是有野心的女孩子，至少不会把你拉上热衷名利的路，让你能始终维持艺术的尊严，维持你严肃朴素的人生观，已经是你的大幸。还有你淡于名利的胸怀，与我一样的自我批评精神，对你的艺术都是一种保障。但愿十年二十年之后，我不在人世的时候，你永远能坚持这两点。恬淡的胸怀，在西方世界中特别少见，希望你能树立一个榜样！

吃过晚饭,又读了一遍(第三遍)来信。你自己说写得乱七八糟,其实并不。你有的是真情实感,真正和真实的观察,分析,判断,便是杂乱也乱不到哪里去。中文也并未退步;你爸爸最挑剔文字,我说不退步你可相信是真的不退步。而你那股热情和正义感不知不觉洋溢于字里行间,教我看了安慰,兴奋……有些段落好像是我十几年来和你说的话的回声……你没有辜负园丁!

老好人往往太迁就,迁就世俗,迁就褊狭的家庭愿望,迁就自己内心中不大高明的因素;不幸真理和艺术需要高度的原则性和永不妥协的良心。物质的幸运也常常毁坏艺术家。可见艺术永远离不开道德——广义的道德,包括正直,刚强,斗争(和自己的斗争以及和社会的斗争),毅力,意志,信仰……

的确,中国优秀传统的人生哲学,很少西方人能接受,更不用说实践了。比如"富贵于我如浮云"在你我是一条极崇高极可羡的理想准则,但像巴尔扎克笔下的那些人物,正好把富贵作为人生最重要的,甚至是唯一的目标。他们那股向上爬,求成功的蛮劲与狂热,我个人简直觉得难以理解。也许是气质不同,并非多数中国人全是那么淡泊。我们不能把自己人太理想化。

你提到英国人的抑制(inhibition),其实正表示他们犷野强悍的程度,不能不深自敛抑,一旦决堤而出,就是莎士比亚笔下的那些人物,如麦克白斯、奥赛罗等等,岂不 wild [狂放] 到极点?

Bath [巴斯] 在欧洲亦是鼎鼎大名的风景区和温泉疗养地,无怪你觉得是英国最美的城市。看了你寄来的节目,其中几张风景使我回想起我住过的法国内地古城:那种古色古香,那种幽静与悠闲,至今常在梦寐间出现。说到这里,希望你七月去维也纳,百忙中买一些美丽的风景片给我。爸爸坐井观天，让我从纸面上也接触一下贝多芬、莫扎特、舒伯特住过的名城！

六月二十七日（译自英文，致弥拉）

一个人（尤其在西方）一旦没有宗教信仰，道德规范就自动成为生活中唯一的圭臬。大多数欧洲人看到中国人没有宗教（以基督教的眼光来看），而世世代代以来均能维系一个有条有理，太平文明的社会，就大感惊异，秘密在于这世上除了中国人，再没有其他民族是这样自小受健全的道德教训长大的。你也许已在聪的为人方面看到这一点，我们的道德主张并不像西方的那么"拘谨"，而是一种非常广义的看法，相信人生中应诚实不欺，不论物质方面或精神方面，均不计报酬，像基督徒似的冀求一个天堂。我们深信，人应该为了善、为了荣誉、为了公理而为善，而不是为了惧怕永恒的惩罚，也不是为了求取永恒的福祉。在这一意义上，中国人是文明世界中真正乐观的民族。在中国，一个真正受过良好教养和我们最佳传统与文化熏陶的人，在不知不觉中自然会不逐名利，不慕虚荣，满足于一种庄严崇高，但物质上相当清贫的生活。这种态度，你认为是不是很理想很美妙？

亲爱的孩子，有没有想过我在E-No.17信中所引用的孟德斯鸠的名言："树人如树木，若非善加栽培，必难欣欣向荣"？假如你想听取孟德斯鸠的忠言，成为一棵"枝叶茂盛"的植物，那末这是开始自我修养的时候了。开始时也许在聪忙于演出的日子，你可以有闲暇读些正经书，我建议你在今夏看这两本书：丹纳的《艺术哲学》和Etiemble[埃蒂昂勃勒]①的《新西游记》(这本书我有两册,是作者送的,我会立即寄一本给你)。读第一本书可使你对艺术及一般文化历史有所认识,第二本可促进你对现代中国的了解。

如果你可以在旧书店里找到一本罗素的《幸福之路》,也请用心阅读,这本书虽然是三十年前写的,可是因为书中充满智慧及富有哲理的话很多,这些话永远不会过时,所以对今日的读者,仍然有所裨益。希望你也能念完《约翰·克利斯朵夫》。像你这样一位年轻的家庭主妇要继续上进,终身坚持自我教育,是十分困难的,我可以想象得出你有多忙,可是这件事是值得去努力争取的。妈妈快四十九岁了,仍然"挣扎"着每天要学习一些新东西(学习英语)。我有没有告诉过你,勃隆斯丹太太跟一般中产阶级的家庭主妇一样忙,可是她仍然每天坚持练琴(每日只练一小时至一小时半,可是日久见功),还能演奏及上电台播音。这种勇气与意志的确叫人激赏,几乎可说是英雄行径!

七月七日(译自英文,致弥拉)

谢谢你寄来的Magidoff[马吉道夫]所写关于你爸爸②的书,这本书把我完全吸引住了,使我丢下手边的工作,不顾上海天气的炎热(室内摄氏三十二度),接连三个下午把书看完。过去五六

---

① 埃蒂昂勃勒(Etiemble,1909—2002),当代法国知名汉学家,亦为傅雷好友。
② 弥拉的父亲,世界著名音乐家、小提琴演奏家伊虚提·梅纽因(Yehudi Menuhin)。

……年来很少看过这么精彩动人、内容翔实的书,你在五月十日的信中说,这本书写得不太好,可是也许会让我们觉得很新奇。传记中的无数细节与插曲是否合乎事实,我当然不像你爸爸或家里人一般有资格去评论,可是有一点我可以肯定:这本书对我来说不仅仅是新奇而已,并且对艺术家、所有看重子女教育的父母,以及一般有教养的读者都启发很深。我身为一个文学工作者,受过中国哲学思想的熏陶,在教养孩子的过程中经过了无数试验和失误,而且对一切真、善、美的事物特别热爱,念起 Magidoff 这本书来,感到特别兴奋,读后使我深思反省有生以来的种种经历,包括我对人生、道德、美学、教育等各方面的见解与思想变迁。我在教育方面多少像聪一样,从父母那里继承了优点及缺点,虽然程度相差很远。例如,我教育子女的方式非常严格,非常刻板,甚至很专制,我一直怕宠坏孩子,尤其是聪。我从来不许他选择弹琴作为终生事业,直到他十六岁,我对他的倾向与天分不再怀疑时才准许,而且迟至十八岁,我还时常提醒他的老师对他不要过分称赞。像我的母亲一样,我一直不断的给聪灌输淡于名利权势,不慕一切虚荣的思想。

在教育的过程中,我用了上一代的方法及很多其他的方法,犯了无数过错,使我时常后悔莫及,幸而两个孩子都及早脱离了家庭的规范与指导。聪一定告诉过你,他十五岁时一个人在昆明待了两年,不过,他在处世方面并没有学得更练达,这一方面归咎于他早年在家庭所受的教育不健全;一方面归咎于我自己的缺点;一方面又由于他性格像妈妈,有点过分随和,所以很难养成自律的习惯,以及向世界挑战的勇气。……

在艺术方面，你父亲的荣誉，他的独特与早熟，一生经历过无数危机，在外人眼中却一帆风顺，处处都树立榜样，表演了一出最感人最生动的戏剧，在心理及美学方面，发人深省，使我们得以窥见一位名人及大音乐家的心灵。这本书也给年轻人上了最宝贵的一课（不论是对了解音乐或发展演奏及技巧而言），尤其是聪。甚至你，亲爱的弥拉，你也该把这本书再读一遍，我相信读后可以对你父亲有更进一步的了解（顺便一提，没有人可以夸口彻底了解自己的亲人，尽管两人的关系有多亲密）：了解他的性格，他那崇高的品德，以及辉煌的艺术成就。此外，把这本书用心细读，你可以学习很多有关人生的事：你父亲在二次世界大战期间英勇慷慨的事迹，他在柏林（在犹太难民营中）以后在以色列对自己信念所表现出的大智大勇，使你可以看出，他虽然脾气随和，性情和蔼，可是骨子里是个原则坚定、性格坚强的人。一旦你们必须面对生活中真正严重的考验时，这些令人赞赏的品格一定可以成为你俩不能忽忘的楷模。我在中文信中告诉了聪，希望能有时间为这本精彩的书写篇长评，更确切的说，是为你父亲非凡的一生写篇长评。我现在所说的只是个粗略的梗概（而且是随便谈的），漫谈我看了这本书之后的印象与心得，要使你充分了解我的兴奋，寥寥数语是不足尽道的。

七月七日晚

《近代文明中的音乐》和你岳父的传记，同日收到。接连三个下午看完传记，感想之多，情绪的波动，近十年中几乎是绝无仅有的经历。写当代人的传记有一个很大的便宜,人证物证多,容易从四面八方搜集材料,相互引证,核对。当然也有缺点:作者与对象之间距离太近,不容易看清客观事实和真正的面目;当事人所牵涉的人和事大半尚在目前,作者不能毫无顾忌,内容的可靠性和作者的意见难免打很大的折扣。总的说来,马吉道夫写得很精彩;对人生,艺术,心理变化都有深刻的观察和真切的感受;taste [趣味]不错,没有过分的恭维。作者本人的修养和人生观都相当深广。许多小故事的引用也并非仅仅为了吸引读者,而是旁敲侧击的烘托出人物的性格。

你大概马上想象得到,此书对我有特殊的吸引力。教育儿童的部分,天才儿童的成长及其苦闷的历史,缺乏苦功而在二十六岁至三十岁之间闭门(不是说绝对退隐,而是独自摸索)补课,两次的婚姻和战时战后的活动,都引起我无数的感触。关于教育,你岳父的经历对你我两人都是一面镜子。我许多地方像他的父母,不论是优点还是缺点,也有许多地方不及他的父母,也有某些地方比他们开明。我很庆幸没有把你关在家里太久,这也是时代使然,也是你我的个性同样倔强使然。父母子女之间的摩擦与冲突,甚至是反目,当时虽然对双方都是极痛苦的事,从长里看对儿女的成长倒是利多弊少。你祖岳母的骄傲简直到了不近人情的地步,完全与她的宗教信仰不相容——世界上除了回教我完全茫然以外,没有一个宗教不教人谦卑和隐忍,不教人克制骄傲和狂妄的。可是她对待老友Goldman [哥尔门] 的态度,对伊虚提在台上先向托斯卡尼尼鞠躬的责备,竟是发展到自高自大、目空一切的程度。她教儿女从小轻视金钱权势,不向政治与资本家低头,不许他们自满,唯恐师友宠坏他们，这一切当然是对的。她与她丈夫竭力教育子女，而且如此全面，当然也是正确的，可敬可佩的；可是归根结蒂，她始终没有弄清楚教育的目的，只笼笼统统说要儿女做一个好人，哪怕当鞋匠也不妨；她却并未给好人（honest man）二字下过定义。在我看来，她的所谓好人实在是非常狭小的，限于 respectable［正派的］而从未想到更积极更阔大的天地和理想。假如她心目中有此意念，她必然会鼓励孩子"培养自己以便对社会对人类有所贡献"。她绝未尊敬艺术，她对真、美、善毫无虔诚的崇敬心理；因此她看到别人自告奋勇帮助伊虚提（如埃尔曼资助他去欧洲留学，哥尔门送他 Prince K［王子K］……小提琴等等）并不有所感动，而只觉得自尊心受损。她从未认识人的伟大是在于帮助别人，受教育的目的只是培养和积聚更大的力量去帮助别人，而绝对不是盲目的自我扩张。梅纽因老夫人只看见她自己，她一家，她的和丈夫的姓氏与种族；所以她看别人的行为也永远从别人的自私出发。自己没有理想，如何会想到茫茫人海中竟有具备理想的人呢？她学问丰富，只缺少一个高远的理想作为指南针。她为人正直，只缺少忘我的牺牲精神——她为儿女是忘我的，是有牺牲精神的；但"为儿女"实际仍是"为她自己"；她没有急公好义，慷慨豪侠的仁慈！幸亏你岳父得天独厚，凡是家庭教育所没有给他的东西，他从音乐中吸收了，从古代到近代的乐曲中，从他接触的前辈，尤其埃奈斯库[①]身上得到了启示。他没有感染他母亲那种狭窄、闭塞、贫乏、自私的道德观（即西方人所谓的 prudery［拘谨]）。也幸而残酷的战争教了他更多的

---

① 埃奈斯库（Georges Enesco, 1881—1955），罗马尼亚小提琴家、作曲家。

东西,扩大了他的心灵和胸襟,烧起他内在的热情……你岳父今日的成就,特别在人品和人生观方面,可以说是 in spite of his mother [虽有母如此,亦不受影响]。我相信真有程度的群众欣赏你岳父的地方(仍是指艺术以外的为人),他父母未必体会到什么伟大。但他在海牙为一个快要病死的女孩子演奏 Bach [巴赫]的 Chaconne[《夏空》],以及他一九四七年在柏林对犹太难民的说话,以后在以色列的表现等等,我认为是你岳父最了不起的举动,符合我们威武不能屈的古训。

书中值得我们深思的段落,多至不胜枚举,对音乐,对莫扎特、巴赫直到巴托克的见解;对音乐记忆的分析、小提琴技术的分析,还有对协奏曲(和你一开始即浸入音乐的习惯完全相似)的态度,都大有细细体会的价值。他的两次 re-study [重新学习](最后一次是一九四二至一九四五)你都可作为借鉴。

了解人是一门最高深的艺术,便是最伟大的哲人、诗人、宗教家、小说家、政治家、医生、律师,都只能掌握一些原则,不能说对某些具体的实例——个人——有彻底的了解。人真是矛盾百出,复杂万分,神秘到极点的动物。看了传记,好像对人物有了相当认识,其实还不过是一些粗疏的概念。尤其他是性情温和,从小隐忍惯的人,更不易摸透他的底。我想你也有同感。

你上次信中分析他的话,我不敢下任何断语。可是世界上就是到处残缺,没有完善的人或事。大家说他目前的夫人不太理想,但弥拉的母亲又未尝使他幸福。他现在的夫人的确多才多艺,精明强干,而连带也免不了多才多艺和精明强干带来的缺点。假如你和其他友人对你岳父的看法不错,那也只能希望他的艺术良心会再一次觉醒,提到一个新的更高的水平,再来一次严格的自我批评。是否会有这幸运的一天,就得看他的生命力如何了。人的发展总是波浪式的,和自然界一样:低潮之后还有高潮再起的可能,峰回路转,也许"柳暗花明又一村",又来一个新天地呢!所以古人说对人要"盖棺论定"。

多少零星的故事和插曲也极有意义。例如埃尔加① 抗议纽曼② 对伊虚提演奏他《小提琴协奏曲》的评论:纽曼认为伊虚提把第二乐章表达的太甜太 luscious［腻］,埃尔加说他写的曲子,特别那个主题本身就是甜美的,luscious,"难道英国人非板起面孔不可吗?我是板起面孔的人吗?"可见批评家太着重于一般的民族性,作家越出固有的民族性,批评家竟熟视无睹,而把他所不赞成的表现归罪于演奏家。而纽曼还是世界上第一流的学者兼批评家呢!可叹学问和感受与心灵往往碰不到一起,感受和心灵也往往不与学问合流。要不然人类的文化还可大大的进一步呢!巴托克听了伊虚提演奏他的《小提琴协奏曲》后说:"我本以为这样的表达只能在作曲家死了长久以后才可能。"可见了解同时代的人推陈出新的创造的确不是件容易的事。然而我们又不能执著 Elgar［埃尔加］对 Yehudi［伊虚提］的例子,对批评家的言论一律怀疑。我们只能依靠自我批评精神来作取舍的标准,可是我们的自我批评精神是否永远可靠,不犯错误呢(infallible)?是否我们常常在应该坚持的时候轻易让步,而在应当信从批评家的时候又偏偏刚愎自用、顽固不化呢?我提到

---

① 埃尔加(Elgar, 1857—1934),英国作曲家。
② 纽曼(Ernest Newman, 1868—1959),英国作家,音乐评论家。

这一点，因为你我都有一个缺点："好辩"；人家站在正面，我会立刻站在反面；反过来亦然。而你因为年轻，这种倾向比我更强。但愿你慢慢的学得客观、冷静、理智，别像古希腊人那样为争辩而争辩！

阿陶夫·布施①和埃奈斯库两人对巴赫 *Fugue*［《赋格曲》］一种多声部乐曲主题的 forte or dolce［强或柔］的看法不同，使我想起太多的书本知识要没有高度的理解力协助，很容易流于教条主义，成为学院派。

另一方面，Ysaye［伊萨伊］②要伊虚提拉 arpeggio［琶音］的故事，完全显出一个真正客观冷静的大艺术家的"巨眼"，不是巨眼识英雄，而是有看破英雄的短处的"巨眼"。青年人要寻师问道，的确要从多方面着眼。你岳父承认跟 Adolf Busch［阿陶夫·布施］还是有益的，尽管他气质上和心底里更喜欢埃奈斯库。你岳父一再后悔不曾及早注意伊萨伊的暗示。因此**我劝你空下来静静思索一下，你几年来可曾听到过师友或批评家的一言半语而没有重视的。**趁早想，趁早补课为妙！你的祖岳母说："我母亲常言，只有傻瓜才自己碰了钉子方始回头；聪明人看见别人吃亏就学了乖。"此话我完全同意，你该记得一九五三年你初去北京以后我说过（在信上）同样的话，记得我说的是："家里嘱咐你的话多听一些，在外就不必只受别人批评。"大意如此。

你说过的那位匈牙利老太太，指导过 Anni Fischer［安妮·费

---

① 阿陶夫·布施（Adolf Busch, 1891—1952），德国提琴家和作曲家。
② 伊萨伊（Ysaye, 1858—1931），比利时提琴家、指挥家和作曲家。

希尔]的，千万上门去请教，便是去一二次也好。你有足够的聪明，人家三言两语，你就能悟出许多道理。可是从古到今没有一个人聪明到不需要听任何人的意见。智者千虑，必有一失。也许你去美访问以前就该去拜访那位老人家！亲爱的孩子，**听爸爸的话安排时间去试一试好吗?** 再附带一句：去之前一定要存心去听"不入耳之言"才会有所得，你得随时去**寻访你周围的大大小小的伊萨伊**！

话愈说愈远——也许是愈说愈近了。假如念的书不能应用到自己身上来，念书干吗？

你岳父清清楚楚对他自幼所受的教育有很大的反响。他一再声明越少替儿童安排他们的前途越好。这话其实也只说对了一部分，同时也得看这种放任主义如何执行。

要是有时间与精力，这样一本书可以让我写一篇上万字的批评。但老实说，我与伊虚提成了亲家，加上狄阿娜夫人 so sharp and so witty [如此精明机智]，我也下笔有顾忌，只好和你谈谈。

八月一日

弥拉报告中有一件事教我们特别高兴：你居然去找过了那位匈牙利太太！（姓名弥拉写得不清楚，望告知！）多少个月来（在杰老师心中已是一年多了），我们盼望你做这一件事，一旦实现，不能不为你的音乐前途庆幸。写到此，又接你明信片；那末原来希望本月四日左右接你长信，又得推迟十天了。但愿你把技巧改进的经过与实际谈得详细些,让我转告李先生好慢慢帮助国内的音乐青年,想必也是你极愿意做的事。本月十二至二十七日间,九月二十三日以前,你都有空闲的时间,除了出门休息(想你们一定会出门吧?)以外,尽量再去拜访那位老太太,向她请教。尤其维也纳派(莫扎特,贝多芬,舒伯特),那种所谓 repose [和谐恬静] 的风味必须彻底体会。好些评论对你这方面的欠缺都一再提及。至于追求细节太过,以致妨碍音乐的朴素与乐曲的总的轮廓,批评家也说过很多次。据我的推想,你很可能犯了这些毛病。往往你会追求一个目的,忘了其他,不知不觉钻入牛角尖(今后望深自警惕)。可是深信你一朝醒悟,信从了高明的指点,你回头是岸,纠正起来是极快的,只是别矫枉过正,往另一极端摇摆过去就好了。

像你这样的年龄与经验,随时随地吸收别人的意见非常重要。经常请教前辈更是必需。你敏感得很,准会很快领会到那位前辈的特色与专长,尽量汲取——不到汲取完了决不轻易调换老师。

八月十九日

近几年来常常想到人在大千世界、星云世界中多么微不足道,因此更感到人自命为万物之灵实在狂妄可笑。但一切外界的事物仍不断对我发生强烈的作用,引起强烈的反应和波动,忧时忧国不能自已;另一时期又觉得转眼之间即可撒手而去,一切于我何有哉!这一类矛盾的心情几乎经常控制了我:主观上并无出世之意,事实上常常浮起虚无幻灭之感。个人对一切感觉都敏锐、强烈,而常常又自笑愚妄。不知这是现代中国知识分子的共同苦闷,还是我特殊的气质使然。即使想到你,有些安慰,却也立刻会想到随时有离开你们的可能,你的将来,你的发展,我永远看不见的了,你十年二十年后的情形,对于我将永远是个谜,正如世界上的一切,人生的一切,到我脱离尘世之时都将成为一个谜——个人消灭了,茫茫宇宙照样进行,个人算得什么呢!

八月三十一日

最后你提到你与我气质相同的问题,确是非常中肯。你我秉性都过敏,容易紧张。而且凡是热情的人多半流于执著,有 fanatic [狂热] 倾向。你的观察与分析一点不错。我也常说应该学学周伯伯那种潇洒,超脱,随意游戏的艺术风格,冲淡一下太多的主观与肯定,所谓 positivism [自信独断]。无奈向往是一事,能否做到是另一事。有时个性竟是顽强到底,什么都扭它不过。幸而你还年轻,不像我业已定型;也许随着阅历与修养,加上你在音乐中的熏陶,早晚能获致一个既有热情又能冷静,能入能出的境界。总之,今年你请教 Kabos [卡波斯]① 太太后,所有的进步是我与杰老师久已期待的;我早料到你并不需要到四十左右才悟到某些淡泊、朴素、闲适之美——像去年四月《泰晤士报》评论你两次萧邦音乐会所说的。附带又想起批评界常说你追求细节太过,我相信事实确是如此,你专追一门的劲也是 fanatic 得厉

---

① 卡波斯(1893—1973),匈牙利出生的英国钢琴家和钢琴教育家。

害,比我还要执著。或许近二个月以来,在这方面你也有所改变了吧?注意局部而忽视整体,雕琢细节而动摇大的轮廓固谈不上艺术;即使不妨碍完整,雕琢也要无斧凿痕,明明是人工,听来却宛如天成,才算得艺术之上乘。这些常识你早已知道,问题在于某一时期目光太集中在某一方面,以至耳不聪,目不明,或如孟子所说"明察秋毫而不见舆薪"。一旦醒悟,回头一看,自己就会大吃一惊,正如一九五五年时你何等欣赏弥盖朗琪利,最近却弄不明白当年为何如此着迷。

九月十四日晨

你工作那么紧张,不知还有时间和弥拉谈天吗?我无论如何忙,要是一天之内不与你妈谈上一刻钟十分钟,就像漏了什么功课似的。时事感想,人生或大或小的事务的感想,文学艺术的观感,读书的心得,翻译方面的问题,你们的来信,你的行踪……上下古今,无所不谈,拉拉扯扯,不一定有系统,可是一边谈一边自己的思想也会整理出一个头绪来,变得明确;而妈妈今日所达到的文化、艺术与人生哲学的水平,不能不说一部分是这种长年的闲谈熏陶出来的。去秋你信中说到培养弥拉,不知事实上如何做?也许你父母数十年的经历和生活方式还有值得你参考的地方。以上所提的日常闲聊便是熏陶人最好的一种方法。或是饭前饭后或是下午喝茶(想你们也有英国人喝 tea [茶] 的习惯吧?)的时候,随便交换交换意见,无形中彼此都得到不少好处:启发,批评,不知不觉的提高自己,提高对方。总不能因为忙,各人独自生活在一个小圈子里。少女少妇更忌精神上的孤独。共同的理想,热情,需要长期不断的灌溉栽培,不是光靠兴奋时说几句空话所能支持的。而一本正经的说大道理,远不如日常生活中琐琐碎碎的一言半语来得有效——只要一言半语中处处贯彻你的做人之道和处世的原则。孩子,别因为埋头于业务而忘记了你自己定下的目标,别为了音乐的艺术而抛荒生活的艺术。弥拉年轻,根基未固,你得耐性细致,孜孜不倦的关怀她,在人生琐事方面、读书修养方面、感情方面,处处观察、分析、思索,以诚挚深厚的爱作原动力,以冷静的理智作行动的指针,加以教导、加以诱引,和她一同进步!倘或做这些工作的时候有什么困难,千万告诉我们,可帮你出主意解决。你在音乐艺术中固然只许成功,不许失败;在人生艺术中,婚姻艺术中也只许成功,不许失败!这是你爸爸妈妈最关心的,也是你一生幸福所系。而且你很明白,像你这种性格的人,人生没法与艺术分离,所以要对你的艺术有所贡献,家庭生活与夫妇生活更需要安排得美满。语重心长,但愿你深深体会我们爱你和爱你的艺术的热诚,从而在行动上彻底实践!

……我屡屡希望你经济稳定,早日打定基础,酌量减少演出,使家庭中多些闲暇,一方面也是为了弥拉的进修(要人进修,非给他相当时间不可)。我一再提议你去森林或郊外散步,去博物馆欣赏名作,大半为了你,一小半也是为了弥拉。多和大自然与造型艺术接触,无形中能使人恬静旷达(古人所云"荡涤胸中尘俗",大概即是此意),维持精神与心理的健康。在众生万物前面不自居为"万物之灵",方能祛除我们的狂妄,打破纸醉金迷的俗梦,养成淡泊洒脱的胸怀,同时扩大我们的同情心。欣赏前人的遗迹,看到人类伟大的创造，才能不使自己被眼前的局势弄得悲观，从而鞭策自己，竭尽所能的在尘世留下些少成绩。以上不过是与大自然及造型艺术接触的好处的一部分；其余你们自能体会。

十月五日夜 *

我抱着满腔愉快的心情告诉你一个好消息，我日夜盼望的那么一天终于到来，爸爸的问题解决了，已于九月三十日报上发表（就是摘掉帽子）。爸爸是一九五八年四月底戴上右派帽子的，他是文艺界中最后一个，当时阿敏就要告诉你，我们怕刺激你，立即去信阻止，所以你大概有些不清不楚。这完全是党的宽大以及他数十年如一日的辛勤工作的结果，但他自己认为谈不上什么自我改造。他认为本来戴帽子与摘帽子都是他们的事，与他无关。

孩子，你跟爸爸相似的地方太多了，连日常生活也如此相似，老关在家里练琴，听唱片，未免太单调。要你出去走走，看看博物馆，无非是调剂生活，丰富你的精神生活。你的主观、固执，看来与爸爸不相上下，这个我是绝对同情弥拉的，我决不愿意身受折磨会在下一代的儿女身上重现。你是自幼跟我在一起，生活细节也看得多，你是最爱妈妈的，也应该是最理解妈妈的。我对你爸爸性情脾气的委曲求全，逆来顺受，都是有原则的，因为我太了解他，他一贯的秉性乖戾，嫉恶如仇，是有根源的，当时你祖父受土豪劣绅的欺侮压迫，二十四岁上就郁闷而死，寡母孤儿（你祖母和你爸爸）悲惨凄凉的生活，修道院式的童年，真是不堪回首。到成年后，孤军奋斗，爱真理，恨一切不合理的旧传统和杀人不见血的旧礼教，为人正直不苟，对事业忠心耿耿，我爱他，我原谅他。为了家庭的幸福，儿女的幸福，以及他孜孜不倦的事业的成就，放弃小我，顾全大局。爸爸常常抱恨自己把许多坏脾气影响了你，所以我们要你及早注意，克制自己，把我们家上代悲剧的烙印从此结束，而这个结束就要从你开始，才能不再遗留到后代身上去。现在弥拉还年轻，有幻想，有热情，多少应该满足她活跃的青春的梦，偶尔看看电影，上博物馆，陶醉在过去的历史的成果中，欣赏体会；周末去郊外或公园散步闲游，吸收自然界的美，要过这种有计划有调节的生活，人生才有意思。我们是年老了，可是心里未尝不向往这种生活呢！目前你赶巡回演出的节目，一切都谈不上，可是让你心中有数，碰到有时间有机会的时候，千万争取利用，不可随便放弃。好孩子，你是爱父母的，那么千言万语，无非要你们更美满更幸福，总要接受父母的劝告，让我们也跟着你们快活，何乐而不为呢。

十月五日深夜

八九两月你统共只有三次演出，但似乎你一次也没去郊外或博物馆。我知道你因技术与表达都有大改变，需要持续加工和巩固；访美的节目也得加紧准备；可是二个月内毫不松散也不是办法。两年来我不知说了多少次，劝你到森林和博物馆走走，你始终不能接受。孩子，我多担心你身心的健康和平衡；一切都得未雨绸缪,切勿到后来悔之无及。单说技巧吧,有时硬是别扭,倘若丢开一个下午,往大自然中跑跑,或许下一天就能顺利解决。人的心理活动总需要一个酝酿的时期,不成熟时硬要克服难关,只能弄得心烦意躁,浪费精力。音乐理解亦然如此。我始终觉得你犯一个毛病,太偏重以音乐本身去领会音乐。你的思想与信念并不如此狭窄,很会海阔天空的用想象力;但与音乐以外的别的艺术,尤其大自然,**实际上接触太少**。整天看谱、练琴、听唱片……久而久之会减少艺术的新鲜气息,趋于抽象,闭塞,缺少生命的活跃与搏击飞纵的气势。我常常为你预感到这样一个危机,不能不舌敝唇焦,及早提醒,要你及早防止。你的专业与我的大不同。我是不需要多大创新的,我也不是有创新才具的人:长年关在家里不致在业务上有什么坏影响。你的艺术需要时时刻刻的创造,便是领会原作的精神也得从多方面(音乐以外的感受)去探讨:正因为过去的大师就是从大自然,从人生各方面的材料中"泡"出来的,把一切现实升华为 emotion [感情] 与 sentiment [情操],所以表达他们的作品也得走同样的路。这些理论你未始不知道,但似乎并未深信到身体力行的程度。另外我很奇怪:你年纪还轻,应该比我爱活动;你也强烈的爱好自然:怎么实际生活中反而不想去亲近自然呢。我记得很清楚,我二十二三岁在巴黎、瑞士、意大利以及法国乡间,常常在月光星光之下,独自在林中水边踏着绿茵,呼吸浓烈的草香与泥土味、水味,或是借此舒散苦闷,或是沉思默想。便是三十多岁在上海,一逛公园就觉得心平气和,精神健康多了。太多与刺激感官的东西(音乐便是刺激感官最强烈的)接触,会不知不觉失去身心平衡。你既憧憬希腊精神,为何不学学古希腊人的榜样呢?你既热爱陶潜、李白,为什么不试试去体会"采菊东篱下,悠然见南山"的境界(实地体会)呢?你既从小熟读《克利斯朵夫》,总不致忘了克利斯朵夫与大自然的关系吧?还有造型艺术,别以家中挂的一些为满足:干吗不上大不列颠博物馆去流连一下呢?大概你会回答我说没有时间:做了这样就得放弃那样。可是暑假中比较空闲,难道去一二次郊外与美术馆也抽不出时间吗?只要你有兴致,便是不在假中,也可能特意上美术馆,在心爱的一二幅画前面呆上一刻钟半小时。不必多,每次只消集中一二幅,来回统共也花不了一个半小时;无形中积累起来的收获可是不小呢!你说我信中的话,你"没有一句是过耳不入"的;好吧,那末在这方面希望你**思想上慢慢酝酿**,考虑我的建议,有机会随时试一试,怎么样?行不行呢?我一生为你的苦心,你近年来都体会到了。可是我未老先衰,常有为日无多之感,总想尽我仅有的一些力量,在我眼光所能见到的范围以内帮助你,指导你,特别是早早指出你身心与艺术方面可能发生的危机,使你能预先避免。"语重心长"这四个字形容我对你的态度是再贴切没有了。只要你真正爱你的爸爸,爱你自己,爱你的艺术,一定会郑重考虑我的劝告,接受我数十年如一日的这股赤诚的心意!

你也很明白,钢琴上要求放松先要精神上放松:过度的室内生活与书斋生活恰恰是造成现代知识分子神经紧张与病态的主要原因;而萧然意远,旷达恬静,不滞于物,不凝于心的境界只有从自然界中获得,你总不能否认吧?

还有很重要的一点:弥拉比你小五岁,应该是喜欢活动的年纪。你要是闭户家居,岂不连带她感到岑寂枯索?而看她的气质,倒也很爱艺术与大自然，那就更应该同去欣赏，对彼此都有好处。只有不断与森林、小溪、花木、鸟兽、虫鱼和美术馆中的杰作亲炙的人，才会永远保持童心、纯洁与美好的理想。

另一问题始终说服不了你，但为你的长久利益与未来的幸福不得不再和你唠叨。你历来厌恶物质，避而不谈；殊不知避而不谈并不解决问题，要不受物质之累，只有克服物质、控制物质，把收支情况让我们知道一个大概，帮你出主意妥善安排。唯有妥善安排才能不受物质奴役。凡不长于理财的人少有不吃银钱之苦的。我和你妈妈在这方面自问还有相当经验可给你作参考。你怕烦，不妨要弥拉在信中告诉我们。她年少不更事，只要你从旁怂恿一下，她未始不愿向我们学学理财的方法。你们早晚要有儿女，如不及早准备，临时又得你增加演出来弥补，对你的艺术却无裨益。其次要弥拉进修、多用些书本功夫，也该给她时间；目前只有一个每周来两次的 maid［女佣］，可见弥拉平日处理家务还很忙。最好先逐步争取，经济上能雇一个每日来帮半天的女佣。每年暑假至少要出门完全休息两星期。这种种都得在家庭收支上调度得法，订好计划，方能于半年或一年之后实现。当然主要在于实际执行而不仅仅是一纸空文的预算和计划。唱片购买也以随时克制为宜，勿见新即买。我一向主张多读谱，少听唱片，对一个像你这样的艺术家帮助更大。读谱好比弹琴用 urtext[1]，听唱片近乎用某人某人 edit［编］的谱。

---

[1] 德文字，相当于英文的 original text，原谱版本，通常指一九○○年以前的未经他人编辑、整理或注释的原始曲谱。

何况我知道你十年二十年后不一定永远当演奏家；假定还可能向别方面发展，长时期读谱也是极好的准备。我一心一意为你打算，不论为目前或将来，尤其为将来。你忙，没空闲来静静的分析，考虑；倘我能代你筹划筹划，使我身后你还能得到我一些好处——及时播种的好处，那我真是太高兴了。

一九六二年

一月十四日下午

此次出外四月,收入是否预先定好计划?不管你们俩听从与否,我总得一再提醒你们。既然生活在金钱世界中,就不能不好好的控制金钱,才不致为金钱所奴役。

当然,世界上到处没有两全之事,一切全赖自己掌握,目的无非是少受些物质烦恼,多一些时间献给学问和艺术。理想的世界始终是理想;无论天南地北,看不上眼的事总是多于看得上眼的。但求不妨碍你的钻研,别的一切也就可以淡然置之。烦闷徒然浪费时间,扰乱心绪,犯不上!你恐怕对这些也想过很多,旷达了不少吧?

一月二十一日下午

读来信,感触万端。年轻的民族活力固然旺盛,幼稚的性情脾气少接触还觉天真可爱,相处久了恐怕也要吃不消的。我们中国人总爱静穆,沉着,含蓄,讲 taste [品位,鉴赏力],遇到 silly [愚蠢,糊涂] 的表现往往会作恶。生命力旺盛也会带咄咄逼人的意味,令人难堪。我们朋友中即有此等性格的,我常有此感觉。也许我自己的 dogmatic [固执,武断] 气味,人家背后已在怨受不了呢。我往往想,像美国人这样来源复杂的民族究竟什么是他的定型,什么时候才算成熟。他们二百年前的祖先不是在欧洲被迫出亡的宗教难民(新旧教都有,看欧洲哪个国家而定;大多数是新教徒——来自英法。旧教徒则来自荷兰及北欧),便是在事业上栽了筋斗的人,不是年轻的淘金者便是真正的强盗和杀人犯。这些人的后代,反抗与斗争性特别强是不足为奇的,但传统文化的熏陶欠缺,甚至于绝无仅有也是想象得到的。只顾往前直冲,不问成败,什么都可以孤注一掷,一切只问眼前,冒起危险来绝不考虑值不值得,不管什么场合都不难视生命如鸿毛:这一等民族能创业,能革新,但缺乏远见和明智,难于守成,也不容易成熟;自信太强,不免流于骄傲,看事太轻易,未免幼稚狂妄。难怪资本主义到了他们手里会发展得这样快,畸形得这样厉害。我觉得他们的社会好像长着一个癌:少数细胞无限制的扩张,把其他千千万万的细胞吞掉了;而千千万万的细胞在未被完全吞掉以前,还自以为健康得很,"自由""民主"得很呢!

可是社会的发展毕竟太复杂了,变化太多了,不能凭任何理论"一以蔽之"的推断。比如说,关于美国钢琴的问题,在我们爱好音乐的人听来竟可说是象征音乐文化在美国的低落;但好些乐队水准比西欧高,又怎么解释呢?经理人及其他音乐界的不合理的事实,垄断、压制、扼杀个性等等令人为之发指;可是有才能的艺术家在青年中还是连续不断的冒出来:难道就是新生的与落后的斗争吗?还是新生力量也已到了强弩之末呢?美国音乐创作究竟是在健康的路上前进呢，还是总的说来是趋向于消沉，以至于腐烂呢？人民到处是善良正直的，分得出是非美丑的，反动统治到处都是牛鬼蛇神；但在无线电、TV、报刊等等的麻痹宣传之下，大多数人民的头脑能保得住清醒多久呢？我没领教过极端的物质文明，但三十年前已开始关心这个问题。欧洲文化界从第一次大战以后曾经几次三番讨论过这个问题。可是真正的答案只有未来的历史。是不是不穷不白就闹不起革命呢，还是有家私的国家闹出革命来永远不会彻底？就是彻底了，穷与白的病症又要多少时间治好呢？有时我也像服尔德小说中写的一样，假想自己在另一个星球上，是另一种比人更高等的动物，来看这个星球上的一切，那时不仅要失笑，也要感到茫茫然一片，连生死问题都不知该不该肯定了。当然，我不过告诉你不时有这种空想，事实上我受着"人"的生理限制，不会真的虚无寂灭到那个田地的，而痛苦烦恼也就不可能摆脱干净，只有靠工作来麻醉自己了。

一月二十一日夜

这次弥拉的信写得特别好，细腻、婉转，显出她很了解你，也对你的艺术关切到一百二十分。从头至尾感情丰富，而且文字也比以前进步。我得大大夸奖她一番才好。此次出门，到处受到华侨欢迎，对她也大有教育作用，让她看看我们的民族的气魄，同时也能培养她的热情豪侠。我早知道你对于夫妇生活的牢骚不足为凭。第一，我只要看看我自己，回想自己的过去，就知道你也是遇事挑剔，说话爱夸大，往往三分事实会说成六七分；其次青年人婚后，特别是有性格的人，多半要经过长时期的摸索方始能逐渐知情识性，相处融洽。恐怕此次旅行，要不是她始终在你身旁，你要受到许多影响呢。琐碎杂务最打扰人，尤其你需要在琴上花足时间，经不起零星打搅。我们一年多观察下来，弥拉确是本性善良、绝顶聪明的人，只要耐着性子，多过几年，一切小小的对立自会不知不觉的解决的。总而言之，我们不但为你此次的成功感到欣慰，也为你们两人一路和谐相处感到欣慰！

一月二十一日（译自英文，致弥拉）

你一定明白，妈妈和我从来不期望聪会因其艺术而致富。但是我们的确不希望他受经理人、唱片公司等的剥削，逼他为了生计非不断演出不可，这样他就完全没有空余的时间去继续学习，保持敏锐，扩充他的演奏曲目了。我不知道聪有没有告诉你，三年以来，我跟他说过多少次，只要经济许可，必须减少演出次数。不错，由于艺术家不善理财，要他在事业刚开始时做到这点并不容易，可是艺术家的妻子成为一个出色的经理人却并无坏处，这就是一年前你写信告诉我，你们一开始共同生活，你就准备储蓄，我感到十分高兴的原因。不过，仅仅撙节用度是不够的，更重要的是学习如何去抗御他人的种种剥削，这种剥削在音乐圈中实在是太普遍了。聪告诉我他在美国巡回演出的酬劳，听了实在叫人寒心。亲爱的弥拉，你一回到英国，也许该向乐坛老前辈请教窍门了。不错这是一场斗争，一场艰苦而令人生厌的斗争，但是你若不学会如何奋斗，迟早就会给人吞掉。开始时聪每次签什么合同，你最好都能从旁提醒他，事先尽量好整以暇的收集多方面的资料。我相信你一定有些可靠的朋友提供意见，聪在这方面太随和，太羞于启齿了，这一点会毁了他的（我是指物质方面的）。

三月八日（致傅敏）

很高兴知道你有了一个女友，也高兴你现在就告诉我们，让我们有机会指导你。对恋爱的经验和文学艺术的研究，朋友中数十年悲欢离合的事迹和平时的观察思考，使我们在儿女的终身大事上能比别的父母更有参加意见的条件。你尽可信赖我们，随时把情形和你感情的进展、波动，讲给我们听，帮助你过这一个人生的大关。

首先态度和心情都要尽可能的冷静。否则观察不会准确。初期交往容易感情冲动，单凭印象，只看见对方的优点，看不出缺点，甚至夸大优点，美化缺点。便是与同性朋友相交也不免如此，对异性更是常有的事。许多青年男女婚前极好，而婚后逐渐相左，甚至反目，往往是这个原因。感情激动时期不仅会耳不聪，目不明，看不清对方；自己也会无意识的只表现好的方面，把缺点隐藏起来。保持冷静还有一个好处，就是不至于为了谈恋爱而荒废正业，或是影响功课或是浪费时间或是损害健康，或是遇到或大或小的波折时扰乱心情。

所谓冷静，不但是表面的行动，尤其内心和思想都要做到。当然这一点是很难。人总是人，感情上来，不容易控制，年轻人没有恋爱经验更难维持身心的平衡，同时与各人的气质有关。我生平总不能临事沉着，极容易激动，这是我的大缺点。幸而事后还能客观分析，周密思考，才不至于使当场的意气继续发展，闹得不可收拾。我告诉你这一点，让你知道如临时不能克制，过后必须由理智来控制大局：该纠正的就纠正，该向人道歉的就道歉，该收篷时就收篷，总而言之，以上二点归纳起来只是：感情必须由理智控制。要做到，必须下一番苦功在实际生活中长期锻炼。

我一生从来不曾有过"恋爱至上"的看法。"真理至上"、"道德至上"、"正义至上"这种种都应当作为立身的原则。恋爱不论在如何狂热的高潮阶段也不能侵犯这些原则。朋友也好，妻子也好，爱人也好，一遇到重大关头，与真理、道德、正义等等有关的问题，决不让步。

其次，人是最复杂的动物，观察决不可简单化，而要耐心、细致、深入，经过相当的时间，各种不同的事故和场合。处处要把科学的客观精神和大慈大悲的同情心结合起来。对方的优点，要认清是不是真实可靠的，是不是你自己想象出来的，或者是夸大的。对方的缺点，要分出是否与本质有关。与本质有关的缺点，不能因为其他次要的优点而加以忽视。次要的缺点也得辨别是否能改，是否发展下去会影响品性或日常生活。人人都有缺点，谈恋爱的男女双方都是如此。问题不在于找一个全无缺点的对象，而是要找一个双方缺点都能各自认识，各自承认，愿意逐渐改，同时能彼此容忍的伴侣（此点很重要。有些缺点双方都能容忍；有些则不能容忍，日子一久即造成裂痕）。最好双方尽量自然，不要做作，各人都拿出真面目来，优缺点一齐让对方看到。必须彼此看到了优点，也看到了缺点，觉得都可以相忍相让，不会影响大局的时候，才谈得上进一步的了解；否则只能做一个普通的朋友。可是要完全看出彼此的优缺点，需要相当时间，也需要各种大大小小的事故来考验；绝对急不来！更不能轻易下结论（不论是好的结论或坏的结论）！唯有极坦白，才能暴露自己；而暴露自己的缺点总是越早越好，越晚越糟！为了求恋爱成功而尽量隐藏自己的缺点的人其实是愚蠢的。当然，在恋爱中不知不觉表现出自己的光明面，不知不觉隐藏自己的缺点，不在此例。因为这是人的本能，而且也证明爱情能促使我们进步，往善与美的方向发展，正是爱情的伟大之处，也是古往今来的诗人歌颂爱情的主要原因。小说家常常提到，我们在生活中也一再经历：恋爱中的男女往往比平时聪明；读起书来也理解得快；心地也往往格外善良，为了自己幸福而也想使别人幸福，或者减少别人的苦难；同情心扩大就是爱情可贵的具体表现。

事情主观上固盼望必成，客观方面仍须有万一不成的思想准备。为了避免失恋等等的痛苦，这一点"明智"我觉得一开头就应当充分掌握。最好勿把对方作过于肯定的想法，一切听凭自然演变。

总之，一切不能急，越是事关重要，越要心平气和，态度安详，从长考虑，细细观察，力求客观！感情冲上高峰很容易，无奈任何事物的高峰（或高潮）都只能维持一个短时间，要久而弥笃的维持长久的友谊可很难了。……

除了优缺点，俩人性格脾气是否相投也是重要因素。刚柔、软硬、缓急的差别要能相互适应调剂。还有许多表现在举动、态度、言笑、声音……之间说不出也数不清的小习惯，在男女之间也有很大作用，要弄清这些就得冷眼旁观慢慢咂摸。所谓经得起考验乃是指有形无形的许许多多批评与自我批评（对人家一举一动所引起的反应即是无形的批评）。诗人常说爱情是盲目的，但不盲目的爱毕竟更健全更可靠。

人生观世界观问题你都知道，不用我谈了。人的雅俗和胸襟气量倒是要非常注意的。据我的经验：雅俗与胸襟往往带先天性的，后天改造很少能把低的往高的水平上提；故交往期间应该注意对方是否有胜于自己的地方，将来可帮助我进步，而不至于反过来使我往后退。你自幼看惯家里的作风，想必不会忍受量窄心浅的性格。

以上谈的全是笼笼统统的原则问题。不认识具体的对象，也只能谈这些。

长相身材虽不是主要考虑点，但在一个爱美的人也不能过于忽视。

交友期间，尽量少送礼物，少花钱：一方面表明你的恋爱观念与物质关系极少牵连；另一方面也是考验对方。

三月十四日（致傅敏）

……有理想有热情而又理智很强的人往往令人望而生畏，大概你不多几年以前对我还有这种感觉。去年你哥哥信中说："爸爸文章的每一字每一句都充满了热情，很执著，almost fanatic［近乎狂热］。"最后一句尤其说得中肯。这是我的长处，也是我的短处。因为理想高，热情强，故处处流露出好为人师与拼命要说服人的意味。可是孩子，别害怕，我年过半百，世情已淡，而且天性中也有极洒脱的一面，就是中国民族性中的"老庄"精神；换句话说，我执著的时候非常执著，摆脱的时候生死皆置之度外。对儿女们也抱着说不说由我，听不听由你的态度。只是责任感强，是非心强，见到的总不能不说而已。你哥哥在另一信中还提到："在这个decadent [颓废的] 世界，在国外这些年来，我遇见了不少人物 whom I admire and love, from whom I learn, 可是从来没有遇到任何人能带我到那个 at the same time passionate and serene, profound and simple, affectionate and proud, subtle and straightforward 的世界。"可见他的确了解我的"两面性"，也了解到中国旧文化的两面性。又热烈又恬静，又深刻又朴素，又温柔又高傲，又微妙又率直：这是我们固有文化中的精华，值得我们自豪的！

当然上述的特点我并没有完全具备，更没有具备到恰如其分的程度，仅仅是那种特点的倾向很强，而且是我一生向往的境界罢了。比如说，我对人类抱有崇高的理想与希望，同时也用天文学地质学的观点看人类的演变，多少年前就惯于用"星际"思想看待一些大事情，并不把人类看做万物之灵，觉得人在世界上对一切生物表示"唯我独尊"是狂妄可笑的。对某个大原则可能完全赞同，抱有信心，我可照样对具体事例与执行情况有许多不同意见。对善恶美丑的爱憎心极强，为了一部坏作品，为了社会上某个不合理现象，会愤怒得大生其气，过后我却也会心平气和的分析，解释，从而对个别事例加以宽恕。我执著真理，却又时时抱怀疑态度，觉得死抱一些眼前的真理反而使我们停滞，得不到更高级更进步的真理。以上也是随便闲扯，让你多体会到你爸爸的复杂心理，从而知道一个人愈有知识愈不简单,愈不能单从一二点三四点上去判断。

很高兴你和她都同意我前信说的一些原则,但愿切实做去,为着共同的理想(包括个人的幸福和为集体贡献自己的力量两项)一步步一步步相勉相策。许多问题只有在实践中才能真正认识,光是理性上的认识是浮表的,靠不住的,经不住风狂雨骤的考验的。……从小到大由父母严格管教的青年也有另外一些长处,就是独立自主的能力较强,像你所谓能自己管自己。可是有一部分也是先天比后天更强:你该记得,我们对你数十年的教育即使缺点很多,但在劳动家务,守纪律,有秩序等等方面从未对你放松过,而我和你妈妈给你的榜样总还是勤劳认真的,……我们过了半世,仍旧做人不够全面,缺点累累,如何能责人太苛呢?可是古人常说:取法乎上,得乎其中;取法乎中,得乎其下。而我对青年人、对我自己的要求,除了吃苦(肉体上,物质上的吃苦)以外,从不比党对党团员的要求低;这是你知道的。但愿我们大家都来不断提高自己,不仅是学识,而尤其是修养和品德!

三月二十五日

每次接读来信,总是说不出的兴奋、激动、喜悦、感慨、惆怅!最近报告美澳演出的两信,我看了在屋内屋外尽兜圈子,多少的感触使我定不下心来。人吃人的残酷和丑恶的把戏多可怕!你辛苦了四五个月落得两手空空,我们想到就心痛。固然你不以求利为目的,做父母的也从不希望你发什么洋财——而且还一向鄙视这种思想;可是那些中间人凭什么来霸占艺术家的劳动所得呢!眼看孩子被人剥削到这个地步，像你小时候被强暴欺凌一样，使我们对你又疼又怜惜，对那些吸血鬼又气又恼，恨得牙痒痒地！相信早晚你能从魔掌之下挣脱出来，不再做鱼肉。巴尔扎克说得好：社会踩不死你，就跪在你面前。在西方世界，不经过天翻地覆的革命，这种丑剧还得演下去呢。当然四个月的巡回演出在艺术上你得益不少，你对许多作品又有了新的体会，深入了一步。可见唯有艺术和学问从来不辜负人：花多少劳力，用多少苦功，拿出多少忠诚和热情，就得到多少收获与进步。写到这儿，想起你对新出的莫扎特唱片的自我批评，真是高兴。一个人停滞不前才会永远对自己的成绩满意。变就是进步——当然也有好的变质，成为坏的——眼光一天天不同，才窥见学问艺术的新天地，能不断的创造。妈妈看了那一段叹道："聪真像你，老是不满意自己，老是在批评自己！"

美国的评论绝大多数平庸浅薄，赞美也是皮毛。英国毕竟还有音乐学者兼写报刊评论，如伦敦 *Times* 和曼彻斯特的《导报》，两位批评家水平都很高；纽约两家大报的批评家就不像样了，那位《纽约时报》的更可笑。很高兴看到你的中文并不退步，除了个别的词汇(我们说"心乱如麻"，不说"心痛如麻"。形容后者只能说"心痛如割"或"心如刀割"。又鄙塞、鄙陋不能说成"陋塞"；也许是你笔误)。读你的信，声音笑貌历历在目；议论口吻所流露的坦率、真诚、朴素、热情、爱憎分明，正和你在琴上表现出来的一致。孩子，你说过我们的信对你有如一面镜子；其实你的信对我们也是一面镜子。有些地方你我二人太相像了，有些话就像是我自己说的。平时盼望你的信即因为"薰莸同臭"，也因为对人生、艺术，周围可谈之人太少。不过我们很原谅你，你忙成这样，怎么忍心再要你多写呢？此次来信已觉出于望外，原以为你一回英国，演出那么多，不会再动笔了。可是这几年来，我们俩最大的安慰和快乐，的确莫过于定期接读来信。还得告诉你，你写的中等大的字（如此次评论封套上写的）非常好看；近来我的钢笔字已难看得不像话了。你难得写中国字，真难为你了！

五月九日

昨天收到你上月二十七自都灵（Torino）发的短信，感慨得很。艺术最需要静观默想，凝神壹志；现代生活偏偏把艺术弄得如此商业化，一方面经理人作为生财之道，把艺术家当作摇钱树式的机器，忙得不可开交；一方面把群众作为看杂耍或马戏班的单纯的好奇者。在这种混浊的洪流中打滚的，当然包括所有老辈小辈，有名无名的演奏家歌唱家。像你这样初出道的固然另有苦闷，便是久已打定天下的前辈也不免随波逐流，那就更可叹了。也许他们对艺术已经缺乏信心，热诚，仅仅作为维持已得名利的工具。年轻人想要保卫艺术的纯洁与清新，唯一的办法是减少演出；这却需要三个先决条件：（一）经理人剥削得不那么凶（这是要靠演奏家的年资积累，逐渐争取的）；（二）个人的生活开支安排得极好，这要靠理财的本领与高度理性的控制；（三）减少出台不至于冷下去，使群众忘记你。我知道这都是极不容易做到的，一时也急不来。可是为了艺术的尊严，为了你艺术的前途，也就是为了你的长远利益和一生的理想，不能不把以上三个条件作为努力的目标。任何一门的艺术家，一生中都免不了有几次艺术难关（crisis），我们应当早作思想准备和实际安排。愈能保持身心平衡（那就决不能太忙乱），艺术难关也愈容易闯过去。希望你平时多从这方面高瞻远瞩，切勿被终年忙忙碌碌的漩涡弄得昏昏沉沉，就是说要对艺术生涯多从高处远处着眼；即使有许多实际困难，一时不能实现你的计划，但经常在脑子里思考成熟以后，遇到机会就能紧紧抓住。这一类的话恐怕将来我不在之后，再没有第二个人和你说；因为我自信对艺术的热爱与执著，在整个中国也不是很多人有的。

近来我正在经历一个艺术上的大难关，眼光比从前又高出许多（一九五七年前译的都已看不上眼），脑子却笨了许多，目力体力也不行，睡眠近十多天又不好了。大概是精神苦闷的影响。生就惶惶不安的性格，有什么办法呢？

八月十二日

很少这么久不给你写信的。从七月初起你忽而维也纳，忽而南美，行踪飘忽，恐去信落空。弥拉又说南美各处邮政很不可靠，故虽给了我许多通讯处，也不想寄往那儿。七月二十九用七张风景片写成的信已于八月九日收到。委内瑞拉的城街，智利的河山，前年曾在外国杂志上见过彩色照片，来信所云，颇能想象一二。现代国家的发展太畸形了，尤其像南美那些落后的国家。一方面人民生活穷困，一方面物质的设备享用应有尽有。照我们的理想，当然先得消灭不平等，再来逐步提高。无奈现代史实告诉我们，革命比建设容易，消灭少数人所垄断的享受并不太难，提高多数人的生活却非三五年八九年所能见效。尤其是精神文明,总是普及易,提高难;而在普及的阶段中往往降低原有的水准,连保持过去的高峰都难以办到。再加老年,中年,青年三代脱节,缺乏接班人,国内外沟通交流几乎停止,恐怕下一辈连什么叫标准,前人达到过怎样的高峰,眼前别人又到了怎样的高峰,都不大能知道;再要迎头赶上也就更谈不到了。这是前途的隐忧。过去十一二年中所造成的偏差与副作用,最近一年正想竭力扭转;可是十年种的果,已有积重难返之势;而中老年知识分子的意气消沉的情形,尚无改变迹象——当然不是从他们口头上,而是从实际行动上观察。人究竟是唯物的,没有相当的客观条件,单单指望知识界凭热情苦干,而且干出成绩来,也是不现实的。我所以能坚守阵地,耕种自己的小园子,也有我特殊优越的条件,不能责望于每个人。何况就以我来说,体力精力的衰退,已经给了我很大的限制,老是感到心有余而力不足!

九月二十三日

南美人的性格真是不可思议,如此自由散漫的无政府状态,居然还能立国,社会不至于大乱,可谓奇迹。经历了这些怪事,今后无论何处遇到什么荒唐事儿都将见怪不怪,不以为奇了。也可见要人类合理的发展,社会一切上轨道,不知还得等几百年,甚至上千年呢。

还有,在那么美丽的自然环境中,人民也那么天真可爱,就是不能适应二十世纪的生活。究竟是这些人不宜于过现代生活呢,还是现代生活不适于他们？换句话说：人应当任情适性的过日子呢，还是要削足适履，迁就客观现实？有一点可以肯定：就是人在世界上活了几千年，还仍然没法按照自己的本性去设计一个社会。世界大同看来永远是个美丽的空想：既然不能在精神生活物质生活方面五大洲的人用同一步伐同一速度向前，那末先进与落后的冲突永远没法避免。试想二千三百年以前的希腊人如果生在今日，岂不一样搅得一团糟，哪儿还能创造出雅典那样的城市和雅典文明？反过来，假定今日的巴西人和其他的南美民族，生在文艺复兴前后，至少是生在闭关自守，没有被近代的工业革命侵入之前，安知他们不会创造出一种和他们的民族性同样天真可爱，与他们优美的自然界调和的文化？

巴尔扎克说过："现在的政府，缺点是过分要人去适应社会，而不想叫社会去适应人。"这句话值得一切抱救世度人的理想的人深思！

前信已和你建议找个时期休息一下，无论在身心健康或艺术方面都有必要。你与我缺点相同：能张不能弛，能劳不能逸。可是你的艺术生活不比我的闲散，整月整年，天南地北的奔波，一方面体力精力消耗多，一方面所见所闻也需要静下来消化吸收——而这两者又都与你的艺术密切相关。何况你条件比我好，音乐会虽多，也有空隙可利用；随便哪个乡村待上三天五天也有莫大好处。听说你岳父岳母正在筹备于年底年初到巴伐利亚区阿尔卑斯山中休养，照样可以练琴。我觉得对你再好没有：去北美之前正该养精蓄锐。山中去住两三星期一涤尘秽，便是寻常人

一九六二年

也会得益。狄阿娜来信常常表示关心你，看来也是出于真情。岳父母想约你一同去山中的好意千万勿辜负了。望勿多所顾虑，早日打定主意，让我们和弥拉一齐高兴高兴。真的，我体会得很清楚：不管你怎么说，弥拉始终十二分关怀你的健康和艺术。而我为了休息问题也不知向你提过多少回了，如果是口头说的话，早已舌敝唇焦了。你该知道我这个爸爸不仅是爱孩子，而且热爱艺术；爱你也就是为爱艺术，爱艺术也是为爱你！你千万别学我的样，你我年龄不同，在你的年纪，我也不像你现在足不出户。便是今日，只要物质条件可能，每逢春秋佳日，还是极喜欢徜徉于山巅水涯呢！

十月二十日

文章千古事，得失寸心知，哪一门艺术不如此！真懂是非，识得美丑的，普天之下能有几个？你对艺术上的客观真理很执著，对自己的成绩也能冷静检查，批评精神很强，我早已放心你不会误入歧途；可是单知道这些原则并不能了解你对个别作品的表达，我要多多探听这方面的情形：一方面是关切你，一方面也是关切整个音乐艺术，渴欲知道外面的趋向与潮流。

你常常梦见回来，我和你妈妈也常常有这种梦。除了骨肉的感情，跟乡土的千丝万缕，割不断的关系，纯粹出于人类的本能之外，还有一点是真正的知识分子所独有的，就是对祖国文化的热爱。不单是风俗习惯，文学艺术，使我们离不开祖国，便是对大大小小的事情的看法和反应，也随时使身处异乡的人有孤独寂寞之感。但愿早晚能看到你在我们身边！你心情的复杂矛盾，我敢说都体会到，可是一时也无法帮你解决。原则和具体的矛盾，理想和实际的矛盾，生活环境和艺术前途的矛盾，东方人和西方人根本气质的矛盾，还有我们自己内心的许许多多矛盾……如何统一起来呢？何况旧矛盾解决了，又有新矛盾，循环不已，短短一生就在这过程中消磨！幸而你我都有工作寄托，工作上的无数的小矛盾，往往把人生中的大矛盾暂时遮盖了，使我们还有喘息的机会。至于"认真"受人尊重或被人讪笑的问题，事实上并不像你说的那么简单。一切要靠资历与工作成绩的积累。即使在你认为更合理的社会中，认真而受到重视的实例也很少；反之在乌烟瘴气的场合，正义与真理得胜的事情也未始没有。你该记得一九五六至一九五七年间毛主席说过党员若欲坚持真理，必须准备经受折磨……的话，可见他把事情看得多透彻多深刻。再回想一下罗曼·罗兰写的《名人传》和《约翰·克利斯朵夫》，执著真理一方面要看客观的环境，一方面更在于主观的斗争精神。客观环境较好，个人为斗争付出的代价就比较小，并非完全不要付代价。以我而论，侥幸的是青壮年时代还在五四运动的精神没有消亡，而另一股更进步的力量正在兴起的时期，并且我国解放前的文艺界和出版界还没有被资本主义腐蚀到不可救药的地步。反过来，一百三十年前的法国文坛、报界、出版界，早已腐败得出于我们意想之外；但法国学术至今尚未完全死亡，至今还有一些认真严肃的学者在钻研：这岂不证明便是在恶劣的形势之下，有骨头，有勇气，能坚持的人，仍旧能撑持下来吗？

十一月二十五日（译自英文）

· 你在上封信中提到有关艺术家的孤寂的一番话很有道理，人类有史以来，理想主义者永远属于少数，也永远不会真正快乐，艺术家固然可怜，但是没有他们的努力与痛苦，人类也许会变得更渺小更可悲。你一旦了解这种无可避免的命运，就会发觉生活，尤其是婚姻生活更易忍受，看来你们两人对生活有了进一步了解，这对处理物质生活大有帮助。

十二月五日（致傅敏）

宿舍的情形令我想起一九三六年冬天在洛阳住的房子，虽是正式瓦房，厕所也是露天的，严寒之夜，大小便确是冷得可以。洛阳的风刮在脸上像刀割。去龙门调查石刻，睡的是土墙砌的小屋，窗子只有几条木栅，糊一些七穿八洞的纸，房门也没有，临时借了一扇竹篱门靠上，人在床上可以望见天上的星，原来屋瓦也没盖严。白天三顿吃的面条像柴草，实在不容易咽下去。那样的日子也过了好几天，而每十天就得去一次龙门尝尝这种生活。我国社会南北发展太不平衡，一般都是过的苦日子，不是短时期所能扭转。你从小家庭生活过得比较好，害你今天不习惯清苦的环境。若是棚户出身或是五六个人挤在一间阁楼上长大的，就不会对你眼前的情形叫苦了。我们决非埋怨你，你也是被过去的环境，教育，生活习惯养娇了的。可是你该知道现代的青年吃不了苦是最大的缺点（除了思想不正确之外），同学，同事，各级领导首先要注意到这一点。这是一个大关,每个年轻人都要过。闯得过的比闯不过的人多了几分力量,多了一重武装。以我来说,也是犯了太娇的毛病,朋友中如裘伯伯(复生)[①]、仑布伯伯[②]都比我能吃苦,在这方面不知比我强多少。如今到了中年以上,身体又不好,谈不到吃苦的锻炼,但若这几年得不到上级照顾,拿不到稿费,没有你哥哥的接济,过去存的稿费用完了,不是也得生活逐渐下降,说不定有朝一日也得住阁楼或亭子间吗?那个时候我难道就不活了吗?我告诉你这些,只是提醒你万一家庭经济有了问题,连我也得过从来未有的艰苦生活,更说不上照顾儿女了。物质的苦,在知识分子眼中,究竟不比精神的苦那样刻骨铭心。我对此深有体会,不过一向不和你提罢了。总而言之,新中国的青年决不会被物质的困难压倒,决不会因此而丧气。你几年来受的思想教育不谓不深,此刻正应该应用到实际生活中去。你也看过不少共产党员艰苦斗争和壮烈牺牲的故事,也可以拿来鼓励自己。要是能熬上两三年,你一定会坚强得多。而我相信你是的确有此勇气的。千万不能认为目前的艰苦是永久的,那不是对前途,对国家,对党失去了信心吗?这便是严重的思想错误,不能不深自警惕!解决思想固是根本,但也得用实际生活来配合,才能巩固你的思想觉悟,增加你的勇气和信心。目前你首先要做好教学工作,勤勤谨谨,老老实实。其次是尽量充实学识,有计划有步骤的提高业务,养成一种工作纪律。假如宿舍四周不安静,是否有

[①] 裘伯伯,即裘复生,傅雷挚友,留英电机工程师。
[②] 仑布伯伯,即顾仑布,傅雷表兄,早年留法的纺织工程师,傅雷当年留法是受他影响。

图书阅览室可利用？……还有北京图书馆也离校不远，是否其中的阅览室可以利用？不妨去摸摸情况。总而言之，要千方百计克服自修的困难。等你安排妥当，再和我谈谈你进修的计划，最好先结合你担任的科目，作为第一步。

身体也得注意，关节炎有否复发？肠胃如何？睡眠如何？健康情况不好是事实，无须瞒人，必要时领导上自会照顾。夜晚上厕所，衣服宜多穿，防受凉！切切切切。

千句并一句：无论如何要咬紧牙关挺下去，堂堂好男儿岂可为了这些生活上的不方便而消沉、泄气！抗战期间黄宾虹老先生在北京住的房子也是破烂不堪，仅仅比较清静而已。你想这样一代艺人也不过居于陋巷，墙壁还不是乌黑一片，桌椅还不是东倒西歪，这都是我和你妈妈目睹的。

为小蓉着想，你也得自己振作，做一个榜样。否则她更要多一重思想和感情的负担。一朝开始上课，自修课排定，慢慢习惯以后，相信你会平定下来的。最要紧的是提高业务，一切烦恼都该为了这一点而尽量驱除。

……你该想象得到父母对儿女的牵挂，可是时代不同，环境不同，父母也有父母的苦衷，并非不想帮你改善生活。可是大家都在吃苦，国家还有困难，一切不能操之过急。年轻时受过的锻炼，一辈子受用不尽。将来你应付物质生活的伸缩性一定比我强得多，这就是你占便宜的地方。一切多往远处想，大处想，多想大众，少顾到自己，自然容易满足。一个人不一定付了代价有报酬，可是不付代价的报酬是永远不会有的。即使有，也是不可靠的。

望多想多考虑，多拿比你更苦的人作比，不久就会想通，心情开朗愉快，做起工作来成绩也更好。千万保重！保重！

只要思想不犯错误，没有精神负担，光是日常生活不方便些，算得什么呢？有困难，想法逐步解决（如自修问题），要冷静，客观，用脑子！找窍门，可不能烦恼，影响身心健康！烦恼解决不了问题。

十二月三十日

来信提到音乐批评，看了很感慨。一个人只能求一个问心无愧。世界大局，文化趋势，都很不妙。看到一些所谓抽象派的绘画、雕塑的图片，简直可怕。我认为这种"艺术家"大概可以分为二种，一种是极少数的病态的人，真正以为自己在创造一种反映时代的新艺术，以为抽象也是现实；一种——绝大多数，则完全利用少数腐烂的资产阶级为时髦的 snobbish［附庸风雅，假充内行］，卖野人头，欺哄人，当做生意经。总而言之，是二十世纪愈来愈没落的病象。另一方面，不学无术的批评界也泯灭了良心，甘心做资产阶级的清客，真是无耻之尤。

一九六三年

三月十七日

两个多月没给你提笔了,知道你行踪无定,东奔西走,我们的信未必收到,收到也无心细看。去纽约途中以及在新墨西哥发的信均先后接读;你那股理想主义的热情实可惊,相形之下,我真是老朽了。一年来心如死水,只有对自己的工作还是一个劲儿死干;对文学艺术的热爱并未稍减,只是常有一种"废然而返"、"怅然若失"的心情。也许是中国人气质太重,尤其是所谓"洒脱"与"超然物外"的消极精神影响了我,也许是童年的阴影与家庭历史的惨痛经验无形中在我心坎里扎了根,年纪越大越容易人格分化,好像不时会置身于另外一个星球来看尘世,也好像自己随时随地会失去知觉,化为物质的元素。天文与地质的宇宙观常常盘踞在我脑子里,像服尔德某些短篇所写的那种境界,使我对现实多多少少带着 detached [超然] 的态度。可是在工作上,日常生活上,斤斤较量的认真还是老样子,正好和上述的心情相反——可以说人格分化;说不定习惯成了天性,而自己的天性又本来和我理智冲突。intellectually [理智上] 我是纯粹东方,emotionally & instinctively [感情上及天性方面] 又是极像西方人。其实也仍然是我们固有的两种人生观：一种是四大皆空的看法，一种是知其不可为而为之的精神。或许人从青少年到壮年到老年，基本上就是从积极到消极的一个过程，只是有的人表现得明显一些，有的人不明显一些。自然界的生物也逃不出这个规律。你将近三十，正是年富力强的时候，好比暮春时节，自应蓬蓬勃勃往发荣滋长的路上趱奔。最近两信的乐观与积极气息，多少也给我一些刺激，接信当天着实兴奋了一下。你的中国人的自豪感使我为你自豪，你善于赏识别的民族与广大人民的优点使我感到宽慰。唯有民族自豪与赏识别人两者结合起来，才不致沦为狭窄的沙文主义，在个人也不致陷于自大狂自溺狂；而且这是爱国主义与国际主义真正的交融。我们的领导对国际形势是看得很清楚的，从未说过美国有爆发国内革命的可能性的话，你前信所云或许是外国记者的揣测和不正确的引申。我们的问题，我觉得主要在于如何建设社会主义，如何在生产关系改变之后发挥个人的积极性，如何从实践上、物质成就上显示我们制度的优越性，如何使口头上的"红"化为事业上的"红"，如何防止集体主义不被官僚主义拖后腿，如何提高上上下下干部的领导水平，如何做到实事求是，如何普及文化而不是降低，如何培养与爱护下一代……

我的工作愈来愈吃力。初译稿每天译千字上下，第二次修改（初稿誊清后），一天也只能改三千余字，几等重译。而改来改去还是不满意（线条太硬，棱角凸出，色彩太单调等等）。改稿誊清后（即第三稿）还得改一次。等到书印出了，看看仍有不少毛病。这些情形大致和你对待灌唱片差不多。可是我已到了日暮途穷的阶段，能力只有衰退，不可能再进步；不比你尽管对自己不满，始终在提高。想到这点，我真艳羡你不置。近来我情绪不高，大概与我对工作不满有关。前五年译的书正在陆续出版。不久即寄《都尔的本堂神甫——比哀兰德》。还有《赛查·皮罗多盛衰记》，约四五月出版①。此书于一九五八年春天完成，偏偏最后出世。《艺术哲学》已先寄你了。巴尔扎克各书，我特意寄平装的，怕你要出门时带在身边，平装较方便。《高老头》《贝姨》《邦斯舅舅》《欧也妮·葛朗台》四种都在重印，你若需要补哪一种，望速告知（书一出来，十天八天即销完）。你把cynic［玩世不恭］写成scinic；naiveness没有这个字，应作naivety［天真］。

四月二十六日

人生是多方面的，艺术也得从多方面培养，劳逸调剂得恰当，对艺术只有好处。三天不弹琴，决不损害你的技术；你应该有这点儿自信。况且所谓relax［放松］也不能仅仅在technique［技巧］上求，也不能单独的抽象的追求心情的relax。长年不离琴决不可能有真正的relax；唯有经常与大自然亲近，放下一切，才能有relax的心情，有了这心情，艺术上的relax可不求而自得。我也犯了过于紧张的毛病，可是近二年来总还春秋二季抽空出门几天。回来后精神的确感到新鲜，工作效率反而可以提高。Kabos［卡波斯］太太批评你不能竭尽可能的relax，我认为基本原因就在于生

---

① 该书于一九七八年九月方始以傅雷遗译出版。

活太紧张。平时老是提足精神,能张不能弛!你又很固执,多少爱你的人连弥拉和我们在内,都没法说服你每年抽空出去一下,至少自己放三五天假。这是我们常常想起了要喟然长叹的,觉得你始终不体谅我们爱护你的热忱,尤其我们,你岳父、弥拉都是深切领会艺术的人,劝你休息的话决不会妨碍你的艺术!

你太片面强调艺术,对艺术也是危险的:你要不听从我们的忠告,三五年七八年之后定会后悔。孩子,你就是不够 wise [明智],还有,弥拉身体并不十分强壮,你也得为她着想,不能把人生百分之百的献给艺术。勃隆斯丹太太也没有为了艺术疏忽了家庭。你能一年往外散心一二次,哪怕每次三天,对弥拉也有好处,对艺术也没有害处,为什么你不肯试验一下看看结果呢?

七月二十二日

五十多天不写信了。千言万语,无从下笔;老不写信又心神不安;真是矛盾百出。我和妈妈常常梦见你们,声音笑貌都逼真。梦后总想写信,也写过好几次没写成。我知道你的心情也波动得很。有理想就有苦闷,不随波逐流就到处龃龉。可是能想到易地则皆然,或许会平静一些。生年不满百,常怀千岁忧:此二语可为你我写照。两个多月没有你们消息,但愿身心健康,勿过紧张。你俩体格都不很强壮,平时总要善自保养。劳逸调剂得好,才是久长之计。我们别的不担心,只怕你工作过度,连带弥拉也吃不消。任何耽溺都有流弊,为了耽溺艺术而牺牲人生也不是明智的!

十一月三日

最近一信使我看了多么兴奋,不知你是否想象得到?真诚而努力的艺术家每隔几年必然会经过一次脱胎换骨,达到一个新的高峰。能够从纯粹的感觉(sensation)转化到观念(idea)当然是迈进一大步,这一步也不是每个艺术家所能办到的,因为同各人的性情气质有关。不过到了观念世界也该提防一个pitfall[陷阱]:在精神上能跟踪你的人越来越少的时候,难免钻牛角尖,走上太抽象的路,和群众脱离。哗众取宠(就是一味用新奇唬人)和取媚庸俗固然都要不得,太沉醉于自己理想也有它的危险。我这话不大说得清楚,只是具体的例子也可以作为我们的警戒。李赫特某些演奏某些理解很能说明问题。归根结蒂,仍然是"出"和"入"的老话。高远绝俗而不失人间性人情味,才不会叫人感到cold[冷漠]。像你说的"一切都远了,同时一切也都近了",正是莫扎特晚年和舒伯特的作品达到的境界。古往今来的最优秀的中国人多半是这个气息,尽管sublime[崇高],可不是mystic[神秘](西方式的);尽管超脱,仍是warm, intimate, human[温馨,亲切,有人情味]到极点!你不但深切了解这些,你的性格也有这种倾向,那就是你的艺术的safeguard[保障]。基本上我对你的信心始终如一,以上有些话不过是随便提到,作为"闻者足戒"的提示罢了。

我和妈妈特别高兴的是你身体居然不摇摆了:这不仅是给听众的印象问题,也是一个对待艺术的态度,掌握自己的感情,控制表现,能入能出的问题,也具体证明你能化为一个idea[意念],而超过了被音乐带着跑,变得不由自主的阶段。只有感情净化,人格升华,从dramatic［起伏激越］进到contemplative［凝神沉思］的时候,才能做到。可见这样一个细节也不是单靠注意所能解决的,修养到家了,自会迎刃而解。(胸中的感受不能完全在手上表达出来,自然会身体摇摆,好像无意识的要"手舞足蹈"的帮助表达。我这个分析你说对不对?)

相形之下,我却是愈来愈不行了。也说不出是退步呢,还是本来能力有限,以前对自己的缺点不像现在这样感觉清楚。越是对原作体会深刻,越是欣赏原文的美妙,越觉得心长力绌,越觉得译文远远的传达不出原作的神韵。返工的次数愈来愈多,时间也花得愈来愈多,结果却总是不满意。时时刻刻看到自己的limit［局限］,运用脑子的limit,措辞造句的limit,先天的limit——例如句子的转弯抹角太生硬,色彩单调,说理强而描绘弱,处处都和我性格的缺陷与偏差有关。自然,我并不因此灰心,照样"知其不可为而为之",不过要心情愉快也很难了。工作有成绩才是最大的快乐:这一点你我都一样。

另外有一点是肯定的,就是西方人的思想方式同我们距离太大了。不做翻译工作的人恐怕不会体会到这么深切。他们刻画心理和描写感情的时候,有些曲折和细腻的地方,复杂繁琐,简直与我们格格不入。我们对人生琐事往往有许多是认为不值一提而省略的,有许多只是罗列事实而不加分析的;如果要写情就用诗人的态度来写;西方作家却多半用科学家的态度,历史学家的态度(特别巴尔扎克),像解剖昆虫一般。译的人固然懂得了,也感觉到它的特色,妙处,可是要叫思想方式完全不一样的读者领会就难了。思想方式反映整个的人生观,宇宙观,和几千年文化的发展,怎能一下子就能和另一民族的思想沟通呢？你很幸运，音乐不像语言的局限性那么大，你还是用音符表达前人的音符，不是用另一种语言文字，另一种逻辑。

真了解西方的东方人，真了解东方的西方人，不是没有，只是稀如星凤。对自己的文化遗产彻底消化的人，文化遗产决不会变成包袱，反而养成一种无所不包的胸襟，既明白本民族的长处短处，也明白别的民族的长处短处，进一步会截长补短，吸收新鲜的养料。任何孤独都不怕，只怕文化的孤独，精神思想的孤独。你前信所谓孤独，大概也是指这一点吧？

尽管我们隔得这么远，彼此的心始终在一起，我从来不觉得和你有什么精神上的隔阂。父子两代之间能如此也不容易：我为此很快慰。

十一月三日（译自英文，致弥拉）

亲爱的孩子，聪上次的巡回演奏使他在音乐事业中向前迈了一大步，你一定跟我们一样高兴。并非每一个音乐家，甚至杰出的音乐家，都能进入这样一个理想的精神境界，这样浑然忘我，感到与现实世界既遥远又接近。这不仅要靠高尚的品格，对艺术的热爱，对人类的无限同情，也有赖于艺术家的个性与气质，这种"心灵的境界"绝不神秘，再没有什么比西方的神秘主义与中国的心理状态更格格不入了（我说中国是指中国的优秀分子）。这无非是一种启蒙人文思想的升华，我很高兴聪在道德演变的过程中从未停止进步。人在某一段时间内滞留不进，就表示活力已经耗尽，而假如人自溺于此，那末他的艺术生命也就日暮途穷了。

另一个好消息是现在聪演奏起来身体不摇摆了！这不仅是一个演奏家应有的良好风度，也表示一个人对艺术的态度截然不同了，十年前我就想纠正他身体的摆动，此后又在信中再三提醒他，但是要他在音乐方面更加成熟，更加稳定以求身体的平稳，是需要时间的。你看，我忍不住要跟你讨论这些事，因为你深知其重要，而且这种快乐也应该是阖家分享的。

一九六四年

三月一日

弥拉的信比你从加拿大发的早到四天。我们听到喜讯,都说不出的快乐,妈妈更是坐也不是,立也不是,兴奋几日。她母性强,抱孙心切,已经盼望很久了,常说:怎么聪还没有孩子呢?每次长时期不接弥拉来信,总疑心她有了喜不舒服。我却是担心加重你的负担,也怕你们俩不得自由。总之,同样的爱儿女,不过看问题的角度不同而已。有责任感的人遇到这等大事都不免一则以喜,一则以忧。可是结婚的时候早知道有这么一天,也不必临时慌张。回想三十年前你初出世的一刹那,在医院的产妇科外听见你妈妈呻吟,有一种说不出的"肃然"的感觉,仿佛从那时起才真正体会到做母亲的艰苦与伟大,同时感到自己在人生中又迈了一大步。一个人的成长往往是不自觉的,但你母亲生你的时节,我对自己的成长却是清清楚楚意识到的,至今忘不了。相信你和弥拉到时也都会有类似的经验。

有了孩子,父母双方为了爱孩子,难免不生出许多零星琐碎的争执,应当事先彼此谈谈,让你们俩都有个思想准备:既不要在小地方固执,也不必为了难免的小争执而闹脾气。还有母性特强的妻子，往往会引起丈夫的妒忌，似乎一有孩子，自己在妻子心中的地位缩小了很多——这一点不能不先提醒你。因为大多数的西方女子，母性比东方女子表现得更强——我说"表现"，因为东方人的母爱，正如别的感情一样，不像西方女子那么显著的形诸于外。但过分的形诸于外，就容易惹动丈夫的妒意。

在经济方面，与其为了孩子将临而忧虑，不如切实想办法，好好安排一下。衣、食、住、行的固定开支，每月要多少，零用要多少，以量入为出的原则全面做一个计划，然后严格执行。大多数人的经验，总是零用不易掌握，最需要克制功夫。遇到每一笔非生活必需开支，都得冷静的想一想，是否确实必不可少。我平时看到书画、文物、小玩艺儿（连价钱稍昂的图书在内），从不敢当场就买，总是左思右想，横考虑竖考虑，还要和妈妈商量再决定；很多就此打消了。凡是小玩艺儿一类，过了十天八天，欲望自然会淡下来的。即使与你研究学问有关的东西，也得考虑一下是否必需，例如唱片，少买几张也未必妨碍你艺术上的进步。只有每一次掏出钱去的时候，都经过一番客观的思索，才能贯彻预算，做到收支平衡而还能有些小小的储蓄。我们在最困难的时候，曾经把每月的每一笔开支，分别装在信封内，写明"伙食""水电""图书"等等；一个信封内的钱用完了，决不挪用别的信封内的钱，更不提前用下个月的钱。现在查看账目，便是那几年花费最少。我们此刻还经常检查账目，看上个月哪几样用途是可用可不用的，使我们在本月和以后的几个月内注意节约。我不是要你如法炮制，而是举实例给你看，我们是用什么方法控制开销的。

"理财"，若作为"生财"解，固是一件难事，作为"不亏空而略有储蓄"解,却也容易做到。只要有意志,有决心,不跟自己妥协,有狠心压制自己的fancy［一时的爱好］!老话说得好:开源不如节流。我们的欲望无穷,所谓"欲壑难填",若一手来一手去,有多少用多少,即使日进斗金也不会觉得宽裕。既然要保持清白,保持人格独立,又要养家活口,防旦夕祸福,更只有自己紧缩,将"出口"的关口牢牢把住。"入口"操在人家手中,你不能也不愿奴颜婢膝的乞求;"出口"却完全操诸我手,由我做主。你该记得中国古代的所谓清流,有傲骨的人,都是自甘澹泊的清贫之士。清贫二字为何连在一起,值得我们深思。我的理解是,清则贫,亦唯贫而后能清!我不是要你"贫",仅仅是约制自己的欲望,做到量入为出,不能说要求太高吧!这些道理你全明白,毋须我啰嗦,问题是在于实践。你在艺术上想得到,做得到,所以成功;倘在人生大小事务上也能说能行,只要及到你艺术方面的一半,你的生活烦恼也就十分中去了八分。古往今来,艺术家多半不会生活,这不是他们的光荣,而是他们的失败。失败的原因并非真的对现实生活太笨拙,而是不去注意,不下决心。因为我所谓"会生活"不是指发财、剥削人或是啬刻,做守财奴,而是指生活有条理,收支相抵而略有剩余。要做到这两点,只消**把对付艺术的注意力和决心拿出一小部分来应用一下就绰乎有余了**!

我们朋友中颇有收入很少而生活并不太坏的,对外也不显得鄙吝或寒酸;你周围想必也有这种人,你观察观察学学他们,岂不是好?而且他们除了处处多讲理性,善于克制以外,也并无别的诀窍。

至于弥拉,记得你结婚以前有过培养她的意思,即使结果与你的理想仍有距离（哪个人的理想能与现实一致呢？）也不能说三年来没有成绩。首先，你近两年来信中不止一次的提到，你和她的感情融洽多了；证明你们互相的了解是在增进，不是停滞。这便是夫妇之爱的最重要的基础。其次，她对我们的感情，即使在海外娶的中国媳妇，也未必及得上她。很多朋友的儿子在外结婚多年，媳妇（还是中国人）仍像外人一般，也难得写信，哪像弥拉和我们这么亲切！最后，她对孩子的教育（最近已和我们谈了），明明是接受了你的理想。她本人也想学中文，不论将来效果如何，总是"其志可嘉"。对中国文化的仰慕爱好，间接表示她对你的赏识。固然她很多孩子气，许多地方还不成熟，但孩子气的优点是天真无邪。她对你的艺术的理解与感受，恐怕在西方女子中也不一定很多。她至少不是冒充风雅的时髦女子，她对艺术的态度是真诚的。五九年八月以前的弥拉和六四年一月的弥拉，有多少差别，只有你衡量得出。我相信你对她做的工作并没有白费。就算是她走得慢一些，至少在跟着你前进。

再说，做一个艺术家的妻子，本来很难，做你的妻子，尤其不容易。一般的艺术家都少不了仆仆风尘。可不见得像你我这样喜欢闭户不出，过修院生活。这是西方女子很难适应的。而经常奔波，视家庭如传舍（即驿站、逆旅）的方式，也需要 Penelope [珀涅罗珀] 对待 Ulysses [尤利西斯] 那样坚贞的耐性才行——要是在这些方面，弥拉多少已经习惯，便是很大的成功，值得你高兴的了。我们还得有自知之明：你脾气和我一样不好，即使略好，也不过五十步与百步。想到这个，夫妇之间的小小争执，也许责任是一半一半，也许我这方面还要多担一些责任——我国虽然有过五四运动，新女性运动（一九二〇年前后），夫权还是比西方重，西方妇女可不容易接受这一点。我特别提出，希望你注意。至于持家之道，你也不能以身作则的训练人家；你自己行事就很难做到有规律有条理，经常旅行也使你有很大困难：只能两人同时学习，多多商量。我相信你们俩在相忍相让上面已有不少成就。只是艺术家的心情容易波动，常有些莫名其妙的骚扰、烦闷、苦恼，影响家庭生活。平时不妨多冷静的想到这些，免得为了小龃龉而动摇根本。你信中的话，我们并不太当真。两个年轻人相处，本来要摸索多年。我以上的话，你思想中大半都有，我不过像在舞台上做一番"提示"工作。特别想提醒你的是信念，对两人的前途的信念。若存了"将来讲究如何，不得而知"的心，对方早晚体会得到，那就动了根本，一切不好办了。往往会无事变小事，小事变大事；反之，信念坚定，就会大事化小，小事化无。再过一二十年，你们回顾三十岁前后的生活，想起两人之间的无数小争执，定会哑然失笑。你不是说你已经会把事情推远去看么？这便是一个实例。预先体会十年二十年以后的感想，往往能够使人把眼前的艰苦看淡。

总之，你的生活艺术固然不及你的音乐艺术，可也不是没有进步，没有收获。安德烈·莫罗阿说过：夫妇之间往往是智力较差、意志较弱的一个把较高较强的一个往下拉，很少较高较强的一个能把较差较弱的对方往上提。三年来你至少是把她往上提，这也足以使你感到安慰了。

弥拉要学中文，最好先进"东方语言学校"之类开蒙。我即将寄一本《汉英合璧》给她，其中注音字母，你可以先教她。这是外国传教士编的，很不错。China Inland Mission 中文名叫"内地会"，解放后当然没有了。当年在牯岭,有许多房子便是那个团体的。他们做学问确实下了一番苦功。教弥拉要非常耐性,西方人学东方语言,比东方人学西方语言难得多。先是西方语言是分析的,东方语言是综合的、暗示的、含蓄的。并且我们从小有学西方语言的环境。你对弥拉要多鼓励,少批评,否则很容易使她知难而退。一切慢慢来,不要急。记住盖叫天的话:慢就是快! 你也得告诉她这个道理。开头根基打得扎实,以后就好办。

孩子的教育,眼前不必多想。将来看形势再商量。我们没有不愿意帮你们解决的。名字待我慢慢想,也需要 inspiration [灵感]。弥拉怀孕期间,更要让她神经安静,心情愉快。定期检查等等,你们有的是医生,不必我们多说。她说胃口不好,胖得 like a cow [像头母牛],这倒要小心,劝她克制一些。母体太胖,婴儿也跟着太胖,分娩的时候,大人和小孩都要吃苦的! 故有孕时不宜过分劳动,却也不宜太不劳动。

此信每天抽空写一些,前后花了五六天时间。好在你要三月二十左右回英,信总比你先到伦敦。像我们这种人,从来不以恋爱为至上,不以家庭为至上,而是把艺术、学问放在第一位,作为人生目标的人,对物质方面的烦恼还是容易摆脱的,可是为了免得后顾之忧,更好的从事艺术与学问,也不能不好好的安排物质生活;光是瞧不起金钱,一切取消极态度,早晚要影响你的人生最高目标——艺术的!希望克日下决心,在这方面采取行动! 一切保重!

四月十二日 *

自接喜讯以来,我快乐的心情无法抑制,老在计算生产的日期,弥拉说医生估计在八月里的上两星期,那时正是天气很热的阶段,想来伦敦医院设备好,不用担心,必有冷气,那产妇就不怎么辛苦了。最近一个月来,陆陆续续打了几件毛线衣,另外买了一件小斗篷、小被头,作为做祖母的一番心意,不日就要去寄了,怕你们都不在,还是由你岳父转的。我也不知对你们合适否?衣服尺寸都是望空做的,好在穿绒线衣时要九十月才用得着,将来需要,不妨来信告知,我可以经常代你们打。孩子的名字,我们俩常在商量,因为今年是龙年,就根据龙的特性来想,前两星期去新城隍庙看看花草,有一种叫凌霄的花,据周朝桢先生说,此花开在初夏,色带火黄,非常艳丽,我们就买了一棵回来,后来我灵机一动,"凌霄"作为男孩子的名字不是很好么?声音也好听,意义有高翔的意思;传说龙在云中,那么女孩子叫"凌云"再贴切没有了,我们就这么决定了。再有我们姓傅的,三代都是单名(你祖父叫傅鹏,父雷,你聪),来一个双名也挺有意思。你觉得怎样?

阿敏去冬年假没回来,工作非常紧张,他对教学相当认真,相当钻研,校方很重视他。他最近来信说:"我教了一年多书,深深体会到传授知识比教人容易,如果只教书而不教人的话,书绝对教不好,而要教好人,把学生教育好,必须注意身教和言教,更重要的是身教,处处要严格要求自己,以身作则。越是纪律不好的班,聪明的孩子越多,她们就更敏感,这就要求自己以身作则，否则很难把书教好。"他对教学的具体情况，有他的看法，也有他的一套，爸爸非常赞同。你看我多高兴，阿敏居然成长得走正路，这正是我俩教育孩子的目的，我们没有名利思想，只要做好本门工作就很好了，你做哥哥的知道弟弟有些成绩，一定也庆幸。

四月二十四日

孤独的感觉，彼此差不多，只是程度不同，次数多少有异而已。我们并未离乡背井，生活也稳定，比绝大多数人都过得好；无奈人总是思想太多，不免常受空虚感的侵袭。唯一的安慰是骨肉之间推心置腹，所以不论你来信多么稀少，我总尽量多给你写信，但愿能消解一些你的苦闷与寂寞。只是心愿是一件事，写信的心情是另一件事：往往极想提笔而精神不平静，提不起笔来；或是勉强写了，写得十分枯燥，好像说话的声音口吻僵得很，自己听了也不痛快。

一方面狂热，执著，一方面洒脱，旷达，怀疑，甚至于消极：这个性格大概是我遗传给你的。妈妈没有这种矛盾，她从来不这么极端。弥拉常说你跟我真像，可见你在她面前提到我的次数不可胜计，所以她虽未见过我一面，也像多年相识一样。

人不知而不愠是人生最高修养，自非一时所能达到。对批评家的话我过去并非不加保留，只是增加了我的警惕。即是人言藉藉，自当格外反躬自省，多征求真正内行而善意的师友的意见。你的自我批评精神，我完全信得过；可是艺术家有时会钻牛角尖而自以为走的是独创而正确的路。要避免这一点，需要经常保持冷静和客观的态度。所谓艺术上的 illusion［幻觉］，有时会蒙蔽一个人到几年之久的。至于批评界的黑幕，我近三年译巴尔扎克的《幻灭》，得到不少知识。一世纪前尚且如此，何况今日！二月号《音乐与音乐家》杂志上有一篇 Karayan［卡拉扬］的访问记，说他对于批评只认为是某先生的意见，如此而已。他对所钦佩的学者，则自会倾听，或者竟自动去请教。这个态度大致与你相仿。

认真的人很少会满意自己的成绩，我的主要苦闷即在于此。所不同的，你是天天在变，能变出新体会，新境界，新表演，我则是眼光不断提高而能力始终停滞在老地方。每次听你的唱片总心上想：不知他现在弹这个曲子又是怎么一个样子了。

十月三十一日

几次三番动笔写你的信都没有写成，而几个月的保持沉默也使我魂不守舍，坐立不安①。我们从八月到今的心境简直无法形容。你的处境，你的为难（我猜想你采取行动之前，并没和国际公法或私法的专家商量过。其实那是必要的），你的迫不得已的苦衷，我们都深深的体会到，怎么能责怪你呢？可是再彻底的谅解也减除不

---

① 五月间傅聪为了在世界各地演出的生计，无奈入了英国籍，傅雷知道后，整天闷闷不乐，民族自尊心受了伤害，难以平复沉重的心情。

了我们沉重的心情。民族自尊心受了伤害,非短时期内所能平复;因为这不是一个"小我"的、个人的荣辱得失问题。便是万事随和处处乐观的你的妈妈,也耿耿于怀,伤感不能自已。不经过这次考验,我也不知道自己在这方面的感觉有这样强。一九五九年你最初两信中说的话,以及你对记者发表的话,自然而然的,不断的回到我们脑子里来,你想,这是多大的刺激!我们知道一切官方的文件只是一种形式,任何法律手续约束不了一个人的心——在这一点上我们始终相信你;我们也知道,文件可以单方面的取消,只是这样的一天遥远得望不见罢了。何况理性是理性,感情是感情,理性悟透的事情,不一定能叫感情接受。不知你是否理解我们几个月沉默的原因,能否想象我们这一回痛苦的深度?不论工作的时候或是休息的时候,精神上老罩着一道阴影,心坎里老压着一块石头,左一个譬解,右一个譬解,总是丢不下,放不开。我们比什么时候都更想念你,可是我和妈妈都不敢谈到你;大家都怕碰到双方的伤口,从而加剧自己的伤口。我还暗暗的提心吊胆,深怕国外的报纸、评论,以及今后的唱片说明提到你这件事……孩子出生的电报来了,我们的心情更复杂了。这样一件喜事发生在这么一个时期,我们的感觉竟说不出是什么滋味,百感交集,乱糟糟的一团,叫我们说什么好呢?怎么表示呢?所有这一切,你岳父都不能理解。他有他的民族性,他有他民族的悲剧式的命运(这个命运,他们两千年来已经习为故常,不以为悲剧了),看法当然和我们不一样。然而我决不承认我们的看法是民族自大,是顽固,他的一套是开明是正确。他把国籍看做一个侨民对东道国应有的感激的表示,这是我绝对不同意的!至于说弥拉万一来到中国,也必须入中国籍,所以你的行动可以说是有往有来等等,那完全是他毫不了解中国国情所做的猜测。我们的国家从来没有一条法律,要外国人入了中国籍才能久居!接到你岳父那样的信以后,我并不作复,为的是不愿和他争辩;可是我和他的意见分歧点应当让你知道。

一九六五年

二月二十日

半年来你唯一的一封信不知给我们多少快慰。看了日程表，照例跟着你天南地北的神游了一趟，做了半天白日梦。人就有这点儿奇妙，足不出户，身不离斗室，照样能把万里外的世界，各地的风光，听众的反应，游子的情怀，一样一样的体验过来。你说在南美仿佛回到了波兰和苏联，单凭这句话，我就咂摸到你当时的喜悦和激动；拉丁民族和斯拉夫民族的热情奔放的表现也历历如在目前。

你父性特别强是像你妈，不过还是得节制些，第一勿妨碍你的日常工作，第二勿宠坏了凌霄——小孩儿经常有人跟他玩，成了习惯，就非时时刻刻抓住你不可，不但苦了弥拉，而且对孩子也不好。耐得住寂寞是人生一大武器，而耐寂寞也要自幼训练的！疼孩子固然要紧，养成纪律同样要紧；几个月大的时候不注意，到两三岁时再收紧，大人小儿都要痛苦的。

你的心绪我完全能体会。你说的不错，知子莫若父，因为父母子女的性情脾气总很相像，我不是常说你是我的一面镜子吗？

且不说你我的感觉一样敏锐，便是变化无常的情绪，忽而高潮忽而低潮，忽而兴奋若狂，忽而消沉丧气等等的艺术家气质，你我也相差无几。不幸这些遗传（或者说后天的感染）对你的实际生活弊多利少。凡是有利于艺术的，往往不利于生活；因为艺术家两脚踏在地下，头脑却在天上，这种姿态当然不适应现实的世界。我们常常觉得弥拉总算不容易了，你切勿用你妈的性情脾气去衡量弥拉。你得随时提醒自己，你的苦闷没有理由发泄在第三者身上。况且她的童年也并不幸福，你们俩正该同病相怜才对。我一辈子没有做到克己的功夫，你要能比我成绩强，收效早，那我和妈妈不知要多么快活呢！

要说 exile［放逐］，从古到今多少大人物都受过这苦难，但丁便是其中的一个；我辈区区小子又何足道哉！据说《神曲》是受了 exile 的感应和刺激而写的，我们倒是应当以此为榜样，把 exile 的痛苦升华到艺术中去。以上的话，我知道不可能消除你的悲伤愁苦，但至少能供给你一些解脱的理由，使你在愤懑郁闷中有以自拔。做一个艺术家，要不带点儿宗教家的心肠，会变成追求纯技术或纯粹抽象观念的 virtuoso［演奏能手］，或者像所谓抽象主义者一类的狂人；要不带点儿哲学家的看法，又会自苦苦人（苦了你身边的伴侣），永远不能超脱。最后还有一个实际的论点：以你对音乐的热爱和理解，也许不能不在你厌恶的社会中挣扎下去。你自己说到处都是 outcast［逐客］，不就是这个意思吗？艺术也是一个 tyrant［暴君］，因为做他奴隶的都心甘情愿，所以这个 tyrant 尤其可怕。你既然认了艺术做主子，一切的辛酸苦楚便是你向他的纳贡，你信了他的宗教，怎么能不把少牢太牢去做牺牲呢？每一行有每一行的 humiliation［屈辱］和 misery［辛酸］，能够 resign［心平气和，隐忍］就是少痛苦的不二法门。你可曾想过，萧邦为什么后半世自愿流亡异国呢？他的 *Op.25*［作品第二十五号］以后的作品付的是什么代价呢？

五月十六日夜

香港的长途电话给我们的兴奋，简直没法形容。五月四日整整一天我和你妈妈魂不守舍，吃饭做事都有些飘飘然，好像在做梦，我也根本定不下心来工作。尤其四日清晨妈妈告诉我说她梦见你还是小娃娃的模样，喂了你奶，你睡着了，她把你放在床上。她这话说过以后半小时，就来了电话！怪不得好些人要迷信梦！萧伯母①的信又使我们兴奋了大半日，她把你过港二十三小时的情形详详细细写下来了，连你点的上海菜都一样一样报了出来，多有意思。信，照片，我们翻来覆去看了又看，电话中听到你的声音，今天看到你打电话前夜的人，这才合起来，成为一个完整的你！（我不是说你声音有些变了吗？过后想明白了，你和我一生通电话的次数最少，经过电话机变质以后的你的声音，我一向不熟悉；一九五六年你在北京打来长途电话，当时也觉得你声音异样。）看你五月三日晚刚下飞机的神态，知道你尽管风尘仆仆，身心照样健康，我们快慰之至。你能练出不怕紧张的神经，吃得起劳苦的身体，能应付二十世纪演奏家的生活，归根到底也是得天独

---

① 萧伯母，即傅雷挚友成家和，香港导演、影星萧芳芳的母亲。

厚。我和你妈妈年纪大了,越来越神经脆弱,一点儿小事就会使我们紧张得没有办法。一方面是性格生就,另一方面是多少年安静的生活越发叫我们没法适应天旋地转的现代 tempo［节奏］。

六月十四日 *

五月四日到现在,我的心情始终激动得无法平静。这期间好姆妈①与我们之间不知来往了多少信,她为了要我们快乐,知道我们热切期待着你的消息,情愿牺牲了睡眠的时间,把你两次逗留香港的行动,不厌其烦的把生活细节都告诉我们(譬如说:六月四日下午我们通话,原来你满身肥皂,在浴缸里跟我们讲话,怪不得你说:"明天再谈了,我要穿衣服。"我们满以为你要穿礼服过海,准备上台!我们为之大笑。还有你两口三口的吃掉一只粽子,很有滋味的样子),满足了做父母的贪得无厌的欲望,使我们真的感觉到和你生活在一起,这是多么伟大的深厚的友情!我们衷心感激,永远不会忘记的。我们一生中所能交往的朋友,没有一个不是忠诚老实,处处帮助我们的,总算下来,我们受之于人的大大超过了我们给人的,虽然难免内疚,毕竟也引以自傲。你在各地奔波,只要一碰到我们的知己好友,非但热诚的招待你,还百般的爱护你,好姆妈就是最显著的一个。她来信说,她"对你的热爱是无法形容的",她爱你的造诣,更爱你的品德。这次在港演出,都是她的关系,给你介绍沈:一个品质高尚难能可贵的知友。为你样样安排得谨密周

---

① 好姆妈,即成家和。

详,无微不至,代替了我们应做的事,而且比我们做得更好。你真要当她母亲一般看待,这种至情至意,在世态炎凉的社会中,哪里找得到呢!好好爹爹①也有信来,她与往年一样充满了热情,因为你说还常记得她,使她更喜欢得如醉若狂,都在字里行间奔放出来,怎不令人兴奋!我一面流泪一面看她们的信,是欢乐、是辛酸,我无法抑制我的感情。

六月十四日(译自法文,致弥拉)

根据中国的习惯,孩子的命名常常都有一套方式,我们一经选择两个字作为孩子的名字后,例如"凌霄"("聪"是单名),就得保留其中一个字,时常是一个动词或形容词,作为下一个孩子的名字的一部分。譬如说,我们给凌霄命名时已经决定他的弟弟叫凌云,假如是个妹妹,则叫"凌波",凌波的意思是"凌于水上",在中国的神话之中,也有一个出于水中的仙子,正如希腊神话中的"爱神"或罗马神话中的"维纳斯"一般,你一定知道 Botticelli [波提切利] 的名画《维纳斯的诞生》,是吗?可是并没有严格规定,两个字中的哪一个要保留下来作为家中其他孩子的名字,我们可以用第一个字,也可以用第二个字,然而,我们既已为我们的孙儿、孙女选定"凌"字命名(敏将来的孩子也会用"凌"字排,凌什么,凌什么,你明白吗?),那么"凌霄"的小名用"霄"字就比用"凌"字更合乎逻辑。假如你将来生个女孩子,就用"波"

---

① 好好爹爹,即成家和的妹妹成家榴。

作为小名,"凌"是兄弟姐妹共用的名字。就这样,我们很容易分辨两个用同一个字作为名字的人,是否是出自同一个家庭。你会说这一切都太复杂了。这倒是真的,但是怎么说呢?每个民族都有自己的习俗,对别的民族来说,或多或少都是很玄妙的,你也许会问我取单名的孩子如聪,敏,我们又怎么办?哎!这两个字是同义词,但两者之间,有很明显的区别。"聪"的意思是"听觉灵敏"、"高度智慧",敏的意思是"分辨力强"、"灵活",两个字放在一起"聪敏",就是常见的词,用以说智慧、灵敏,即"clever"〔聪明〕的意思,我希望,好孩子,念了这一段,你不会把我当作个老冬烘才好!

聪一定跟你提起过,他在一个月之内跟我们通过三次电话,是多么高兴的事,每次我们都谈二十分钟!你可以想象得到妈妈听到"聪"的声音时,是怎样强忍住眼泪的。你现在自己当妈妈了,一定更可以体会到做母亲的对流浪在外已经八年的孩子的爱,是多么深切!聪一定也告诉你,他在香港演奏时,我们的几位老朋友对他照拂得如何无微不至,她们几乎是看着他出世的,聪叫她们两位"好好姆妈",她们把他当作亲生儿子一般,她们从五月五日起给我们写了这些感情洋溢的信,我们看了不由得热泪盈眶,没有什么比母爱更美更伟大的了,可惜我没有时间把她们的信翻译几段给你看,信中详细描绘了她们做了什么菜给聪吃,又怎么样在演奏会前后悉心的照顾聪。这次演奏会可真叫人气闷。(同一个晚上演奏两场,岂不是疯了?幸亏这种傻事他永远不会再干。没有什么比想起这件事更令我们不快了!)

十一月二十六日*

你知道爸爸是闲不住的人，要他不做事并且不能看书，真是难上又难，此次自动停止，我深深体会到问题严重。经过眼科医生检查，眼睛本身除了水晶体浑浊，无其他毛病，还是脑力视力用得太多，疲劳过度所致，但无什么特效药可治，只有彻底休息，不用目力，长期休养。现在一面休息，一面服中药，着重肝肾两补，把整个身体的健康恢复起来，据说慢慢可能复原的。爸爸近年来体弱多病，像机器一样，各部分生锈不灵活，需要大大整修。可是爸爸为了将来生计，前途茫茫，不免焦急。专业作家不像大学教授，有固定薪金，体弱或年迈时可享受退职退休待遇，他只能活一天做一天，为此不容易安心养病。回想今年五月初与你通话时，你再三问我要不要多汇些钱，我再三说不用，你已经为我们花费了不少，同时满以为爸爸这副老骨头还能工作，生活不成问题。谁料事隔数月，忽然大有变化，真叫人生什么事都不能单凭主观愿望。除了健康衰退，生产又少又慢之外，稿酬办法又有改变，版税只在初版时拿一次，再版稿酬全部取消，总的说来，不及过去的三分之一。爸爸以前每年可译二十万字，最近一年来只有十万字光景，要依靠稿费过活，的确很难。即使眼睛不出毛病，即使稿费维持老标准，因为体力脑力衰退而减产，收入也大受影响。何况现在各方面都有了问题。我们一九五八年以来的生活，都是靠当时在平明出版的书归入人民文学出版社时多得了一笔稿费，陆续贴补的。目前积存无几，更使我忧虑。故上月底爸爸排开重重顾虑，向中央做了汇报。本月下旬接"人文"来信，说经各方领导商榷后，今后决定由"人文"按月津贴固定生活费一百二十元。领导对爸爸如此关怀照顾，不用说我们都十分感激。不过事实上我们的房租五十五元，加上水电、电话、煤气以及工资已经要花到九十余元，吃用还不在内，如今又加上一笔长期的医药费。当然我们不愿意把这副重担加在你身上，你终年在外奔波，成家立业全靠千辛万苦的劳动得来，有了孩子，开支更大。怎么忍心再要你为父母多开几次音乐会呢？再说，暂时我们还不到山穷水尽的地步，手头的积存尚可逐月贴补。但若你能分去一部分，我们自己贴补的钱就好多拖一个时期。但我们对你的经济情况不了解，决不能，也不愿意，给你定什么具体的数目。希望你冷静的思考一下，不要单从感情出发，按照你的实际能力，每月酌汇多少（我看至多也不要超过"人文"的数字）。若有困难，再少些也行。只要我们少量的积存可以支持得更久一些，而且也可以作为应付万一的准备金，我们也就放心了！人老了，总不能不想到意外之事。孩子，你深知你父母的为人，不到万不得已决不肯在这方面开口的。这种矛盾的心理，想必你很理解。同时我们自己也想法节省用途，不过省了这样又多了那样（例如最近药费忽然增加），实在解决不了多少问题。

几个月来我们对培养月季有了兴趣，护理栽培，既能消磨时间，又解除了爸爸不工作的苦闷，人家又送了好多品种，于是浇水、施肥、杀虫、整枝，忙个不了，虽然他腰酸背痛，不能多做，到底有了寄托，闲得发慌的痛苦也好消除一部分。我也学会了扦插接芽等等的技术，今秋开的花最大的有六英寸。劳动有了成果，心情也愉快了一些。

一九六六年

二月十七日

要闲着一事不做，至少是不务正业，实在很不容易。尽管硬叫自己安心养病，耐性等待，可是总耐不住，定不下心。嘴里不说，精神上老觉得恍恍惚惚，心里虚忒忒的，好像虚度一日便对不起自己，对不起一切。生就的脾气如此难改，奈何奈何！目力在一月十七至二十七日间一度骤然下降，几乎每秒昏花；幸而不久又突然上升，回复到前数月的情形，暂时也还稳定，每次能看二十分钟左右书报。

四月十三日

……我们这多少年来和你争的主要是书信问题，我们并不苛求，能经常每隔两个月听到你的消息已经满足了。我总感觉为日无多，别说聚首，便是和你通讯的乐趣，尤其读你来信的快慰，也不知我还能享受多久。……

两目白内障依然如故，据说一般进展很慢，也有到了某个阶段就停滞的，也有进展慢得觉察不到的；但愿我能有此幸运。不然的话，几年以后等白内障硬化时动手术，但开刀后的视力万万不能与以前相比，无论看远看近，都要限制在一个严格而极小的范围之内。此外，从一月起又并发慢性结膜炎，医生说经常昏花即由结膜炎分泌物沾染水晶体之故。此病又是牵丝得厉害，有拖到几年之久的。大家劝我养身养心，无奈思想总不能空白，不空白，神经就不能安静，身体也好不起来！一闲下来更是上下古今的乱想，甚至置身于地球以外：不是陀思妥耶夫斯基式的胡思乱想，而是在无垠的时间与空间中凭一些历史知识发生许多幻想，许多感慨。总而言之是知识分子好高骛远的通病，用现代语说就是犯了客观主义，没有阶级观点……其实这类幻想中间，也掺杂不少人类的原始苦闷，对生老病死以及生命的目的等等的感触与怀疑。我们从五四运动中成长起来的一辈，多少是怀疑主义者，正如文艺复兴时代和十八世纪法国大革命前的人一样，可是怀疑主义又是现社会的思想敌人，怪不得我无论怎样也改造不了多少。假定说中国的读书人自古以来就偏向于生死的慨叹，那又中了士大夫地主阶级的毒素（因为不劳而获才会有此空想的余暇）。说来说去自己的毛病全知道，而永远改不掉，难道真的是所谓"彻底检讨，坚决不改"吗？我想不是的。主要是我们的时间观念，或者说 time sense［时间观念］和 space sense［空间观念］比别人强，人生一世不过如白驹过隙的话，在我们的确是极真切的感觉，所以把生命看得格外渺小，把有知觉的几十年看做电光一闪似的快而不足道，一切非现实的幻想都是从此来的，你说是不是？明知浮生如寄的念头是违反时代的，无奈越老越是**不期然而然**的有此想法。当然这类言论我从来不在人前流露，便在阿敏小蓉之前也绝口不提，一则年轻人自有一番志气和热情，我不该加以打击或者泄他们的气；二则任何不合时代的思想绝对不能影响下一代。因为你在国外，而且气质上与我有不少相似之处，故随便谈及。你要没有这一类的思想根源，恐怕对 Schubert [舒伯特] 某些晚期的作品也不会有那么深的感受。

近一个多月妈妈常梦见你，有时在指挥，有时在弹 concerto [协奏曲]。也梦见弥拉和凌霄在我们家里。她每次醒来又喜欢又伤感。昨晚她说现在觉得睡眠是桩乐事，可以让自己化为两个人，过两种生活；每夜入睡前都有一个希望——不仅能与骨肉团聚，也能和一二十年隔绝的亲友会面。我也常梦见你，你琴上的音乐在梦中非常清楚。

八月十二日（译自英文）

……有关凌霄的点点滴滴都叫我们兴奋不已。尤其是妈妈，她自从七月初就不停数日子。"一个月后凌霄就过生日了；三星期后凌霄就过生日了"；昨晚她说："现在只剩下三天了。"那语气，简直像小宝宝就跟她在身边似的。

你们眼看着自己的孩子一天天成长，真是赏心乐事！想象我们的孙儿在你们的客厅及厨房里望着我们的照片，从而认识了远方的爷爷奶奶，这情景，又是多么叫人感动！

尽管如此，对于能否有一天亲眼看见他，拥抱他，把他搂在怀里，我可一点都不抱希望……妈妈相信有这种可能，我可不信。

收到毛线衣可别道谢，妈妈这么爱你们及宝宝，但只能借此聊表心意,她常常因此而耿耿于怀……

我们在等凌霄两周岁的照片,假如能寄一张他的正面照片,我们一定会很高兴。

生活中困难重重,我们必须不断自我"改造",向一切传统的、资本主义的、非马克思主义的思想、感情与习俗做斗争,我们必须抛弃所有旧的人生观和旧的社会准则。

对于一个在旧社会中生活逾四十年、满脑子"西方资本主义民主反动思潮"的人来说,他(毛)的"自我改造"自然是一项十分艰巨的任务。我们正在竭尽所能、出尽全力去满足当前"无产阶级文化大革命"加诸身上的种种要求……

我每次只能看五分钟书,报上的长文都是妈妈念给我听的。这封信是由我口述由她打出来的……

给朋友的信

致罗曼·罗兰*

大师座右：

尊作"名人传"三册，现已译竣，祈允予付梓出版。此请沉吟迟久，盖因译述未完，迄无把握也。

先生关于三大天才之著作，已哺育万千青年，谅各现行语言早有译本，中译已落后手。个中原因，容弟子追述一二，俾先生知愚以何等感恩之情勉力从事哉。

曩者，年方弱冠，极感苦闷，贾舟赴法，迅即笃嗜夏朵勃里昂、卢梭与拉马丁辈之作品。其时颇受浪漫派文学感染，神经亦复衰弱，不知如何遭此人生。无论漫游瑞士，抑小住比国修院，均未能平复狂躁之情绪。偶读尊作《贝多芬传》，读罢不禁噰啕大哭，如受神光烛照，顿获新生之力，自此奇迹般突然振作。此实余性灵生活中之大事。尔后，又得拜读《弥盖朗琪罗传》与《托尔斯泰传》，受益良多。

鉴于此番经历，愚曾发愿欲译此三传，期对陷于苦闷中之年轻朋友有所助益，以此等青年在吾国亦为数不少耳。然因种种缘由，至去年十一月方嘱笔，于近期始得完成。

---

* 罗曼·罗兰（Romain Rolland, 1866—1944），法国作家，社会活动家。傅雷致罗曼·罗兰信函二通，均系罗新璋先生据法文去函译出。

再者，促成此事者，尚有另一想法。先生当知中国人之性气心理，自有传统。吾国历四五千年而未借任何宗教以为支持，道德之追求，亦异于世界其他民族。孔子倡遵中庸，主张克己，强调尊卑，尤宜顺乎天理。老子揭示文明之欺罔，诋斥虚伪尤力。遵循孔子遗训，吾人安于平静、勤俭、欢愉之生活，知足常乐。受老子之影响，贤人智士大率洒脱高蹈，超尘出世。既无强行信奉严紧宗教之事，亦无率然听命于万能上帝之举，俱为吾人所不堪忍受者也。

然此黄金时代已成往昔。欧风东渐，时事遂多变化。今日之民众，既不能效法尊奉孔老之先辈，于危险之激情预加防范，亦不能如欧洲狂热之基督徒，一旦摆脱羁绊，还我以更伟大、更完善、更纯洁之面目。顾精神平稳由之失却，非溺于激情而懵懵懂懂，即陷于麻痹而无所作为。

第贝多芬以其庄严之面目，不可摇撼之意志，无穷无竭之勇气，出现于世人面前，实予我辈以莫大启示。至于弥盖朗琪罗，以其意志与才力不称，此种悲剧命运于吾人为鲜闻矣。

若托尔斯泰，其不抵抗主义宜乎我辈深长思之。读尊作《托尔斯泰传》之前，愚曾有一幼稚想法，自谓遏止内战之良策，莫过于不纳税不当兵，取兴办实业之法，一举消弭失业与军队。士兵转而做工，收入既丰，人身亦得安全，何乐而不为耶？彼等兵众受人雇佣，仅为糊口而甘冒锋镝，情实堪怜。待将帅手下无部卒，欲作战即请其自赴疆场，庶免无辜送死，岂非"勿以恶抗恶"之不抵抗主义欤？

至于托翁致辜鸿铭函，相似之见解，从一意大利将军处亦

曾敬闻。愚于一九三一年五月途次罗马,得缘拜识加维里耶元帅[①],闻其宏论如下:

现代西方文明已步入崎岖危途,焉能长此以往而不作变计?中国有何效法之必要?值此人间惨祸,欧洲各国创巨痛深,且劫难未已,中国自宜趋避。须知种田耕地,为个人最好之营生。元帅追忆一九〇八年远东之行,认为中国人乃最勤劳、最淡泊、最平和之民族,身体耐力亦强于世界上其他民族。各种气候,俱能适应,且饮食有节,消费少而出产多。即使加恶于其人,无论在中国本土抑在域外,也从不抵抗,而最后胜利竟属之焉!元帅以菲律宾荷兰东印度公司占区之华侨为例,称虽受不公平法律之压抑与欧洲官员之苛待,复被本国政府所遗忘,然彼等均能逆来顺受,埋头苦干,就地汲取滋养(该地区之贸易命脉,似均握于华人之手)。元帅作结道:中国人不能,也不必有组织,"无组织"更胜于"有组织"。中国无需发展工业,步近代文明之后尘。体魄与道德方面,但得保存本色,自能脱出困厄。因不抵抗之效用,实胜于诉诸暴力。

加维里耶元帅是否托氏弟子,不得而知,其持论当基于参加欧战之个人观感。元帅直视不肖为中国新一代数典忘祖之代表,其责难之辞使愚思维再三,类乎今日译毕托翁传之掩卷深思欤。

上述想法,杂然胪列,更兼法文表达欠佳,甚以为歉。区区愿

[①] 加维里耶(Caviglia,1862—1945),早年任驻东京武官,曾参加第一次世界大战,荣获元帅衔。

借此函,以获明教。先生乃当今人类一大巨星;先生所言,犹托翁之于上代人,不啻先知式之预言。

倘蒙赐复,并允权充代序冠于拙译之前,则欣慰何如。缘此而得时亲教言,更将引为幸事。特先申谢,并请接受一远方弟子之敬意。

傅怒庵顿首
一九三四年三月三日

附言:能有幸获赠一帧签名照片否?

大师座右:

六月三十日赐书奉悉,不胜感激。尊作"名人三传",译稿已为商务印书馆接受,该馆系我国最大之出版社,惜乎书待明年方能印就。鄙人已将大札译成中文,同时亦已复制所赠照片,冠于《托尔斯泰传》卷首;特此再致谢意。

先生于英雄主义所作之界说,与鄙意十分契合,足证不肖虽无缘拜识尊颜,实未误解尊意,良可自慰。

近想迻译尊作《昔日音乐家》与《今日音乐家》,因余笃嗜音乐,此其一;再者,真正之中国音乐尚不存在,或说已不存在,故尤应介绍欧洲音乐,以音乐家之人格更重于音乐也。先生上述两部大著,于尚未有切当之听觉,一味注重教化之吾国听众,当大有裨益也。

此信拟托一赴欧友人寄交,因时间仓猝,恕不多写。

至于敬隐渔①,苦于无法获致确讯。一说此人已疯,似较可信,因已听说不止一次;一说业已谢世,尚无法证实。

最后拟告,不肖正如来教末段所言,为国家与环境所挤逼,既无力量亦无勇气实行反抗,唯期隐遁于精神境域中耳。虽知吾辈努力不至于全属枉然,但确乎甚少把握。旷日以待,犹如临终受难,道德信念也将为之动摇!祈各方以援手,实吾人之急需!草草奉复,敬颂近安!

后学傅怒庵再拜
一九三四年八月二十日
于上海吕班路二○一弄五十三号

---

① 敬隐渔(1901—1930),四川遂宁人,作家、翻译家。因喜欢《约翰·克利斯朵夫》于一九二四年致函罗曼·罗兰,表达了翻译该巨著的愿望,一九二五年赴法留学,与罗曼·罗兰保持着频繁的书信往来,但后因精神出现问题,只翻译到第一卷第二部第五大节为止。留法期间曾用法文翻译了鲁迅的《阿Q正传》。一九三〇年初回国,后传言"以狂疾蹈海而死"。罗曼·罗兰一直关心着敬隐渔的下落。

致刘抗 *

抗兄：

接手书并照片，一则以喜，一则以惧。梅馥先看信，等她读到……病危一句，我就毛骨悚然，浑身发冷，与足下作书时真有同感。呜呼天乎，如此好人，如此典型的艺术家，但愿皇天保佑，安渡难关。信到时我们正在打牌，从此就恹恹无复牌兴，心头好似压了一大块石头。几年来早晚相见的朋友，一别才未两月，遽尔身染沉疴，何况关山远隔，一些信息都得不到，尤使我凄恻欲绝，悲痛欲涕，假如你有什么消息，千万赶快告诉我，我们真是如何的挂念他啊！

照片中很有几张"杰作"，"天都探海松"与"天都望后海"两帧，若有机会请代放大，如普通小说版本大小，要放得精，印得精，钱归我来付，不必客气。看了这些游踪，真使我神思恍惚，说不尽的感动！

上海酷热，如兄所言弟等在乡可算做了半个神仙，决没像你所说的那种苦。只是一件，就是常常想念你们几位朋友。大师回沪没

---

* 刘抗（1911—2004），福建永春县人。傅雷挚友，画家。三十年代初任教于上海美专，抗战前夕始寓居于新加坡，曾任新加坡中华美术研究会会长、艺术协会会长，新加坡文化部美术咨询委员会主席。

有？济远近况如何？你是否还得上暑期学校的课？回来后黄山的风景又画过几张？前后一共画了多少？家和近来见面否？心绪若何？均在念中，便请一一告知为盼。

人浩下年度如何计划，甚念。

^弟 安草复

（一九三六年）八月十九日晚

抗兄：

昨夜一函甫发出，今日又接噩耗，悲恸之情，难以言喻。此次伊[①]定欲回家，甚至有"无钱将徒步归去"之语，岂冥冥中已预感将回老家耶！言念及此，更想起他的一生遭遇，坎坷潦倒而始终保存完满无缺的艺人人格，在这种时世尤为难得。讵天不永年，徒令故人欲涕无从，犹忆弟赴黄山前一小时，伊与兄及邦干、尧章等四人来寓送我，今彼长辞此世，我意欲谋一奠而不得。呜呼，痛哉！人生如朝露，尤使人感慨不已。临书泫涕，不知所云，亦不能终篇。附上支票一纸（八元），请持向霞飞路吕班路口大陆银行兑现后，即在该行购一八元礼券（说明丧用，并讨一绿色封袋），外面请代书"奠敬"二字，下署"弟傅雷拜具"字样；吊礼应交何人代收，请兄做

[①] 此处的"伊"、"他"，均指后文提到的张弦。张弦系傅雷挚友，号亦琴，浙江青田人。一九二八年从法国学成归国，受聘于上海美专，教授西画。在傅雷眼中，张弦淳朴淡泊，拥有"孤洁不移的道德力"与"坚而不骄的自信力"。其作品也与其性格完全相同，"深沉、含蓄，而无丝毫牵强猥俗"。一九三六年张弦英年病逝，傅雷深为痛惜，长叹不止。

主可也。校方对他有何表示，大师又如何？虽说一死皆空，但我还想知道知道世情冷暖，详情续告为盼。耑此拜托。即颂

日佳

^弟安拜启

（一九三六年）八月二十日晚

抗：

　　二十一日有挂号信寄你，其中附着一张大陆银行的八元钱的支票，收到没有？怎么没有回信？使我们非常挂念。同日我又写信给大师，向他提议：（一）把张弦的死讯在报上登一条新闻（这是不费一文的），让他数年来的桃李得悉；（二）筹备一个遗作展览会；（三）设法替他卖掉些作品，所得的款作为他遗孤的教育费；（四）设法叫博物馆购藏他的一张作品。但信去后亦迄无回音，甚为诧怪！望见信后速即复我！大师有没有回沪，照理他不能久游在外。邦干已来校否？若来请将此信给他一阅。还有什么别的消息，请一一告知为要，我们这一晌始终为张弦的事情悒悒不欢。草草，祝你

康健

怒庵
梅馥
（一九三六年）八月二十八日

刘抗、邦干二兄，瑶章小姐均鉴：

别来经旬，中州道上仆仆风尘，真是名不虚传。北来别无所苦，唯尘灰蔽目与客中枯索为两大恨事。汴洛二地天天为人家座上客，口腹之欲大大满足了一番。黄河鲤鱼的鲜嫩肥美，决非江南任何鱼鳞所可比拟，且一鱼数味，味味特别，厨役多名手，甜咸酸辣处处合格，即我们办事处的庖丁手段亦复不恶。滕参事陈司长两大委员已于昨夜夜车东返，此刻只剩我和一个科员，他们仿佛是押解官，而我们就和充发异域的囚犯相似。遥望南天，想见海上故人日日欢聚、夜夜无宵之概，真不胜今昔之慨。会中办公处借在河洛图书馆内，这是一所三进三院的大房子，布置得玲珑可爱，幽雅清净，算是此地数一数二的住处。我住一小间，作为卧室兼书房；外面一大间，分为二小间，半为办公室，半为会客室。科员一人即住在靠边的办公室内，今天正在裱糊粉刷添办家具，忙个不了。那位科员为人不大聪明，此来一切记账等等的杂务，也得我自己管理，你们想麻烦不麻烦。而且调查龙门的工作十分繁重，要摄影，要测量，要绘图，要记述，要考据。石窟共有一二十个，长半里余；每窟内有造像十余至七八十不等。以后我们出发工作时，将住在龙门，一连做六七天的工作，再回城整理材料，略事休息。这样循环不已的工作，大概要做到旧历年底。此外再加公事来往，函牍往返，实在够头痛了。只因会中经费有限，不能请邦干来帮干，但滕固答应慢慢替邦干想法子。你们近来情形如何？这几天一定也是忙得不亦乐乎。过了二十五（周），千万写封长信来。张弦的画款须得早早收集。我家梅馥近况若何？望你们多

多照顾她才好。匆匆暂止于此。顺问

各位起居，并颂

纳福

弟怒安手启

（一九三六年）十一月二十一日

来信寄河南洛阳图书馆街中央古物保管委员会驻洛办公处。洛阳城名气太大，实际太寒酸，还远比不上杭州的一只角。

抗：

洛阳这地方真是徒负虚名。我这一次的来，大半可说上了滕固的当。要是早知这么繁重的工作和不大安全的环境，我一定不会无条件的答应下来。龙门那边是土匪出没之区，虽有保安队二小队驻防，也得时刻小心。别的犹可（仿白玉霜句：还只犹可），要时刻小心却叫我难受了。因为我素性随便，不会掩掩藏藏，加上那边的土匪并非怎样的大股，只是普通的老百姓，觑个机会上板（沪音），这可就防不胜防了。此刻木已成舟，只有硬硬头皮前往，要是被他们绑去，也可向他们探听多少民间的真情实况。还有一层，古物会那般委员，早不派晚不派，偏拣这寒冬叫我们来，这又是非常难受的。衣服穿得少固然怕冷，穿得多又不便上山下山的工作。我在上海做衣服时，竭力不要好的料子，但到此之后，才知即穿布罩袍也有肉票资格；且尘灰飞扬，头上身上脚上无处不受包围，无论什么衣服都觉得白白糟蹋，我真不知穿什么衣服才好。这几晚月光分外的好，寒月照古城，别有一番情调。想起这洛阳，从周代到汉晋南北朝，都是争战之场，也是广厦千间、宫殿万重的名都，而今铜驼荆棘，唯土墙败垣纵横目前而已，哪还有丝毫古都的痕迹，如罗马那样？中州夜月就显得在凭吊荒城一般，千里征人对之更引起无限乡思。几晚乱梦颠倒，无非是你们这些朋友和中风、白板对碰之类。十八九岁时，浪漫底克的热情和幽思，重又在心中萌芽起来；一个人不离别，就不知道友谊的真价，我想这种情况并非一定是我吃不惯苦的现象，只要是有情人处此境地，便无论如何也免不了的。异地风光即是明晃晃的太阳，也没有笑脸的，何况加上冷酷尖利的风沙呢？北方人的愚鲁迟蠢，大概也是天地逼成的。我们的厨子很会揩油，做菜也恶劣了。唉，恁是如何饭桶，在银钱上面总笨不到什么地方去的。昨天画伯来信说，你和他将来洛阳写生。我想你决无此傻劲，在此大冷天背了画箱来吃风沙的吧？画伯是在象牙之塔的炉火旁边，说写意话而已，是耶？否耶？愿有以教。我昨夜梦见邦干、瑶章二人仿佛已经结合了，大概他们的喜讯已经不远，所以故人梦里已有先兆，请你告诉他们，预贺他们。梅馥来信说，二十五日为薰栞葬母之期，这几天他大概会到上海来一次吧！见面时望告诉他，我已有信到北平去。你们近来玩些什么？张弦画款收数如何？我处存款可早早提出，另行存放银行，也好让我卸卸责任。河南本地戏，已去观光过一次，土话很多，不大能懂，据说是粗俗得不堪入耳，大概"入什么"的话一定极多；唱词也不好听，不论男角女角，都尖着喉咙小声小气的嚷，初听尤觉刺耳；场子也简陋可怜，如乡下临时的台子，池子中间搭了一个大天棚，如是而已,真正大失所望。此外也有几家京戏的戏院,电影根本没有影儿,而且各种戏院晚上十点半就终场,也是乏味。你想看戏只到十点半,算得看戏么?这不过像听了一次演讲。我们明天下午得上龙门去住,在那里还要吃比洛阳更苦的苦。每五六日回城一次,那才是入地狱呢(说好听些是真正的"深入民间")!现在只想把摄影测绘诸事快快赶完,将来整理时,可在洛阳坐在炉火旁边工作了。我今天去买了一支派克真空管的笔,价二十四元,这是我久想买而舍不得买的,现在有了差使,似乎可以略略奢侈一点。这封信就是初次试笔,成绩如何,有目共赏,不必多说。照我在沪所见,价钱并不比上海贵,笔尖也没有从前非真空的那么硬,而且举起往亮处一照,就可看出墨水的贮量,这在我的乐趣也不下于阿聪的自玩自乐,哈哈!不要懒,多多写信来!还望多多拜上邦干他俩,转达我千里故人的情意。

人浩兄前也请致意(勿忘!)

弟 怒安

(一九三六年)十一月二十七日试笔

抗兄:

好容易得读长函,欣慰可以想见。十大事项准可作长期静默的理由,愚夫妇一致通过。人口多,家属繁盛,一方面给你许多乐趣,同时亦增加不少琐碎事儿,占去你作画读书的时间,难怪和朋友通信的机会也难得了。所说第二项肩膀僵硬,可惜你远在南洋,否则国内有"筋骨推拿"的名手,我亲自试过,也介绍不少友人试过,对你的病痛必能奏效。其他种种颇有电影中惊险镜头意味,幸而吉人天相,一切化险为夷,仅仅使老兄虚惊了几回。尊处信件检查机构专门与大陆寄去的图书为难,着实可恼。汉砖画像拓片极不易得,失去可惜。所奇怪的是连港九的图书也被检查掉(托家和寄的另有巴尔扎克二种,服尔德二种,梅里美一种,杜哈曼一种)。我已想过,今后图书一律寄澳洲由令郎转,想尊处当局对澳洲进口的出版物定可放心,免予没收吧?好在令郎毕业离澳后,还有加特在。五九年接寄赠画册,不作复另有特殊原因,可置勿论。去年秋天接美术会年刊及峇里画集,内附大作星马艺术及纪念宾翁各篇,以前信中未提,乃是老昏之故。今特检出宾老一文先行附还(即在此信内),其他各篇倘须收回保存,并盼来示。太格写论文所需材料(不过已嫌太晚,对本来生疏的题材,最好在动笔一年前就收齐资料),今天下午即去寻访。解放后美术图书新出甚多,但大半系考古发掘报告,及各地建筑或雕塑(如龙门、云冈等)图片。有系统论列吾国古建筑风格及美学观点者尚未见专著,因这方面也还没人做过彻底研究。鄙意英法德(令郎想亦读第二三外国语)文中倒有专书论及,日文材料也远比汉文的为多。可是无论如何,当尽量选择一部分空邮寄澳。万一其中有不能直接作为写作材料,而只可作参考,以致多费金钱者(因此类图书特别昂贵),尚望原谅。鄙意太格生平未见国内庙堂、园林、私宅建筑,多看一些图片也是有帮助的。我心目中已拟定几种,如《北京古建筑》、《颐和园》等等。但插图印刷技术不高,不特色彩未免失真,且套版不准确,常予人以浮动模糊之感,如摄影所谓不 sharp［清晰，鲜明］。此则限于目前水平，无可如何。去冬十一月曾往苏州小住五天，有少数较好的园林照片，等朋友（冲洗放大专家）有空时，拟托其放大若干寄上，将来太格或者亦有用处。

聪儿承兄等热诚照拂，青眼备加，感何可言！此次在美，到处皆蒙侨胞招待，令人想到中华民族的爱国及热情豪放之精神，为之骄傲。人浩兄来书已拜读，惠赐之物亦已拜领，烦先代道谢。人浩夫人司机开慢车，也是安全第一的实践，小媳在伦敦亦为聪儿当 chauffeuse ［女司机］，速度如何不得而知。

说到健康，弟自去秋起略有起色，译事仍恢复八小时（或以上），唯腰部关节炎不时捣乱，而目力衰退尤以为苦。倘工作较多，即泪如雨下（不夸张），呵欠连连，大概从前鸦片烟鬼发瘾就是这副形景。我们近半年来吃东西比较的与过去水平接近，故身心还能支持；但一般仍极艰苦，看看大众，已觉自己享受过分。工作进度慢如蜗牛，才力本来有限，越来越眼高手低，改来改去，自己总是通不过，这方面的苦闷竟是与日俱增。

解放后，政府在甘肃敦煌设立了"敦煌文物研究所"，由常书鸿负责，有一大批画家长年住在那儿临摹。一九五四年曾在沪开过敦煌壁画展览会。最近（自阴历元旦起，为期一月）又在上海展出大批临画，规模之大为历来任何画展所未有。我认为中国绘画史过去只以宫廷及士大夫作品为对象，实在只谈了中国绘画的一半，漏掉了另外一半。从公元四世纪至十一二世纪的七八百年间，不知有多少无名艺术家给我们留下了色彩新鲜、构图大胆的作品！最合乎我们现代人口味的，尤其是早期的东西，北魏的壁画放到巴黎去，活像野兽派前后的产品。棕色与黑色为主的画面,宝蓝与黑色为主的画面,你想象一下也能知道是何等的感觉。虽有稚拙的地方,技术不够而显得拙劣的地方,却绝非西洋文艺复兴前期如契马布埃、乔托那种,而是稚拙中非常活泼;同样的宗教气息(佛教题材),却没有那种禁欲味儿,也就没有那种陈腐的"霉宿"(我杜撰此词,不知可解否)味儿。那些壁画到隋、到中唐盛唐而完全成熟,以后就往颓废的路上去了,偏于烦碎、拘谨、工整,没有蓬蓬勃勃的生气了。到了宋元简直不值一看。关于敦煌艺术的感想,很多很多,一则没时间,二则自己思想也没好好整理过,只能大致报道一个印象而已。

(一九六二年)二月二十八日午

抗兄:

已经记不起有几个月还是成年不通信了,彼此都忙。我精力愈衰,日课之余,不能再看别的书,做别的事,友朋之间笔札往还也就不能不减少。此信也还不能畅谈一切,今天腰背酸痛特甚,只是要问你:我译的书托聪转寄星岛,是否不致在进口时被没收?前年由家和在港寄的一大包,全部"泡汤"(还记得这句上海话吗?),而目前买书又极不易,不敢贸然尝试。十二月底曾有拙译巴尔扎克《搅水女人》寄伦敦,嘱转尊处。今日接聪儿信,说已收到,当由弥拉代办不误。丹纳的《艺术哲学》经四年之久,终算在千呼万唤之下出书了(可是封面像乡姑,俗不可耐,与原设计大相径庭,殊出意外)。回想三十四五年前同居巴黎时,译过第一编第一章——当然是很糟的译文——今全书印出,送你一阅特别有意思。贤郎是否去欧?由他转是否比由聪转更妥,或两者都可,速盼回音。聪月初去北美巡回演出,四月初返英。弥拉仍留伦敦,因旅费浩大,犯不上也。今岁国内冬寒特甚,生了煤饼炉(所谓罗宋火炉),室内仅48至52度(摄氏 8至11度),我手抱热水袋,脚下稻草垫,上铺皮毯,再加汤婆子,方能执笔,不过此种排场已有四五年,非今年特有。且较之世界各处大风雪,我们大陆已算侥幸得很了。巴尔扎克小说收到与否?务望来示。匆匆即候

双绥　合府均吉　并候

人浩兄伉俪纳福

怒安　梅馥同叩
一九六三年二月十四夜

太格借的《中国建筑史》倘已用毕,乞掷还为感。因系绝版书,不易得也。

致黄宾虹[*]

宾虹老先生道席：

八年前在海粟家曾接謦欬，每以未得畅领教益为憾。犹忆大作峨嵋写生十余横幅陈列美专，印象历历，至今未尝去怀。此岁常在舍戚默飞处，获悉先生论画高见，尤为心折，不独吾国古法赖以复光，即西洋近代画理亦可互相参证，不爽毫厘，所恨举世滔滔，乏人理会，更遑论见诸实行矣。晚于艺术教育一端虽属门外，间亦略有管见，皆以不合时尚，到处扞格。十年前在上海美专，三年前在昆明艺专，均毫无建树，废然而返。迩来蛰居沪滨，除埋首于中西故纸堆外，唯以绘画音乐之欣赏为消遣。此次寄赐法绘，蕴藉浑厚，直追宋人，而用笔设色仍具独特面目，拜领之余，珍如拱璧矣。

本月初托荣宝斋拨京之款，未稔刻已赍呈左右否？戋戋之数，权当纸墨耳，何敢云润，寒士力薄，言之滋愧，蒙允再赐册页，尤当泥首。稍缓拟再倩人汇款到京，恳就大作旧稿中（写生纪游更妙）再检赐一二，俾便合并供养；不情之请，长者得无目

---

* 黄宾虹（1865—1955），著名画家，名质，字朴存，别署予向、虹庐，中年更号宾虹。祖籍安徽歙县，生于浙江金华。

为不知餍足乎？先此申谢。敬候

道安

晚 傅雷怒庵拜肃

（一九四三年）五月二十五日

宾虹老先生有道：

月来疏于具问，惶恐惶恐，唯拳拳瞻仰之私，未尝一日去怀。近维暑中挥洒，益以起居餐卫为念。昨于默飞处获睹尊制画展出品十余件，摩挲竟日不忍释，名山宝藏固匪旦夕所能窥其奥蕴。此次公开饷世，后学有所凭式，同道知所感奋，额手称庆者，定必大有人在。首批画件已为^{下走}等二三熟人预定半数以上，爱之深故愈恐失之交臂也。前赐青城小景十二帧，用青灰绫裱成四长屏，清幽淡雅，愈见吾公隐逸之致，私衷欣喜，匪言可喻也。耑肃，敬候

道绥

后学 傅雷拜上

（一九四三年）八月二十日

宾虹老先生道席：

前上寸缄，从默飞处获悉已尘左右。新制六幛亦谨拜观，钦佩欣忭，莫可名状。大抵敝处友好又将预定一部，^晚自恨能力有限，

否则定必尽举以为枕中之秘。唯艺术珍品当为天下公器，个人独占自私太过，言念及兹，又自悔恧矣。请柬最好在先生七秩纪游画册列名诸公中去函征求，庶资望交谊均可相副。承嘱列入贱名，感愧交并，唯人微言轻，不敢僭附大雅。画会杂务，定当唯力是视，悉心以赴，行其实而不居其名，素志如斯，尚乞鉴谅。会期前^{鄙意}颇思联合默飞夫妇担任摄影，择尤精者一二十幅，先行摄拍留存，待事平日刊印画册，庶流传益广，影响更远。唯照相材料日少，摄影人材不易觅得，不识果能如愿否耳。会场布置^{愚见}素主宁疏毋密，一般画会所悬作品，鳞次栉比，宛若衣肆，恶俗甚矣。定价一道，数度与柱常等磋商，未敢擅专。海上诸公类多以金额定身价，固属可鄙，唯若尊作标价过低，亦不免为画商大批囊括。事出两难，已另由默飞专函请示矣。尚肃，敬候

道绥不一

^晚傅雷拜上

（一九四三年）八月三十一日

宾虹老先生座右：

　　昨夜拜发一书，今晨即获读尊翰及前刻画集样张。此次预定诸君皆企慕已久之人，纯出自动，绝非^愚等宣扬之力，且艺林珍品得为同人分别庋藏，嘉惠厚赐，方感谢不遑，乃先生一再谦抑，^{下走}等愈增惶愧矣。发扬绝艺，振聋发聩，非独义不容辞，抑且感奋乐为，以后万勿言谢为幸。前悉尊著三四种亟待付梓，或重版，未识

画展售款所得，是否有意移充此用？唯纸张印工奇昂，即以十万元为准，恐亦不能刊印二三部以上（姑以每部印百册论），此事已与柱常讨论及之，容暇再与相熟印刷铺一洽，或可供先生参考。若果成本过高，鄙见不如先择研究著作发刊，比较轻而易举。盖目下物力人材，于印画一道甚少把握也（昨书言及目前摄影留待他日印行，即系此意）；即在平时晚亦嫌吾国印刷术粗劣，不足表先生笔墨于万一。曩见海粟（此公与之不相往来已近十载）在德所印中国现代名画集中，吾公杰构精审异常，允为合作突过国内一切珂罗版成绩。窃不自量，欲于战后重游西土，乘便在彼邦为吾公（一）办一画展，（二）印一画册集。公一生精品至少七八十件，冠以长序及研究文字，俾世界艺坛亦可受一大冲动。阳春白雪，当于海外求知，言之可慨。白恨物力智力两俱有限，未来时局又难逆料，不知果能实现否耳。不过无论如何，将来先生大著务必促其与世人相见，同人等定将全力以赴，问题在于时间早晚而已。七秩纪游画册早已拜读全部，尝以木刻只能表现用笔及章法，而未能包罗墨彩及神韵为憾。倘欲再版，以目前情势论，似可稍缓。愚直之见不知高明以为如何？即言画会平时愚对于出品件数、陈列方式、会场布置、光线配合、刊印目录、定价高下等等，亦颇有改革意见，惜一般环境及鉴赏程度均谈不到耳。此次会前拟约海上某杂志划出十数页，出一特辑，由柱常夫妇合撰先生小传，甚盼有吾公自撰简明年谱列入。晚七年来蛰伏蜗居，搁笔已久，倘明公不以痴人说梦为慊，亦愿破戒为尊画略作说明。画会形式及文字宣传，愚意力主朴实，以天真淡泊之艺术家本色，一洗时下买空卖空之恶习，故将来为画展所作文字，拟侧重于研究方面，不知尊意以为然否？夏初曾闻大驾有南归一行讯，画会展幕之日，公能亲临主持否？企慕之私，不独[晚]一人已也。

幸恕烦渎，祗候

道绥

[晚]傅雷拜上

（一九四三年）九月一日

吾公行书尺半至二尺许之小琴条，颇思悬之书斋，以作纪念。

宾虹老先生座右：

　　昨今两日分访王秋湄、童心安、姚石子、吴仲坰诸公，商谈画会进行事，对于定价一节，亟主由吾公亲自酌定，即速示下。吴君约于下星期日偕秦曼老至敝寓，先行观览作品，王秋老亦有此意，渠且力主筹印画集，[晚]以实力不充，已面恳秋老主持。邓秋老地址系静安寺张家花园福如里六号，尊开地址误为一千余号，致前挂号信遭退回，昨已照新址补去，俟有复信，当再趋谒。其余诸公对于写文一层，均表谦谢，窃按邓老与公交垂三十余年，写作材料较多，谅必不致推辞也。又吴仲坰先生，有意于会前先约友好至敝寓预定尊绘一部，故定价一层亟盼明示。海上诸先辈均切望大驾南游，[晚]等为办事便利起见，尤深翘企。今夏陈隽甫君携来大作篆联，裱后墨迹渗出甚多，据裱工云，系墨汁所书，无法可想，不知确否？此次寄沪字联，因之不敢托裱，幸尊画除一二原有色彩污渍者外，尚无此病发见。又纵览此次全部作风，如今春向"荣宝"购得之《白云山苍苍》一类笔法，竟未得见，甚以为憾。鄙见拟恳吾公有兴时，再写四五幅较为细笔之山水，以见先生笔墨之另一面目，庶学者获窥全豹，亦盛事也。未稔尊意以为何如？再十月三日所寄廿件中，有以贾岛黄山温泉诗作题之一幅，设色纯用排比，与西欧印象派作法极肖，此诚为国画辟一新境界，愚意吾公能再用此法，试作一二帧尤妙。以上所云，纯本研究立场，非敢以个人好恶妄生是非，愚直之处，千万鉴谅为幸。昨寄呈拙著《中国画论之美学检讨》一文，第二三段有许多问题，均俟大雅指正，发抒高见。时下作家对于拟古摹古形且不似，无论看山写生创作矣。且鄙见绘画鹄的当不止于撷取古贤精华，更须为后来开路，方能使艺事日新，生命无穷。拙著第三段所言色彩开拓一节，吾公已有极好实验（如贾岛黄山温泉诗一幅所示），正是创新表现。且尊作于笔墨一端，尤有突过前贤之处，即或大雅于拙著所言理论上不以为然，实际工作确已昭示此等簇新途径。然否？务乞明教为幸。耑肃，敬候

道绥

后学 傅雷拜上
（一九四三年）十月十三日

再，函中所询各点，如定价及南行等等，均盼即示。北方有人加入发起否？亦亟须列成总名单，以便付印。裘君所拟请柬稿，闻渠未曾留底，乞仍掷还为感。又叩。

宾虹老先生座右：

顷奉手教，并大作三帧。连日梅雨倾盆三昼夜不止，而尊件递到时，居然毫无损害，可见天地间瑰宝，冥冥中自有神灵呵护也。《拟古》一作，柔和苍润，尤得元人神髓。另幅有长题论唐宋人染云烟者，笔飞墨舞，生气溢于纸外，想见吾公精神劲爽，元气淋漓，非特为敝友得获至宝庆贺，亦且为先生道履矍铄，寿登大耄而私心窃喜。海上自前岁画会后，知公者益众，每转辗属求，敝辄以是否真好为标准，以定承诺，若冒名风雅、徒拥多金之辈，往往拒之，窃以为先生之艺之道殊不值为此侪浪费也。敝处往来宾客类有灼见，故朋侪浼求，不忍坚拒，唯屡屡干渎。深恐过劳清神，且所赐诸作皆传世之宝，深恨无以图报耳。海上月来米价飞腾，曾达每石百万高峰，可畏可畏！友人前得北平家报，谓华北迩来日用品跌价至一半者甚多，闻之不胜羡羡。南北汇兑官家计者，必须由中央银行审察核准，故敝处第二次拟汇之叁仟元，迄今未能寄出，若以黑市计，则每联币合中钞十二元，较官价高出一倍以上，大致最近期内，除第二批之叁仟联币外，尚有万元汇奉。上月十七日汇出之叁仟元谅以收到，便恳示知。前晤陈陶老①，问及吾公近状，并嘱代为致意。渠对于当年《国粹学报》犹津津乐道，似不胜缅怀。前函所云北京董立言在申开会，结果亏折，定价过昂，实为主因也。耑此布复，并代敝友郑重道谢，伏维垂察，并候

---

① 陈陶老，系陈陶遗。

道绥不一

_{后学}傅雷拜上

（一九四四年）六月十九日

春草兄自刻印谱，闻将寄呈法政，并请赐序云云。

宾虹老先生座右：

　　十三日曾上一缄，缕陈琐屑，附扇面二笺，计当先达。绘扇一事，素知非吾公所乐为，故熟人时时相委，均代谢去；此次以一二知友力请，爰为代求，且_{后学}仰慕先生高艺非言可尽，常以未得绘扇为恨，故亦乘便附求，唐突干渎，幸乞恕罪，好在事非急急，可待尊笔得暇时为之。倘扇面寄到时，折痕过深，不便挥毫，径乞在京另购，款容补奉，万勿客气为荷。顷在某古画展览会中，见有李流芳二尺小轴山水，笔致明朗爽硬，皴法甚简，用墨略似梅道人，而骨子仿佛源自大痴，题款行楷秀丽可爱，较印刷品所见者较为柔媚，署名上有天启元年字样，当为李氏四十七岁作，距卒年仅隔八载，布局较为平实，繁密不若画册上所见之疏朗稀少，未审李氏早作晚作风格果有繁简之别否？画心已极陈旧破碎，补缀处历历可辨，故全画神韵未能饱满，以其价廉（仅申币千五百元），故不问真赝购归。另纸录奉题诗，备大雅参考耳。又吴湖帆君近方率其门人一二十辈大开画会，作品类多，甜熟趋时，上焉者整齐精工，模仿形似，下焉者五色杂陈，难免恶俗矣。如此教授为生徒鬻画，计

固良得，但去艺术则远矣。草草，幸恕拉杂。敬候
暑祺不一

^{后学}傅雷拜启

（一九四四年）七月十六日

宾虹老先生座右：

　　本月十日翰教并画屏四条、篆联一副均收。迩来时局险恶，物价飞腾，居住自由亦且不保，种种黑暗尤甚于敌伪盘踞之时，我辈即与世无忤，与人无争，亦有难以立足之感，怆痛恓惶之情，难以言宣。此次尊绘四帧，拟由敝处珍藏，下月初当筹措数万元汇奉，前存尾数亦可一并寄京。月之二十日有友人去美，特托其带去尊存画中二小条，并由^晚用西文撰一吾公简传，以资介绍，未卜能有若干成就否？月初荣宝画会由敝处送去六帧，皆未获售，知音罕觏，于此益信。大作简笔者极精，与近代欧人理论风尚尤不谋而合，足征艺术一道固不分疆域种族也。耑此布复，祗候
道绥

^{后学}傅雷拜启

（一九四五年十一月下旬*）

　　柱常任职报社，已足赡家。默飞近执教某女中学，整日在校仅

---

*　原信未写明日期，根据内容，推断为十一月下旬。

得六七万元，而绘事久荒，殊不值得。渠为吾公入门弟子，惜立志不坚，不能终始为憾耳。又及。

宾虹老先生座右：

顷奉教言并阳朔山水册十二页、小屏二帧、跋二纸，拜收无误。山水册遵命敬领，笔法墨法变化万千，又兼佳纸相得益彰。敝藏从此又添一宝，私心喜悦何如！尊论士人作品最好不鬻，诚为千古名言，唯生活迫人，即元代高士亦难免以之易米耳。敝处历来传播法制，均以不落俗手为原则，且寒斋往来亦无俗客，而多寒士，大抵总不至使吾公有明珠暗投之叹，可以告慰耳。兹随函附上白纸八方，系敝友严君重托代求山水小册，润资八千元，且已送下，谨附此次汇款内一并汇京。至尊款全数汇划手续，因今日时间已晚，准托友明晨办理。汇水若干即在总数内除扣，确数容明日探明续报。另附清单一页，至希台核为幸。岗此道谢，袛候
道绥

^{后学}傅雷拜启

三十四年十二月二十七日

宾虹老先生道席：

前奉教言并大作文字山水，稽复为歉。尊处为房主所迫，令人

恨恨。未悉近已解决否？^晚今夏肺部略有黑点，每日有低温度，遵医嘱休息数月，致各方故旧久疏音信。逮病体少痊，又为老友庞薰琹兄筹备画会，近始结束。迩来沪上展览会甚盛，白石老人及溥心畬二氏未有成就，出品大多草率。大千画会售款得一亿余，亦上海多金而附庸风雅之辈盲捧。鄙见于大千素不钦佩，观其所临敦煌古迹，多以外形为重，至唐人精神全未梦见，而竟标价至五百万元（一幅之价），仿佛巨额定价即可抬高艺术品本身价值者，江湖习气可慨可憎。尊存敝处画件，近为售去一小帧，得价五万元。又敝邻陈君嘱代求山水册一部，二三尺小屏若干幅，均设色单款，已送来支票一纸，计五十万元。俟托人兑现后，当于三日内托中央银行许君汇上。款到之日，尚乞赐复。陈君所求画幅件数不拘，悉听先生兴到为之可耳，耑此拜恳。袛候

冬绥

^晚傅雷拜上

（一九四六年）十一月二十九日

陈君求画款五十万，又代售去旧存小幅五万元，共五十五万元，下周汇出。

宾虹老先生道席：

前以曹书农君北返之便，托其带上历年积存敝寓画件，谅早奉呈左右。此乃端为作一交代，别无他意。吾公以后倘有画件寄下，

仍极欢迎，并将继续代为流布。最近郭有守君在法国巴黎来信，托庞薰琹兄代定国内名家佳作，以便秋间携往国外展览，宣扬中土绝艺。鄙意吾公若有零简寸片，不论大幅、便面，均希择尤得意之笔赐寄若干，以便转交郭君。窃以为当今艺坛，公为祭酒，非大作不足以代表吾华古艺精髓。^晚举家于六月杪乘轮经浔，上匡庐，与庞兄合赁一屋于密林山坳间，拟小住三月，暂抛世事。山上气候凉爽如初秋，日夜唯泉声潺潺相伴。际兹乱世，亦可谓世外桃源矣。按匡庐为吾公旧游地，满山胜迹，早为妙笔长留画面，言念及此，曷胜神往。赐书赐画，均希径寄"牯岭中路一五三号"。沪浔间航空每周三班，信件往返，甚速且妥。匆此，敬候明教。即颂

道绥不一

^晚傅雷拜叩
（一九四八年）七月五日

宾虹老先生道席：

前岁去昆明逗留七阅月即谋归计，绕道香岛，阻于海运者五月余，方于去腊乘船取道津沽南返，浪迹年余，徒耗旅资而已。蛰伏沪渎忽忽又已半载，苟全生命，乏善足陈，方今诸子百家皆遭罢黜，笔墨生涯更易致祸，懍懍危悚，不知何以自处。吾公起居何似，目力得无稍感疲乏，艺专课务照常否？风便尚盼赐我教言，以

慰长想,匆此不尽。祗候

暑祺　　并颂

阖府均吉

^晚怒庵

（一九五〇年）六月二十七日

敝寓改居江苏路284弄5号。

宾虹老先生道席：

二十日参加开幕式后，二十一日下午即以感冒发微热，连日不断，未能外出，而先生日间每多开会，晚间则以感冒避寒，遂致不克造寓拜谒。昨夜今晨，两度电话锦江饭店，方悉大驾业已返杭。^晚未尽地主之谊，深以为憾，即先生所携其他制作，亦未获拜观，辜负盛情，尤感歉疚，特即驰书告罪，尚乞见谅为幸。耑此敬候

道绥

夫人前并乞致意

^晚傅雷拜上

（一九五四年）九月二十六日

宾虹老先生道席：

在杭叨扰多日，深恐过于劳顿；夫人殷勤相款，亦以精神亏损

为虑。携沪画件,承慨允割爱,尤见盛情。兹将题款另纸录奉,尚盼摘示价款,俾便将不足之数即日汇杭。叨蒙厚爱,万勿客气是幸。特此布谢。敬候
道履清吉

^晚怒庵拜上
内人同叩
(一九五四年)十一月十三日

欲转钱君匋画幅,可请寄下,必当妥交不误。仇英人物署款疑有问题,将来是否可请装池者抹去,便乞见告为幸。又叩。

致宋若婴*

黄太太：

久未通函，因去冬不慎失足，伤腿卧床旬余，前日得郑轶甫君电话，悉宾翁胃病甚剧，闻之殊深焦虑，又以工作繁忙，未能到杭省视，益为怅怅。近日医院治疗经过如何，杭州主治医生曾提及需要到沪用镭锭医治否？倘蒙将近情见告，以释远念，尤为盼切。随函附奉汇票一纸，计贰拾圆，聊表微意，尚乞哂收，并请代向宾翁多多致意，耑肃，敬候

春绥

怒庵拜上
内子同叩
（一九五五年）三月二十四日

黄太太：

二十四日方寄上寸缄及汇票一纸，昨晚忽接美协电话，惊悉宾

---

* 宋若婴，黄宾虹夫人。

老先生竟告不治；哀恸之余，竟夕不能成寐。去年十一月到杭小叙，竟成永诀，实非始料所及。尝以为宾老先生精神矍铄，老当益壮，必可寿享百龄，继续为吾国画坛增光。孰知染此沉疴，遽归道山，非但在个人失一敬爱之师友，在吾国艺术界尤为重大损失。雷去腊健康不佳，兼以失足受伤，与宾老通信极少。闻此次病中尚道及贱名，尤深怅触。而雷得讯甚迟，未能亲来问疾，近日又以杂务羁身，不克来杭瞻仰遗容，更觉罪戾。除另托唐云先生面致奠敬外，特再驰书慰唁。夫人以后住址倘有变更，务请通知。暮春时节，或能抽暇到杭趋谒。宾老前后病况如何，临终有无遗言，均深念念，倘蒙转恳令婿赵先生函知详情，尤为感幸。临书不胜哀痛之至。匆匆，敬候礼安

傅雷怒庵拜上
内子同叩
（一九五五年）三月二十六日

关于宾老遗作及收藏处置事宜，夫人倘有意见，需要由雷向美协商谈者，当可与赖少其先生磋商。又及。

致朱介凡*

介凡先生：

手书稽延未复为歉，《克利斯朵夫》一书原系作者数十年生活经验及苦思冥想之结晶，故欲深刻了解亦莫如从现实生活下手；其次则博览群书，多作内心检讨。所谓博览包含自广，势难历举书目，鄙言可以史地为经，哲学为纬，再旁及各国文艺钜制，能读西文原作总比译本为佳。读书犹如行路，多行一日，即多行若干里，即多见若干事物；日积月累复一年，自有领悟。所苦者，生也有涯，知也无涯，各方些微会意，即已耄耳。承下问，愧无切实答案，幸如笼统，匆复袛候公绥不一

傅雷　拜启
上海重庆南路一六九弄四号
一九四七年十月二十九日

---

* 原载一九八八年一月三日台北《中国时报》之"联合副刊"，后由《读书》转载于一九八八年第四期。标点为编者所加。

附识　朱介凡

　　少小泛读中外小说，每废寝忘食。二十岁后，阅读范围既广，小说书只及阅读量的五分之一，视为软性读物，朝读时绝不触及，且极能节制读书生活，勿使狂热飘飚。民国三十六年春，初读傅雷译《约翰·克利斯朵夫》四厚册之一，竟至爱不释手，为十年读书生活所罕有。米珠薪桂的南京，不惜换去七斗米的代价，买得此书第四版的本子。这些年来，屡屡一读再读。其时，美国小说《飘》，也十分风行，比此书易读，书价只及四分之一。乃深深感怀，欣然评断：中国读书界好坚实啦。请教傅雷如何读此书，而得这封文不加点的复信。

致巴金*

巴金先生：

兹另邮挂号寄上杨必译《剥削世家》，约共四万余字。除锺书夫妇代为校阅外，弟亦通篇浏览一过，略为改动数字，并已征求译者本人同意。该书内容与杨绛所译《小癞子》异曲同工，鄙见将来不妨将该书重版与本书初版同时发行。又译者希望能早出，因与其本人将来出处有关（详情容面陈）。好在字数不多，轻而易举，可否请采臣兄一查平明本年春间出版计划是否可能早出。

又倘 尊意认为《剥削世家》译文标准够得上列入"文学译林"，则排版格式可与巴尔扎克各书一律。红笔批注均出弟笔，冒昧处乞 鉴谅为幸。

正文"小引"请 先生细阅一过，若有问题，务请见示，以便修改。匆此祗候

俪绥不一

弟傅雷拜启
（一九五三年）一月二十一日夜

---

* 巴金（1904—2005），原名李尧棠，字芾甘，祖籍浙江嘉兴，生于四川成都。现代文学家、翻译家、出版家。

致杰维茨基*

敬爱的大师：

　　一九五四年十二月九日大函奉悉，稽复为歉。小儿言及其于波兰之成就，实为先生督导之功也。聪甚谓溢美之词与过誉之言，对缺乏自知者可为大累，然其自言"幸而颇有自知之明"。再者，吾对聪自幼即不断教导，谕其以艺术而言，谦逊尤胜天分也。吾教育之原则，素来主张先为人，次为艺术家，再为音乐家。

　　先生曾言聪对感情之表达尚欠深沉朴实，不知其于此有否改进？聪性情过激，年纪太轻，尚未能领略古典之美也。

　　聪工作太忙，又不谙实务，故恳请惠寄萧邦音乐比赛评判员名单一份，及其他有关比赛文件，不论英、法文均可。不情之请，尚祈见谅。

　　承蒙　先生对小儿诸多照拂，不胜感激。

　　耑此　敬候

道绥

傅雷
一九五五年一月三十一日

---

　　* 杰维茨基（Z.Drzewiecki, 1890—1971），波兰钢琴家、教育家，是傅聪留学波兰时的钢琴老师。傅雷致杰维茨基之原函均系法文，现由金圣华教授译出。

亲爱的大师：

大函奉悉，承蒙致候，不胜感激。先生有关聪学习之高论及其性情之卓见，余实深有同感。聪年方十四，余即已发现其感情与理智之发展，极不均衡，以其太重感情，太易激动也。虽曾竭尽心力以图改正，然成效不著。至于有关节奏夸张一事，可说已屡见不鲜。聪加深及扩大对古典大师之学习，俾使演出项目安排得当，精神状态恢复均衡，此其时也，因而即使须为一九五六年举行之舒曼比赛作参赛准备，亦不得怠慢古典乐曲之进修。

惜乎自萧邦比赛以来，聪已略有忘乎所以之态，盖自一月十六日后，尚未致函家中一言半语，此事岂非异乎寻常[①]？目前既不知其置身何处，亦不知其自三月二十日后曾做何事，更不知其对未来有何打算。对待父母尚且如此不近情理，对诲其成材之波兰恩师是否亦不知感恩，此余所深恐者也。

谅聪并不自知于留波学习初阶[②]，其于改善技巧方面已臻极限，许或仍存幻想，以为追随其他学派当进步更大。此念荒谬之极，余将严责之。此种野心何等可笑！何等狂妄！何等幼稚！愚见唯愿聪追随先生左右，亲聆教诲三四年，盖窃以为其于先生门下，当较别处更能吸纳西方精神气息，亦确信波兰一向保存最佳之古典传统也。

余对聪自幼之培植，请容约略奉告。聪一向脾气"急躁"，此其一也；吾国对音乐素来贫乏无知，此其二也。若余不曾坚拒其幻想，

[①] 傅聪于一九五五年萧邦国际钢琴比赛得奖后，曾写一长信返家，惜遭邮局遗失，此处所指，即其父傅雷未悉失信之前的反应。

[②] 此处原文手稿模糊不清，按上下文揣摩为"留波学习初阶"之意。——译者注

甚或未尝时悖友侪之见解，聪恐早已误入歧途，断不会有今日。聪于一九五四年七月赴波之前，余已惶虑不安，唯恐其愚昧生事，更恐其处身异国易于自纵。如今事实证明，当初之忧惧并非无由也。

亲爱的大师，若先生认为聪尚年轻，仍有艺术前途，则恳乞予以忠告良言；而其言行举止，或有不知感恩、冒渎尊驾之处，尤望鉴谅为幸。

埃娃·华哥维茨夫人既对聪视如己出，不知能否对其善言相劝，予以指导？为人子女者经常不听父母言而聆友辈语，未悉聪有波兰同窗能予以劝导否？惜乎余无一相识也。若先生与华夫人相稔，不知能否恳其出面？先生对小儿现况既确知实情，当可转告华夫人以便出言规劝。

冗琐小事，诸多烦渎，尚乞恕罪，惜更无其他波兰友人得以驰函求援也。

聪是否已回克拉可夫？是否已重返先生门下聆教？外国事物对其是否已丧失影响？尚祈不吝赐告为盼。

敬致谢意，感不胜言，耑此祗候

道绥

傅雷
一九五五年四月十八日

亲爱的大师：

本月十五日大示拜收，函中道及聪时，言多灼见，尽显慈爱，令人感铭难宣,然并不诧异,皆因小儿一切成就,均为阁下殷殷垂教及悉心照拂之功。聪为先生门生,更为先生精神及艺术之子,故于来函提及先生时,每见仰佩之意,孺慕之情。

有关聪今年八月底参加莫扎特国际钢琴比赛一事,鄙见与尊意不谋而合。顷致函吾国文化部长,将尊函之译本奉告,且不揣冒昧,附以与尊意相符之个人意见。至于参加普通音乐会事宜,先生不顾音乐院之反对实为明智之举。聪除蒙阁下指点之外,得承波兰艺术圈赐予机会,俾出席公开音乐会及钢琴演奏,必能从中得益匪浅。此等演奏自不可占时太多,且亦应与其学习配合为宜。

时恐小儿对理论学习极为不足,约落后三四年,故常促其开始修习和声及其他必修科目。吾确信经一两年有关学习,聪于钢琴之造诣当比往时更深。因而鄙见以为音乐学院于此方面之提议十分明达,并对年轻艺术家大有裨益。倘若聪生于音乐教育较吾国认真、师资较吾国优秀之国,则对乐理早应有所掌握。尤以聪波文阅读能力未逮,恐无法于一年之内遍习此等课程,若能延至两年,是否较为审慎踏实?尚乞再予思量,并与贵院院长商洽为幸。

提及"艺术音乐家"等级一事,未审此等级是否为波兰之正式名衔?此名衔于其他欧洲国家尚未得见。有关其性质、要求及社会地位等,亟愿与闻,尚祈不吝赐教为盼。

先生与鄙人对共同关怀之子意见相符,所望相同,即愿其于先生门下聆教,为时越久越佳,实令人欣慰不已。于波兰学习两三载,固然不足以造就音乐大家,然吾国虽于各方面屡创奇迹,唯独于艺术范畴则不然。早撷之花,难以盛放于瘠土。倘欲使聪尽量留学门下,则阁下尚须请贵国文化部征求吾国政府同意。不知尊见以为贵音乐学院是否一俟聪通过考试,取得"艺术音乐家"资格,即欲将其送回中国?

深知先生事忙,故不敢奢望时奉大函,若能便中赐示数言,告知对聪学习进度或缺点之高见,则不胜铭感之至。

耑此　敬颂

道安

傅雷

一九五六年五月二十四日

常恐聪缺乏工作毅力,不能严遵计划学习,时随己意任改课程,此等迹象,未审先生可曾于聪身上发现?又曾屡次致函告聪,天才若非自制克己,必难发挥。又及。

亲爱的大师:

久疏笺候,然愚夫妇时时念及大师,而小儿来函,亦鲜有未言及先生者。

法国驻华沙大使曾屡次示意欲邀聪前往巴黎演出,而朗夫人曾向先生言及欲邀聪赴法,然不知应向何中国机构征询一事,未悉是否属实?吾国与尚未建交国家之间,凡有关艺术文化交流事宜均由下列机构负责:

北京台基厂九号

中国人民对外文化协会

会长楚图南先生

有关小儿之学习计划，时时悬念，未悉其于理论方面有否进步？不知其有否开始钻研贝多芬，勤习巴赫，尤以其《十二平均律前奏与赋格曲》为然？余深恐其于古典作品之学习不够扎实，因其于波兰留学期间至多两年，于一九五九年夏止，即便如此，尚需向吾国文化部竭力争取。万望聪于先生门下尽量学习。先生若能就此事赐教，则不胜感激，尚祈早日得悉大函为盼。

有关参加莫斯科第六届青年节一事，已致函吾国政府，俾能使聪以钢琴家身份前往苏联参加音乐会，若不然则留波度假可已。

耑肃　祗颂

道绥

傅雷

一九五七年五月二十二日

亲爱的大师：

久疏笺候，疚歉万状，难以自恕。凡友人来函，鲜有逾两月而未复者，此乃平生第一次也。然自一九五七年冬，因患严重神经衰弱而极度失眠，任何冗屑琐事，均无法思考，以致无心失礼，尚乞恕罪为盼。

聪近日来函询及三事，鄙见奉告如下：

（一）诚如阁下所知，吾国与西欧之间尚未建交，故凡涉及文化交流事宜，一贯均由两国民间文化及艺术团体承办，而非经政府办理。比利时交响乐团如有意邀聪演出，可径向北京中国音乐家协会致函邀请。

（二）中国与社会主义国家之间，情况自有所不同。管见以为若无法取得吾国驻贝尔格莱德或索非亚大使馆回音，南斯拉夫及保加利亚政府可试经各自驻北京使馆，径向我国文化部或外交部接洽，则当可即获回音。

（三）窃以为聪今夏回国，于苏联交响乐团访华期间与其合作演出，并无裨益，此举将占去极多宝贵时间。聪前两次回国，于返华沙前曾为身体疲惫及时间损耗而抱怨不已。素知先生于夏季定必休假，然此事无碍于聪之勤奋进修，盖彼自知留波工作远较返国为佳，未知先生可否予以指点，俾能觅一生活程度相宜之波兰城镇，于夏季前往自习？聪于波兰学习时间所剩无几，宜尽量善用之，尚乞先生就此事明示为幸。

除上述三事外，尚有一更形重要之事令吾难释惶虑。聪修习乐理之情况吾所知不详，而彼今夏能否通过音乐学院所设之全部乐理考试，则仍存疑。有关此事聪从未明言。

如今已届三月杪，若为修习乐理聪不得不延期留波，则目前即需向吾国政府申请核批。波兰音乐学院院方若能以正式函件致送吾国驻波兰大使（切记将此信副件经贵国驻北京大使送交吾国文化部），要求延长聪学习期间至一九五九年夏，并列出有关理由，则远较吾人在此向吾国政府申请为佳。因先生及贵音乐学院院方对此事之判断，显然远胜他人也。

爰忆一九五七年九月二十九日曾奉寸缄述及此事，唯因时间紧迫，不得不旧事重提，倘蒙先生就此事与贵院院方商榷，俾能立即采取相应行动则幸甚。

吾公对精神之子殷殷照拂，循循善诱，爱护有加，令人感激不尽。聪于波兰音乐学院能否顺利完成正规学业一事，先生想必深表关怀，垂注之切，当不容置疑也。

尚乞珍摄为幸　敬候

道绥

傅雷
一九五八年三月十八日

先生与贵院院方商洽及裁夺后，尚祈赐示为幸。因此事即便连番敦促，聪亦从未详述。

敬爱的大师：

疏于笺候凡两年之久，缄默之由，万望先生鉴察，并乞恕罪为幸。聪于一九五八年末断然出走，令吾怆痛凄惶，难以言宣。虽则如此，吾国政府对迷途子民始终宽宏包容，因祖国大门不曾关上，亦永不关上。

顷接聪自一九五八年八月后首次来函，内子与吾，既喜且忧。虽则聪非理妄自出走，其于欧洲之成就，自令愚夫妇欣忭不已，然其不断出台演奏导致身心过劳，亦令人惊惧不安也。一季之中，每月平均演奏八九场，确属过多，真乃劳役耳！为人安能如斯生活？

如此做法有损健康，且与自毁艺术生命无异，先生当较吾知之更详。演奏过多则健康遭损，且因躯体过劳，神经紧张，感情损耗而致演出时神采尽丧。不仅聪之演出项目迅即耗尽，世上任何钢琴家，不论如何伟大，亦不能一连六月，每月出台八九次而维持水准不坠，此说然否？

聪太年轻，艺术家脾气过重，未谙世情，尤过分天真，不知如何免受充斥西欧之拜金之徒所骗，亦不解如何抗拒经理人出乎私利之理由。吾曾屡屡谕其注意健康，并减少一半乃至三分之二音乐会之演出，然如此仍嫌不足，尚须采取其他步骤，因而冒昧向先生乞援。先生曾以无穷爱心、无穷精力，培育此株幼苗凡四年之久。吾公宅心仁厚，且艺术地位崇高，威望过人，故请施以援手，以有效措施，敦请英国音乐界有力友人要求小儿之经理人顾念聪之健康，并眷惜年轻钢琴家之精力与前途。但愿经理人先生能予体恤，使聪每月登台不逾三次！

此事悬念心中，故自阅聪函之后，夜难成眠。先生对及门弟子爱护有加，自不容置疑。迄今聪仍极需学习、进修及加强演出项目等，凡此均需时间，而目前巡欧演出，已将其时间消耗殆尽矣！

聪有否不时笺候？因悉彼不仅事忙力绌，且疏于提笔，若久未敬复尊函，请厚责之，然吾确知彼于业师敬爱不渝，绝不至忘恩负义也。

耑此先申谢悃。敬颂

道履清吉

傅雷
一九五九年十月五日

但望小儿之经理人通情达理，切勿如吾国成语所言"杀鸡取卵"则幸甚。又及。

大师吾友：

去岁十一月二十三日手教奉悉，特此申谢，然年来顽疾缠身，岁暮稽复为歉。尚祈先生贵体安康，诸项音乐及教学活动均卓然有成。聪来函言及五月间与先生聚晤比利时，蒙先生对其关怀胜昔，不胜铭感。未稔聪有否弹奏席前，以面正于先生？尊见以为其方向正确否？先生有否聆听其于英国灌录之两张唱片？尊意以为其为萧邦之演绎如何？先生为聪挚爱敬重之业师，必不吝赐教匡正，令其有所裨益也。

敝处愧无礼物相送，唯有手编之聪演奏报道撮要复本一份，由内子打字完稿。此撮要不包括一九六〇至一九六一年有关乐评在内。即一九五九至一九六〇年发表之乐评，手边亦收录不全。有关贝多芬第一协奏曲及舒曼协奏曲，唯有乐评一两则而已。

聪于伦敦之独立态度令吾甚悦：真正之艺术家应弃绝政治或经济之影响与支援。于竞争剧烈之世界中屹立不倒自属困难，然如此得来之成功，岂非更具意义，更有价值？艰辛奋斗及竭诚工作之纯洁成果，始终倍添艳丽，益增甘腴。唯愿聪永不忘祖国（即中国及第二祖国波兰）之荣誉，亦不忘艺术之良知也！

先生料已得知聪即将于日内（十二月十七日）与梅纽因千金共偕连理之消息。梅纽因主动来函，并已屡通信息，函中言及聪时，对其琴艺及人品赞誉有加。

犹忆聪于一九五六年六七月间曾于波兰一公司灌录唱片，惜此唱片公司之名称地址吾概不知，因而尚祈先生于探询之后将随函附笺转寄该公司，并乞致意该公司满足吾一己之私愿。如蒙先生赐告垂询结果（尤请告示公司名称及地址），则不胜感激之至。

敬候

道绥　并颂年禧

傅雷

一九六〇年十二月十四日

大师吾友：

十一月十五日大函拜收，特此申谢。聆闻先生于教学及参加国际音乐界盛事两忙之余，尚能以乐坛前辈身份公开演出，不胜欣忭。六月底奉寄复制画作遭受损毁，本人实难辞其咎，然此处竟无法觅得硬皮纸盒，甚为遗憾，工业制品之匮缺，竟一至于此！嗣后不论何物均以空邮寄上，想必对邮寄之物保护较妥。

经两月半之音讯杳然，顷获聪长函一封报告访美结果，请容撮要奉告。自十一月十日至十二月十三日之间，聪于美国演出凡十八场，而自十二月十五至二十日，于夏威夷（火奴鲁鲁等地）共演出五场。聪自谓乐评家所评之事，彼实无一有所欠缺，此多为品味不同所引起。即如《纽约时报》某位人士，名为哈罗德·舍恩伯格者，此君认为唯有法国人方能弹奏法国音乐，德国人方能弹奏德国音乐云云，因而中国钢琴家又岂能弹奏西方音乐？此君既自以为是，自当对聪于纽约弹奏之萧邦《F大调协奏曲》妄加批评。有关此协奏曲，所幸尚有一事值得奉告（兹转述聪所撰英文原函如下）：

"伴着我跟纽约交响乐团一起演出的客座指挥是位法国老先生，名叫保罗·巴雷（您是否认识他？我从未听说过此人）。他很了不起，标准法国人，音乐表现方面很沉着，但是极有智慧兼且反应敏锐。我为他弹奏全首协奏曲，而他没要求我作任何解释。排演时，一切都十全十美，他指挥的全曲优美动人，每一句乐曲与我的演奏配合无间。他实在对我很好，既友善又语带鼓励，并充满热情，一次我弹完协奏曲（此曲在纽约共演出四次）后上前致谢，他在笑容中带着泪水，告诉我这是他一直想象中的萧邦：浪漫而有诗意，但雄赳赳、永远带有阳刚气息；可是多数钢琴家弹奏的萧邦叫他作呕。"

此事岂非令人动容？

另一激赏聪之交响乐指挥来自辛辛那提，名为马克斯·鲁道夫。此君既严肃又谦逊，属下乐团之声誉，甚至超越纽约交响乐团，后者自认为最佳乐团，故演出不力；然辛辛那提交响乐团纪律特严，任何欧洲交响乐团皆难以相比。其莫扎特之风格十全十美，聪恰巧与其共同演出莫扎特《K456协奏曲》。聪已提议与马克斯·鲁道夫先生合作，为西敏寺公司于六月在维也纳灌录舒曼《协奏曲》及萧邦《F大调协奏曲》。

此外,美国之钢琴极糟,斯坦威既独霸天下,即不再顾及自身之优良传统。触觉极糟,琴键为胶质而非象牙制成,略潮之指即易闪滑其上,简言之,此乃"大量生产"之物!至于"鲍得温"①则更次,其音色"既促且涩"。所幸聪得以在"战前斯坦威"上弹奏,其音色华丽动人。

美国之经理人亦极其可怕,对艺术家以可耻方式剥削,除抽取百分之二十佣金外,凡事都算在音乐家账上,且并无商讨之余地。因此聪历经七周辛劳,几乎所得无几。然而此等经理人对上佳音乐家欣赏不已,聪已安排于一九六三年一月至二月间再度赴美,重新巡回演出,且范围较前更广。

火奴鲁鲁之后,小儿夫妇曾于斐济岛共度数日,聪在当地亦演出一场。自一月十七日至二月底,聪于珀斯—悉尼,墨尔本共有十四场音乐会,多半为电台广播,故节目不容重复,因而将于澳洲演奏四场莫扎特协奏曲(K 453-459-503-595),巴赫《A 大调协奏曲》及巴托克《第三协奏曲》。两场演奏及两场电视演出之节目亦不相同。故聪在此期间(自十二月二十日至一月十五日)需大量工作。

莫妮卡小姐②处曾再三致函(八月八日、八月二十五日及十月六日,且均为挂号邮件),然未获复,未悉其是否在波及是否安好,尚祈见告为幸。

先生大函聪未收到,余甚感意外。自一九六一年三月十五日,聪居于"伦敦NW6,坎菲尔德花园八十五号"。聪应于三月初返

---

① 鲍得温(Baldwin),美国一钢琴牌子。
② 莫妮卡(Moniha),傅聪之波兰籍友人。

英。有关其为西敏寺灌录之四首萧邦叙事曲，如蒙惠赐尊见，将不胜欣喜之至。

　　耑此　祗候
道祺　并颂夫人万福

傅雷
一九六二年一月二十一日

致夏衍*

夏衍先生：

本月二十二日收到^{小儿}傅聪的钢琴老师波兰杰维茨基教授来信，内中提及：

一、奥国萨兹堡将于本年八月二十三至三十日举行国际莫扎特比赛，可由聪前往参加；

二、关于聪今后的学习问题，包括理论学习、公开演奏等等；

三、关于聪留学波兰的时期长短问题。

因杰教授再三嘱弟转达我中央及文化部部长，用敢抄奉原信，并附译文，一式三份，送请先生转致钱部长及有关首长。

倘中央同意^{聪儿}参加，尚盼迅予决定，因目前距比赛期仅**三足月**，各部会及大使馆间来往公文手续均须相当时日；且奥国与我尚未建立正式外交关系，恐尚有其他周折，更费时日。

今（二十四）日又接^{小儿}来信，报告莫扎特比赛事，据称：

一、比赛除钢琴外，尚有小提琴、歌唱及交响乐指挥等三种。因今年为莫扎特诞生二百周年，世界各国都在纪念；奥国为莫扎特

---

* 夏衍（1900—1996），原名沈乃熙，原籍河南开封，生于浙江杭州。新中国成立后曾任上海市委常委兼宣传部长、上海文化局长、中央文化部副部长。

故国,纪念尤为隆重。参加比赛的有欧洲许多优秀的音乐家、交响乐队、名指挥及歌唱家。

二、钢琴比赛节目规定:①钢琴与乐队合奏的协奏曲三支;②钢琴奏鸣曲二支;③钢琴幻想曲或轮舞曲或变奏曲一支。

聪本人已练好协奏曲二支,奏鸣曲等正在准备中。他认为唯其我国与奥国未建立邦交,故政治影响更大,更应当争取参加。他自己对莫扎特的理解有相当把握。杰老师的估价可参看他的来信。且比赛在暑假中举行,并不妨碍正常学习。节目中最吃重的部分是协奏曲,而协奏曲已练好二支,内一支就在南斯拉夫演出,极受欢迎的。

弟一向不主张青年太多的充当选手,但此次情形比较特殊;以杰教授对聪表达莫扎特的评价而论,似乎不会替国家丢脸。因特专函奉恳转请钱部长及其有关首长迅予考虑。

上月二十九日一信并附致周总理函一件及附件等,想蒙转致。倘有下文,尚乞随时赐告,无任感荷。耑肃,敬候

著绥

弟 傅雷拜上
一九五六年五月二十四日

再者:在一切大作曲家中,莫扎特的钢琴曲并不以技巧艰深取胜,而是以妩媚、含蓄、格调高雅见称。故表达莫扎特首先在于风格。又以风格而论,莫扎特与萧邦为同一类型;不过莫扎特更富于古典精神,更天真朴实,更风流蕴藉。

夏衍先生：

顷接北京全国音乐周筹备会许君长途电话，略说^{小儿}傅聪除本月二十四、二十五日有演出外，尚有一次演出，日期还不能确定，大概要排到下月云云。按^{小儿}聪中央特别照顾，给予休假，自深感激。但他必须在十月十五日以前向华沙音乐院报到。回沪后至少也要有三四场演出，名为休假，实际还是需要紧张工作，真能休息的日子也并不多。且在上海的独奏会，我也得为准备音乐说明等等，费一些功夫。

^{聪儿}从今春起屡次在家信中表示希望能回来与我细谈。我从未向中央提出，一则顾到留学生制度，二则来回旅费皆由政府支出，我们自当处处从节约着眼。今既许其回国休假，倘能让他多几天真正的休假，我跟孩子都将更加感激。并且这不仅仅是一般的感情问题，而且是讨论音乐、艺术、学习及政治思想认识等等问题，孩子既认为我还能帮他一些忙，我也自信能帮他一些忙。但这些问题都需要相当时间才能谈出头绪。

以上各项，可否请先生代向有关部门说明，赐予照顾，无论如何令^{小儿}于月底前回沪。好在音乐周已经参加，二十四、二十五又有演出，^{小儿}与京中群众的交流也可说充分了。最后，如前所述，他回沪后还得准备当地的音乐会，更盼京中勿再多留他。一切敬恳大力协助，破格通融。常以私事奉渎，幸乞恕罪。特先致谢。敬候
著绥

^弟傅雷拜上
（一九五六年）八月二十一日午夜

音乐周筹备会许君邀愚夫妇来京相叙，奈弟工作羁身，且今年

社会活动频繁,几有停工脱产之象,故不能如命,重负盛意为歉。又及。

夏衍先生:

得手书,悉尊体违和,想必积劳所致,今后尚望善自珍摄。

关于小儿学习事,他出国前曾于十月八日自京来信,报告与先生谈话经过,有"再出去**二年**以后就回国"之语;今来示则称"**明年学完后……**",不知是否有误会?

按聪于本年秋季起方开始学各项理论课,预料非一学年所能完成。他波兰语虽讲得相当流利,但阅读仍多困难,语文倘不完全掌握,理论及音乐史课程的进修就有障碍,而将来的笔试尤其成问题。但一面攻语文,一面学专科,进度即难加速。

音乐学习——特别是钢琴学习——所需要的时间比任何学科为长,情形颇像我们研究世界文学:国别多,作家多,作品多,风格多,一个作家前、中、后期的风格又有出入;即挑选代表作家的重要代表作品学习,也非三四年所能窥其堂奥。且研究一个钢琴乐曲,先要克服技巧,少则一二十页,多则一百数十页的乐谱要**背得烂熟**(研究文学名著即不需要这一步工作),在手上滚得烂熟,再要深入体会内容;总的来说,比精读和钻研一部文学作品费时更多。聪的技术基础还不够稳固,至此为止的成绩多半靠聪明与领悟,而不是靠长年正规学习的积累。参加萧邦比赛的一百零四人的"学历",都印在一本像小型字典那么大的"总节目"上,我细细看过，没有一个像傅聪那样薄弱的，弹过的作品也没有像傅聪那样少的。这当然是吾国特殊环境使然，但我们不能不心中有数，在这方面大力予以补足。

世界上达到国际水平的青年钢琴家，在三十岁左右往往还由名师指导，一个月上一次课，我们却没有这个条件；虽说将来可短期出国学习，但究竟不如人家便利。

故原则上，聪在国外学习钢琴的时间不能过分缩短，因为他先天有缺陷。想政府培养他决不以国外音乐院毕业为限；若然，则除了理论课，他在钢琴方面的程度现在就可以毕业了。

其次，他的老师杰维茨基不但在波兰是第一流，便是在世界上也是有数的名师之一。他是十九世纪大钢琴家兼大教育家莱谢蒂茨基的学生，与前波兰总统兼大钢琴家帕德列夫斯基及现代前辈的许多知名钢琴家为同门，是钢琴上最正宗的一派，叫做"维也纳学派"。能跟到这样一位老师，可说是"历史性的"幸运。而他已届高龄，尤非多多争取目前的时间不可。

至于聪的思想问题，从五四年八月到现在，我和他写了七十九封长信，近二十万字；其中除了讨论音乐、艺术、道德、工作纪律等等以外，也重点谈到政治修养与世界大势、思想认识。国内一切重要学习文件，经常寄去（我都用红笔勾出要点），他也兴趣甚浓。文艺创作也挑出优秀的寄给他。波、匈事件以后，已写了两封长信，告诉他我们党的看法。从他小时起，我一向注意培养他的民族灵魂，因为我痛恨不中不西，不三不四，在自己的泥土中不生根的艺术家。

今年暑假中，他和我谈到波兰知识分子，有很多批评。十月十五日回华沙后（事件未发生前）来信说："我们的国家虽然有些缺点，但整个是朝气蓬勃的。这儿却有一种灰色的感觉，这种感觉是很沉重的。"十一月十五日波兰事件平息以后，他来信说："波兰的许多政治问题，我们实在也弄不大清；有一件事是肯定的，就是波兰的党比我原来预料的要坚强得多。"

总之，关于他的政治认识问题，我是抓得很紧的。在他整个做人的教育，对国家的责任等等方面，我始终认为自己的责任还没有完，还需要继续好几年呢。波兰人一般偏于自由散漫的风气，从五四年起我就再三警告他提防，因为学艺术的人最易感染。据他暑假中所谈，在华沙他一到使馆，往往整天的走不出来，因为那么多的国内书报吸引着他，可见他对国内一切是很关心的。先生来信所提，基本上和我所操心的完全一致。除了我经常去信督促，提高他警惕以外，恐怕也可以用别的更具体的办法补充，比如每隔相当时候，要他回来进马列学院学习二三个月（但同时需照顾他的专业，每天仍给以不少于四小时的练琴时间）。这是我一厢情愿；主要是把他的专业学习和政治觉悟尽量结合得好。

在决定他今后学习计划以前，我很愿意专程来京与先生及各有关首长当面详谈。倘荷赞同，请挑一个比较不太忙的时期，早日来信通知。至于将来回国以后的磨练以何种方式为最宜，似乎更需要细商；因国内音乐界情形不简单，而我在这方面还能供给一些实际材料。

"群众喜爱"与"接受程度"两点，我与他在暑假中讨论很多。他与先生谈话后来信也提到："夏部长希望我在国外学习时要想到国内群众的需要，要尽到自己一份带头人的责任；这其实就是一个提高与普及相结合的问题。我觉得他说得很对，也与我和爸爸在家里的结论完全符合。"当然，这不仅是一个认识问题，而是一个长期实践的问题，逐渐适应客观现实的问题。

近三五年来，我在教育傅聪的经历中学得了不少东西。以他现阶段的发展而论，一方面固要严密注意他的思想情况，另一方面也需要正确估计他的觉悟程度，否则往往收不到预期的效果，反而有副作用。我自己水平不够，倘先生能在这方面时予指点，让我把教育孩子的工作做得更好，我是非常感激的。

另外有件事需要报告先生。聪自十月底起，因波兰政府收回"议会招待所"自用，已迁到外面居住。当时曾借宿同学家中五六天，方才找到工人家里的一间出租屋子，但他们不喜欢终日琴声，故不久还要搬。学琴的人找住处不受欢迎是各国通例，不足为奇；而华沙音乐院的公共宿舍，三四人挤在一间屋内，琴房隔音设备不好，与国内情况相差无几，也是事实。固然他不需要特殊待遇，但他的学习要求与别人不同，也难以要他住宿舍，自己听不见琴声，在他的程度上是极有害的。华沙房租奇昂，工人家一间屋每月即需六百兹罗提，而聪每月公费一共只有六百五十兹罗提。原住议会招待所不要房租，但那时每月三分之二的开支，尚且靠得的萧邦奖金存款及平日的音乐会收入（每月约净收入二三百兹罗提）弥补。他的意思（暑假中说的）能自己挣钱补贴就好，不愿多向国家开口。不过现在住外边，房租既占了留学生公费的百分之九十以上，搬家的事也要更为频数，钢琴搬动一次即需三百波币，校音一次又是三百五十波币，这些额外开支，不知他今后如何应付。

这封信耽误先生不少时间,很抱歉。什么时候需要我来京,乞早见告。匆此即颂

著绥

^弟傅雷拜上

一九五六年十二月二十三日

拙译《查第格》想亦早呈左右?

致郑效洵*

效洵先生：

五月下旬在沪晤　教，甚以为快。兹为服尔德《查第格》及巴尔扎克《于絮尔·弥罗埃》二稿事奉渎。弟自胜利以后，所有书稿前后校对，均亲自负责对底，因（一）对于出版格式，可随时批改，力求美观，合理；（二）对内容文字，多看一遍，即可多发现毛病，多修改一次。故一九五三年十月，适夷兄来沪商谈为将^{拙稿}由平明转移人文，并约定以后专为人文翻译时，弟即提出^{拙稿}均在上海发排，以便亲自照顾，免京沪间寄递校样，耽误时日。

至于弟坚持要各章节另起一面的理由，是因为古典名著不能与通俗文艺同样看待；《查第格》全书不到一八〇面，薄薄的一本，很像小册子，不能单从节省纸张着眼。《于絮尔·弥罗埃》也要每章另起一面，是因为巴尔扎克的作品都很复杂，有时还相当沉闷，每章另起一面可使读者精神上松动些。

总的来说，我处理任何事情，都顾到各个方面。校样从头至尾要亲自看，为的是求文字更少毛病，也为的求书版形式更合理美观，要在上海排，为的是求手续简便，节省时间，也免除与排字房

---

* 郑效洵（1907—2000），时任人民文学出版社副总编辑。

的隔膜。

　　以上种种，尚望先生与各部门彻底了解后，赐复为感。草草即候

公绥

任叔、适夷二位前乞代道念

^弟傅雷
一九五六年六月二十五日

致马叙伦*

夷老赐鉴：

奉教不胜感愧。年来勉从友朋劝告，稍稍从事社会活动，但以才力所限，虽仅有政协、作协两处名义，已感捉襟见肘，影响经常工作；今年第二季度竟至完全停产，最近哲学社会科学学委会以专攻巴尔扎克见责，南北报刊屡以写稿为命，以学殖久荒，尤有应接不暇之苦。且按诸实际，今日既无朝野之分，亦无党内党外之别，倘能竭尽愚忱，以人民身份在本岗位上为社会主义建设事业效忠，则殊途同归，与参加党派亦无异致。基于上述具体情况，万不能再参加任何党派；而以个人志愿及性格而论，亦难对任何集团有何贡献。务恳长者曲谅，勿以重违雅命见责，幸甚幸甚。书不尽言，伏维珍摄不宣

晚 怒庵拜复
一九五六年八月十七日

---

* 马叙伦（1885—1970），字彝初，又作夷初，浙江杭州人。教育家、语言文字学家。新中国成立后，曾任教育部部长、全国政协副主席、中国民主促进会中央主席。

致徐伯昕*

伯昕吾兄：

本月八日接煦良来信，昨又奉夷老手教，使我惶恐万分。诸君子的厚爱及期望，都失之过奢。我的长处短处，兄十年交往，一定知道得很清楚：党派工作必须内方外圆的人才能胜任；像我这种脾气急躁、责备求全、处处绝对、毫无涵养功夫的人，加入任何党派都不能起什么好作用；还不如简简单单做个"人民"，有时倒反能发挥一些力量。兄若平心静气，以纯客观的眼光来判断，想来必能同意我的看法。

再谈事实：我的工作特别费时，今年已落后四个月，内心焦急，非言可宣。而今后社会活动，眼见有增无减。倘再加一党派关系，势必六分之五毫无着落。倘使我能脱产，则政协、作协及民主党派的事也许还能兼顾。但即使丢开生活问题不谈，兄等亦不见得会赞成脱产的办法。我知道上上下下、四面八方，比我忙数倍以至数十倍的人有的是；不过时间分配问题不是一个孤立的问题，而是主要取决于各人能力的。我不是强调我特别忙，但我的能力及精神

---

* 徐伯昕（1905—1984），江苏武进人。一九三二年与邹韬奋创办生活书店。新中国成立后，曾任出版总署发行局局长、新华书店总经理、全国政协副秘书长。中国民主促进会领导人之一。

体力使我应付不了太多的事,则是千真万确的。

再说,艺术上需要百花齐放丰富多彩;我以为整个社会亦未始不需要丰富多彩。让党派以外也留一些肯说话的傻子,对人民对国家不一定没有好处。殊途同归,无分彼此;一个人的积极性只要能尽量发挥,党与非党、民主党派与非民主党派都没有大关系。

以上所言,都是我长期思考的结果,务盼勿以固执坚拒目之。我的过于认真与做一事就负起责任来的脾气,兄都深知洞悉;故所谓时间无法安排的话决不是托词。为了免得民进诸君子及夷老误会,我以十二万分恳切的心情,央求吾兄善为说辞,尽量解释。候选名单,务勿列入贱名,千万拜托,千万拜托。匆匆不尽,即候时绥

弟怒庵拜上

一九五六年八月十七日

致周煦良*

煦良：

马老来了信，我可真睡不着觉了，除了直接去了复信，还附上致伯昕兄信。请立即转致；还得再求你老兄大力帮助！

这件事我是经过长期的思考的。事实也很明显。我的时间安排，你亲眼目睹。总不成抛了专业，专做社会活动吧？否则还不是像你一样，每件事只做个三四分，心里老是苦闷？

我缺少涵养，精神上受不了负担，有了名义不能空敷衍，妨碍日常工作，那对我是个经常不断的磨折。假如敷衍，又时时刻刻存着犯罪感，觉得对不起人，对不起团体，你想想这种生活叫我怎么过呢？

因此不得不向你作最迫切最紧急的呼吁，候选名单上万勿列入贱名。倘以既成事实扣在我头上，我更是吃不住的。

一切感谢的话，对你说是多余的，但我在这件事上对你的期望是百分之百的。匆匆，即候

旅中安好

怒庵拜上
一九五六年八月十七日

---

* 周煦良（1905—1986），安徽东至人。文学翻译家，新中国成立后，曾任华东师范大学外语系主任、中国作协上海分会书记处书记、上海文联副秘书长、上海外文学会副会长。

致王任叔、楼适夷*

任叔、适夷二兄均鉴：

总编室十二月八日9482号来信敬悉，样书十册亦收到。

添印《于絮尔·弥罗埃》精装本五千册一节，我认为大可不必，应节约、可节约的，必须节约，故刚才已先发电请求缓办，兹再详述理由如下：

（一）五四年十一月所印前五种巴尔扎克的精装本，成绩反不及平装本。倘此次仍用纸面精装，成绩也好不了多少；如朱生豪译的莎士比亚即是一例。因纸面装的书四角比平装本更易受伤；花了钱而不耐久，犯不上。

（二）即使是布面精装，如适夷兄译的《高尔基选集》：甲、封面凹凸不平；乙、胶水污点不少；丙、烫金有缺笔，或一字之内部分笔画发黑；丁、书角也有瘪皱情事。总结起来，仍是浪费。以国内现有技术水平，并非精装本不能做得更好；但在现行制度之下及装订人才极度分散的现状之下，的确是不容易做好的。一九五三年平明出《克利斯朵夫》精装本，我与出版社都集中精力，才有那么

---

* 王任叔（1901—1972），浙江奉化人。新中国成立后曾任中国驻印度尼西亚大使，人民文学出版社副社长、社长兼总编辑。楼适夷（1905—2001），原名楼锡春，浙江余姚人。新中国成立后，曾任人民文学出版社副社长兼副总编辑。

一点儿成绩,虽距世界水平尚远,但到了国内水平(以技术及材料而论)是无可否认的事实。如今在大机关里头,像那样细致的工作在短时期内恐怕没有希望办到。装订也是一门**高度的工艺美术**,只能由一二人从头至尾抓紧了做才做得好。

(三)巴尔扎克前五种久已绝迹书市,今忽孤零零的出一种精装本,没有意义。

(四)漏印插图,非印精装本所能补救;何必再消耗纸张?

以上各点,敬请二位郑重考虑。插图说明,当缓日补写寄上;**但请再寄一份插图来**,以便留存。

现在请允许我另外提一些问题:

(一)前五种巴尔扎克自一九五四年十一月至十二月印过"精装本"一千册以后,从未再印。假定是因为平明旧版本当时尚未售完,则甲、当时旧版存书究有多少?新华书店曾否报告确数?"人文"有否向新华调查?乙、倘存书在一二百部以内,当时为何不争取重版?值得提出的、很重要的一件事实,是一九五五年全年并没有发生纸张供应紧张的情况!丙、倘当时存书的确很多,比如说有四五百部吧,则证明一九五五、一九五六两整年,五种巴尔扎克一共只多销了一千五百部(即旧版的四五百部与"人文"的一千部),也就说明巴尔扎克的重版书一年只能销七百部左右,故一万册的定额印数要**十四年多才能销完**!

综合上述分析,足见我译的巴尔扎克不受"人文"重视。不受重视的原因决不会是原作不好,而只能是我译得不好;这是我非常惭愧的。但是为了健全出版事业,也为了健全学术界的风气,我恳切希望你们二位不要徇私,不要照顾情面,勉强接受我的译本,不管是旧译的纸型,还是新译的稿本。

从这件事引申,我想提一个原则供"人文"参考:凡品质不够的作品(包括译本)宜尽量少印,并且停止重版;凡水平以上的作品,要督促新华大力推销;也要催促重印,**重印问题必须由出版社主动争取**。这个原则,在纸张极度不足的情况下,更需要灵活运用:好书印数少克减些,水平差的印数多克减些,不宜用平均主义一律克减同样的印数。

(二)《于絮尔·弥罗埃》今夏校样送到我处,已全部排好,版式改为二十八开;当时我顾到节约纸张,也顾到排字房的生产计划,没有提出异议。我现在检讨之下,觉得当时我不提异议是错误的。因为前五种巴尔扎克的纸型相当完好,至少还可重印三四次;从"巴尔扎克选集"这个整体来看,前五种是三十二开本,后面几种是二十八开本,体例参差,太不像话(单是直排横排的分别,还是小事,不是一望而知的),版本高低大小不同,是很刺目的;万一国内要办什么图书展览会的话,"巴尔扎克选集"要不要送去呢?开本悬殊拿得出拿不出呢?前五种巴尔扎克共有一百零六万字,一律改横排的二十八开式,成本是很大的,决非在将新排的书改二十八开以后所节约的成本所能相抵。

从这件事引申,我再提两个原则性的意见:甲、各书版本格式固然不能强求一律,要多种多样;但同一作家的书,尤其包括五六种以上的同一作家的选集,版口大小一定要统一。过去对待新排的巴尔扎克的办法,就是要把巴尔扎克和其他作家的书的版口一致,而牺牲了"巴尔扎克选集"本身的一致性!乙、节约要从大处远处着眼,要通盘计算,而不要单顾近处,只顾眼前,打了小算盘,忘了大算盘。

(三) 关于定额印数，我提出了将近一年，贵社历次只以"一万册是古典文学作品最低印数"为辞而从未正面驳复我的理由；直到十月十七日9485号来信才说："额定印数的期限确是一个问题。"

查十月十二日我在上海见到茅盾、周扬二部长，提出这件事，他们当场认为不合理；可见在十月十七日以前，"人文"与文化部、中宣部领导的意见也不一致。

十月十七日来函曾说："已向出版局呈报请示"，不知结果如何？倘迄无下文，我可另函文化部提意见。

九月一日8582号来信第一页末："……稿酬办法第二条有'按书稿的性质及销行数量确定印数定额'，这是指在规定的标准内，结合这两点来考虑印数定额的，并非脱离规定的标准而单纯依据书稿性质或销行数量来考虑定额。"我不了解所说"规定标准"是根据什么来"规定"的？以我的浅薄的常识来说（且不提马列主义的大原则），任何"规定"、任何"标准"，总脱离不了实际情况；我历次信中举的都是实际情况，但"人文"复信，好像我们的社会主义事业是为了不知根据什么而定的"标准"服务的。

同函第二页又举了许多古典译作的例子都定为一万册；那只能证明我所争的不是我个人的事。

由此事引申，我又想提一些大胆的意见：甲、任何规章、制度都要以合理为原则，以实际情况为转移；乙、一件不合理的事，不要因为只有一个人提异议而把别的不提异议的人作为答复的理由：因为许多人的容忍不合理并不能证明事情的合理；假如这样做，给人的印象仿佛是一定要大家联名上书呼吁，问题才会受到重视。在中央号召大力克服官僚主义的形势下，我想我们值得对上述二点多多思索一番。

（四）为了健全机构，做好工作，制度的订立是必要的，但更重要的是在于执行。这次漏印插图，我觉得是负责人员的工作程序不曾予以明确规定所致，倘如今日来信所云，再建立一个检查制度，恐怕除了加了层次，多出手续、拉慢生产以外，不一定有什么积极效果。检查的人不是同样会粗心大意，犯错误么？主要是培养干部的热爱工作的情绪，才能真正做到**人人负责、事事认真**。

（五）新华对于新书的发行，推广，重版书的发行与推广，都有很多问题，希望向文化部尽量提意见。我正在收集一些小材料，一二日后当再函告。

很抱歉，累你们两位花了很多时间看我这封长信，不过"我岂好辩哉"！我也是丢了工作，花了四个多小时来写这封信的，目的无非想把出版事业推动一下，倘信内措辞不检，有过于直率之处，尚祈多多见谅，求全责备，也是对贤者的！

将来倘重印《克利斯朵夫》而印精装本的话，希望注意一点：就是在工商业社会主义改造以后，我们国营的出版社成绩，决不能低于几年以前的私营出版社。这是有关原则性的问题，务盼赐予注意为幸。匆匆不尽，即候

著绥

^弟傅雷

一九五六年十二月十日

另附一纸，备转有关部门处理。

精装书外面加的彩色包皮纸,折进书里的一段纸往往太狭,拿在手里容易脱出,不久就破碎。原来是为了节约纸张,但到读者手里用了几天就破碎,岂不因小节约而造成大浪费?这也是我说的"只打小算盘,忘了大算盘"的一例。光从降低成本着想而不替读者用的时间长短着想,就是我说的"只顾眼前"的一例,而且是极端片面的。真要节约,就干脆取消那张彩色包皮纸!生产者节约,必须要顾到消费者也节约:因为真正的节约是以整个社会的财富为对象,而不是以一个机关、一个单位、一个工厂为主的。

译者对重印《克利斯朵夫》的几点意见及要求,请赐考虑:

(一)封面装帧、题字、排印字体、书脊题字式样、各册颜色,希望全部维持原样,只改动出版社名称一项。

理由:倘没有充分理由肯定旧样式不美观,即无改头换面之必要;同时也可节约人力物力。

(二)倘付印一部分精装本,希望郑重考虑承装工厂的技术水平;希望不要花了钱得不到效果,我们更不能忘了原来是私营出版社做过的工作,国营机构不能做得比他们差。倘无适当技术水平的装订,宁可不印精装本,以求节约。

(三)译者要求搭印穿线订的平装本二十部,内十部以样书作抵,余十部由译者照价偿付。倘印精装本,则另外搭印五部。

(四)不论将来是否印精装本,付印时请批明用"穿线订"格式上架子,以免印刷所临时弄错,使译者要求搭印的"穿线订本"落空!

一九五六年十二月十日

致黄源[*]

黄源吾兄：

在京彼此匆促，未及畅谈，殊深憾憾！回沪后连日参加市委召开上海宣传工作预备会议，及作协排日小组；大家发言甚为踊跃，下星期内尚有小组，拟将各方问题谈透，集中呈报市委，作为市宣传会议开会时讨论资料。想贵省市亦必忙于布置，吾兄席不暇暖，可以想见。

今日黄宾虹夫人自杭州来，谈及最近钱俊瑞部长与吾兄往访，决将宾老遗物改由浙江省委接收，毋任欣慰。过去宾老坟墓直至故后一年半方始建成，而美术院对捐赠书画亦只办到造具清册封存一点，纪念馆迄未着手筹备；弟等忝为宾翁故交，闻之殊为遗憾，而黄夫人切身感受，更多情绪。校方最初呈请文化部给予黄夫人每月四十元津贴，后增至六十元，又增至八十元；而议论纷纷，以为已属特殊照顾。黄夫人平日有所传闻，殊增内愧。去年九、十月因病请求校方给予借支百元，三星期后送去，但说此款不是行政方面开支，亦非工会借出；事后黄夫人探明原系在黄先生建墓款项下拨

---

[*] 黄源（1905—2003），浙江海盐人。新中国成立后，曾任华东军政委员会文化部副部长、浙江省委宣传部副部长、省文化局局长、省文联主席、中国作家协会浙江分会主席。

付，乃即将百元原璧退回，凡此种种，均使黄夫人心中不快。

据弟分析：（一）校方对黄先生遗留书画（包括创作及收藏）一方面极想罗致，一方面又无积极整理与公开展览的热情，与黄氏遗族捐赠本旨殊不相符（遗族之意是要将全部书画经常与群众见面，而非深扃严锁，藏诸箱箧）。（二）校方对黄先生遗族的津贴，仅从故世教授的家族着眼，处处以"照顾"面目示人，使受者负有嗟来之慨。至于黄先生为吾国近代造诣最高的艺术家，中央对其极为重视等等，校方均未充分体会。（三）黄先生生前为全国政协委员，故世后，对其遗物遗族，浙江政协及统战部未尝过问，恐与统战本旨亦有欠缺。

以上所云，均系弟片面猜测，不当之处，尚望见谅。

但事实上黄夫人深恐今后名义上虽由省方接收，实际仍由校方保管，成年累月，遗作始终难与世人见面，故意态消极，决随其二公子黄映宇世兄去武汉居住。鄙意黄氏纪念馆不办则已，倘欲办理，恐需要黄夫人协助之处尚多；如装裱、整理、编年、分类、保存等等，均要内行人为之，而浙江省方，此种人才亦未必易得。故弟极力劝伊耐性等候，仍住杭州，以待后命。但黄夫人情绪非一朝一夕所致，弟个人劝说，难有成效，还需吾兄就近亲为解释。

并且为妥善安排遗物及遗族起见，最好能：

（一）将接收遗物及筹办纪念馆事项，全部由省委（或省人民委员会，或其他文化部门）掌握，不要再经过校方。（邀请校内一二人士参加筹委会，自然可以。）

（二）今后对黄夫人津贴，不要由校方支付，而由省方负责，直接按月拨交，名义不要用"抚恤"字样。黄夫人医疗事宜，能予适当照顾更好。

（三）纪念馆宜及早开始筹备。目前正在精简房屋，觅址比较容易解决。且全国宣传工作会议主旨是对知识分子，黄先生纪念馆亦应归在此项工作之内；在目前形势下向省委提出，恐亦容易获得支持。

（四）纪念馆是否需要先组织筹委会，包括上海美协、杭州美术馆，及黄先生若干友好在内，请予考虑。

（五）将来纪念馆馆长人选，以聘请浙江硕德重望人士，可与黄先生地位相匹配者为妥。

（六）目前将黄氏遗物接收后，宜暂存浙江省博物馆（倘放在美术学院，恐更增黄夫人疑虑）。

冒昧进言，幸恕唐突。匆匆，敬候

著绥不一

弟傅雷拜上
（一九五七年）三月三十一日

黄夫人追随宾老数十年，对鉴别古书画及宾老所藏作品之真伪均甚熟悉；至于装裱及保存等等，尤为精审。又及。

致周扬*

周扬先生赐鉴：

　　三月中旬在京匆匆，未获畅聆教益，憾憾。兹附上^{小儿}傅聪最近来信摘录，其中有反映使馆工作同志及留学生思想情况的部分，或许可供领导参考。^{小儿}观感难免幼稚，主要是急躁情绪作祟。弟已去信批评，并告以党内对知识分子的自我改造，既耐性相待，说是长时期的事；党外对党内一部分人士的去除教条主义也须耐性相待，急躁不得。同时亦告以波兰思想界情况复杂，处处须冷静观察，分辨是非。且傅聪目前首要任务是专业学习，关心政治固然很好，但也当抱虚心学习的态度，不能轻易动感情，动意气，影响身心健康，更不能任意批评使馆作风，对国外同学尤须出言谨慎，有意见只能在家信中提，因不提而"包"在心里于心理卫生亦有妨碍。

　　至于今年苏联的联欢节，不知主管部门原意对傅聪作何安排？弟完全同意杰老师的看法：假如参加，最好纯粹作为演奏家，举行个人独奏会及与苏联乐队合作交响乐音乐会。团内活动，不必令其参加。此点若不与**出国团长及驻苏使馆**详细说明，取得同意，则届时难免不批评傅聪脱离集体，影响其演奏情绪与成绩。此点务恳先

---

* 周扬（1908—1989），原名周起应，湖南益阳人。新中国成立后，曾任中共中央宣传部副部长、文化部副部长、全国文联副主席、中国作家协会副主席。

生大力支持。若有**事实困难**，则以**根本不令**^(小儿)**去苏**为宜。因健康情况的确不太好，要去苏联必须发挥相当作用。至于法国音乐界的建议（华沙法国大使亦已数次向傅聪表示邀请）应如何考虑，尚望先生与有关部门商议。将来倘或不放心青年人单独去巴黎，弟可陪同前往，同时也可使弟吹吹风，补补课，对巴尔扎克及罗曼·罗兰的现阶段的研究情况摸摸底。耑此拜托，敬候

著绥

^弟傅雷拜上
（一九五七年）四月三十日

阅适夷兄言，人文出版各书，尊处均有一部，故拙译《克利斯朵夫》不再寄上。又及。

周扬先生赐鉴：

四月三十日曾上一信，谈及^(小儿)傅聪拟在今夏联欢节期内以纯粹演奏家身份去苏联作访问演出，否则以根本不参加联欢节为宜。兹又接^(小儿)来信，略称："去联欢节演出事尚无消息，我倒想索性不去。波兰七月初就放假，还是想回国过暑期，有三个月时间，一方面因为在波兰出去度假也要花不少钱，杰老师大概又不在，不能上课；一方面国内今年变化大，急于想看看，心里也有许多话，许多新的感受想说说。"

鄙意对^(小儿)暑假安排，不出下列三项：

（一）在联欢节**以前**（联欢节时期，苏联文艺界十分忙碌，故以提前为妥），于**七月初**即令傅聪去苏作访问演出；八月初回国度暑假，十月初回波兰——此事请中央考虑，根据中苏文化交换协定，是否可派专业钢琴家去苏访问？在国外演出均有酬劳，故我国政府在经济上不需负担。傅聪于四月中在波兰遇见苏联国家乐队指挥Anosow（李德伦之老师），曾谓若傅聪去苏，当代为安排演奏会及交响音乐会；又据杰老师意见，亦赞成傅聪去苏表演；再证以去春在南斯拉夫成绩，傅聪艺术水平不致有辱国体，可有把握。此事若果可能，则日内宜即与苏联联系（目前已是六月初）。

（二）若上述办法有困难，则令^小儿七月初即回国度暑假；来回旅费均由傅聪个人负责，去夏回国即系如此。

（三）若中央对上述二项均不同意，则令傅聪暑中仍留波兰。

究竟如何处理，尚望与有关各方商洽后，赐复为幸。际此整风期间，重劳先生分神，不胜抱歉。耑此敬候

著绥

弟傅雷拜启
一九五七年五月三十日

致牛恩德*

恩德，亲爱的孩子：

　　来信只说住女青年会，没写地址；怕港岛邮政靠不住，只得仍由南海纱厂转。又港沪航空信与平信同样需六七日，以后可改平寄。没想到你来得如此容易，母亲却去得如此艰难。行前未及通知我们，送你的画改于昨日邮寄。一别四年余，你热情如旧，依然是我们的好孩子，好女儿，心中不知有多高兴和安慰。中文也照样流畅，眷怀祖国之情油然可见：一切固然出于天禀，却也不辜负我三年苦心，七年期望。我虽未老先衰，身心俱惫，当年每日工作十一小时尚有余力，今则五六小时已感不支；但是"得英才而教育之"的痴心仍然未改。为了聪与弥拉，不知写了多少字的中文、英文、法文信，总觉得在世一日，对儿女教导的责任不容旁贷。对敏向少顾问，至今他吃亏不少，但亦限于天资，非人力所能奏效。不料桃李之花却盛放于隔墙邻院，四十岁后还教到你；当然我不会放弃对你的帮助和鼓励！多一个好儿女在海外争光，衰朽之人也远远里感到光鲜。

　　吾国的历史书、哲学书，国内已成凤毛麟角，旧书店已集中为

---

　　* 牛恩德，傅聪青少年时代友人，傅雷夫妇之干女儿，在美国获音乐博士学位；后寓居美国，从事音乐教育工作。

一家。老商务、老中华出版的图书极少见到。新出的则过于简略；虽观点正确，奈内容贫乏，材料不充。在港不妨试觅《纲鉴易知录》。万一买到，不必从唐虞三代看起，只挑汉魏晋唐宋元明的部分，当小说一般经常翻阅。熟读以后对吾国的哲学思想自能摸出头绪。任何一个民族的特性和人生观都具体表现在他的历史中，故精通史实之人往往是熏陶本国文化最深厚的人。其次可试买五〇年前出的论述老、庄、孔、孟的小册子，或许港岛还能买到零星本子的《万有文库》或《国学小丛书》的本子。也可买《老子》、《庄子》（指原著）、《论语》、《孟子》，带在国外，一时无暇，将来可看；暂时看不甚懂，慢慢会懂。倘在沪能找到此类旧书，必买下寄你，但无把握，还是你自己在港多多尝试。我译的书，国内一本都看不到，已及五年以上；听说港九全部有售。上月还托人买了寄赠南洋的老友。五七年后译的三部巴尔扎克，一部丹纳的《艺术哲学》，均未出版；将来必有你一份，可放心。英文的世界史颇有简明的本子，可向伦敦大书店的营业员打听。我觉得你在音乐史与音乐家传记方面也可开始用功了。如 Arthur Hedley 写的 *Chopin*（在 Master Musicians 丛书内）就值得细读。那部丛书一般都很有价值，不过有的写得太专门些，文字艰深些，一时不易领会。Hedley 那本 *Chopin* 却是最容易念的。

你回到香港后的观感，使我回想起三十年前归国时的心情与感触，竟是先后一致的。也许在国外你也有许多看不上眼的地方吧？聪感觉特别敏锐，常在信中流露这种情绪：虽然他为之痛苦，但我觉得唯有不随波逐流，始终抱着崇高的理想，忠于自己的艺术，确立做人的原则的人，才会有这一类的痛苦。没有痛苦就没有斗争，也就不能为人类共同的事业——文明,出一分力,尽一分责任。同时,只有深切领会和热爱祖国文化的人才谈得上独立的人格,独创的艺术,才不致陷于盲目的崇洋派,也不会变成狭隘的大国主义者,而能在世界文化中贡献出一星半点的力量,丰富人类的精神财宝。母亲行前来看我,我也和她谈到这一类话;我深信你的中国人的灵魂是永远觉醒的,将来定能凭着这一点始终做个自由独立的战士,对你的艺术忠诚到底!月初去苏州小休五日,遍赏七大名园,对传统中国建筑艺术有了更进一步的理解,且待以后再谈。目前新工作开始(巴尔扎克五十万字的长篇,是一个三部曲,总题目叫做《幻灭》),每天都感到时间不够。暂时带住。望将留港日期早日告知,免信件空投。

With all my love, 孩子, 问候母亲!

傅妈妈问你好, 她几年来也没忘了你!

爸爸

(一九五八年)十一月二十日

恩德,亲爱的孩子:

今天是你第一天为人师表,也是人生另一阶段。教别人仍旧是一种学习。只要不抱敷衍塞责、混口饭吃的态度,从教书中得来的经验也不是自己向老师学习的时候所能得到的。为了要教人,过去学过的东西,势必要彻底温习,整理,消化,进一步作深入的研究,使我们更从掌握要点、举一反三方面着眼,从而培养我们的思考能力，逻辑可以更精密，复杂的内容懂得加以更好的综合。同时也推动我们多看参考书，多找实例，无形中充实自己。留英中断固然极不愉快，港岛社会也固然为你深厌；但要是能掌握时间，自己钻研还是可以的。你素来依赖性太重，出国前的苦闷多半由此而来；如今在外四年，性格想必长成了许多，独立性也增强不少，不妨就拿这一年来考验考验自己，看独自钻研对乐曲的理解与表达，是否比以前更有自信。我相信结果一定是这样，你一定会自个儿走路了。而且经过四年的勤学与阅历，你也已到了非独自走路不可的阶段和年龄。但愿三四个月以后，听到你自学大有成果的好消息。许多老话也不必与你细谈，你对做人的大道理已知道很多。你早知人生难免波折，一切全赖坚强的意志看准目的，锲而不舍的追下去；即使弯路多一些，挫折多一些，迟早会实现你的理想。如今到了考验的关头，就看你实践如何了。你对艺术的忠诚也不是青年时期十年八年的时间所能肯定；人生变化还有很多，你的遭遇也不知有几多转折；我倒不担心你处逆境时的勇气，而是要看你有朝一日各方面都极顺利的时候的表现。你该记得我常常口中道念的几句话："富贵不能淫，贫贱不能移，威武不能屈"，我觉得最难做到的是第一句。

假定校课不太多，几个月之后一切熟悉了，要挑几个私人学生教教恐怕不太难，将来或许还会应接不暇。我倒劝你有多余的时间还是自己多用功，只要经济不成问题，私人学生必须严格甄别，别浪费你时间。开头你准会觉得在港打开局面极难，过了半年八个月却又会感到为没出息的学生浪费光阴之苦。我且在此预言一句，以待后验。

你突然改变计划，与母亲会面的周折，我和傅妈妈推敲之下，也大致咂摸出一些原因。事既如此，也不必懊恼，且劝母亲宽慰，有你在旁，看着你用心教学生，用功自修，她定会高兴。

听说你得过好几个奖学金，尚未应用，是否可去信要求保留一个时期呢？为将来留个地步的事，想你也早想到了吧。在港演出后，报纸评论（特别是英文《南华朝报》）望剪寄，让我们欢喜欢喜。你的成功和聪的成功一样，我都要分享的。

前信要你买的手电，千万勿买了。既然还承认是我们的女儿，就不能来一套客气，实事求是为第一。我早知道了你的情形，决不会开口。兹附上一信，望连同前寄说明书一并转寄"九龙太子道伯爵街5号B地下成家和"，聪有钱存她处，由她代买毫不困难。再过几星期，仍然希望来信谈谈你过去的学习与音乐体会，一则你能写那种信表示你情绪已经安定，我们也好安慰；二则也算你四年来做一总结，对你今后自学也有帮助。我仍是忙得不可开交，从你走后，星期日的休息也取消了。有过整整一年足不出户，理发也是从外面叫来的。只因精神衰退，脑力迟钝，愈来愈减产，只能用时间去补偿。平日来了客，事后就得加班加点补课。自己定量已经很低，再不按日完成，做出的成绩更不知要减却多少。星期日不是补课就是打发信债等等杂务。还得抽空看些参考书，只出不进，怎么行！有时觉得脑子昏沉也想酌量减少工作，无奈到时总弄得欲罢不能。也是生成的劳碌命，非忙不可，忙了才没有烦恼，才觉得活的还有些意思——这两句也是聪五年来经常在信中提的。我觉得做人应该忙，不忙不会做出成绩（哪怕是一星半点的成绩），怕只怕无事忙，应酬交际忙，那些不生产的忙就变为醉生梦死，我们觉得是最可怜的生活了。

国内情形还得艰苦几年，只有耐性埋头尽我的本分，在我的岗位上干些小小的工作，也许一时对国计民生毫无补益，可能将来还能给人一点儿帮助。我的心情还是那么积极，可也随时准备撒手而去，永远休息。这是我的"两面性"。我常常看自己喜欢的东西，画啊，字啊，周围的小玩艺儿啊，都觉得是社会暂寄在我处的，是我向社会暂借的。时间已花了不少，要回到我今天的功课上去了，下次再谈。祝
新年快乐，工作顺利，精神愉快，应付你的新环境！

母亲前乞代道念，告诉她，我们匆匆一别也许后会无期，不禁万分惆怅。

爸爸

（一九五九年）一月三日

恩德，亲爱的孩子：

二月中来信至今未复，十分抱歉。说实话，你写的蚂蚁般小的字我用了放大镜还是看不清，尤其行格之密也密得异乎寻常，上一行和下一行常常缠夹，看信看得厌心了，也就一搁搁下来了。近年来我目力大退，每天工作完毕总要流泪很久。其实即使年轻力壮的人也没有能力应付你的小得出奇的字。我还想要求你以后用信纸写，航空邮简只能写寥寥几句的短信，俭省固是美德，不过也不宜过分，邮费在现代人生活费中占的比重并不太大。

听说你已经得了 M.A. 的学位，可喜可贺。大概你早知道，读学位作为谋生的手段未始不好，有时也必需；但决不能作为衡量学问的标识。世界上没有任何学位而真有学问的人不在少数，有了很多好听的学位而并无实学的人也有的是。请勿见怪我说杀风景的话，因为这是事实，并且为了督促青年，尤其是我素来关心孩子，我也不能怕说话得罪人。你出外六年，当然为学为人都大有进步，可惜来信从未提及。留英期间你已听到不少新的演奏，新的作品，新的学说，接触到多多少少新的乐队，新的老师，新的教学法，新的课程，你必有很多新的感受、感想、感触，新的反应，新的看法；不论对过去的音乐大师还是他们的作品，对现代的作家还是现代的演奏家，你也必有一年跟一年不同的看法；比如以前极喜欢的作家作品，如今不大喜欢了，过去格格不入的曲子现在反而感到很亲切了等等；我都想知道，听你说说你这些年在艺术方面的变化，分析分析这些变化的原因。去年你离开伦敦，想来除了居留期限以外，也有学习上的要求；那么到底在英国学到了一些什么，缺乏一些什么，到美国去补充些什么，去了以后是否能满足未去时的期望……这些问题都是我愿意知道的，也是你自然而然会告诉我的，可惜你从来没有告诉过我，未免使我感到十二分遗憾。

我常常有种想法，受教育决不是消极的接受，而是积极的吸收，融化，贯通；具体表现出来，是对人生、艺术、真理、学问、一切，时时刻刻有不同的观点和反应；再进一步便是把这些观点和反应反映在实际生活上，做人处世的作风上。我相信你也同意这个见解，那么为何不对我暴露一下你的思想呢？——我所谓暴露当然只是指发表发表你对艺术和音乐,包括演奏的技巧和学习方面的感想,大概不算要求过高吧?何况通信最有意义的就是这一类思想的交流,精神的接触。士别三日,刮目相看,我们一别六载,我垂垂老矣,能看到下一代的进步也是莫大的安慰,同时也是莫大的鞭策,所以更希望你"不遗在远"!

至于日常生活,我们还是和当年一样刻板:一日三餐的时间,工作的时间,都没有更动。只是体力日衰,关节炎常发,再加敏感性鼻炎(已二年),头痛(已五年),不时阻挠;脑子也越来越不灵活,工作进度就跟着拉慢,心里想做的事,想读的书,想补的课,不知有多少,而老是受到精力限制,这便是我最大的苦闷。我译的书不知寄给你对你是否有不便,故不敢造次,免得无缘无故给你添麻烦。敏在北京女一中教英文,工作还顺利,就是忙,没有时间进修。聪大约越来越像我的脾气,在外简直没有社交活动,据弥拉来信,说他生活只有三个节目:一、弹琴,二、听音乐(吃饭也得听),三、朋友来谈天。十月二十九日聪在瑞典回伦敦的飞机上写的信,有一段[①]:

　　……………

我抄给你看不但为报道消息,主要是想"抛砖引玉",听听你的议论。

傅妈妈身体很好,照旧做家庭的买办,誊录生,电话接线生等等,空下来看看书,练练小楷。你妈妈做何消遣呢?糖尿病是否减轻?每次经过你家门首,总是感慨万端。虽然长时期没写信给你,

---

[①] 此信是根据底稿抄录的。底稿此处写:另抄聪信"32 信第 4—17 行,又 25—26 行",因傅聪寄给家中的信件在"文革"中均被查抄,无法抄录。

可是难得有一个星期不想到你们的。祝学业进步！艺术进步！向妈妈千万致意！

爸爸
一九六三年十一月十七日

如不吃力，能用中文写信更好，祖国的语言不用也要忘记的，而祖国的语言便是祖国文化和民族精神的象征。

致梅纽因*

伊虚提双鉴：
狄阿娜

得悉你们首次探访小两口所得印象，内子与我深感欣慰，我们早已料到弥拉对持家之道必应付裕如，但不料她连烹调艺术也上手神速。聪最敬爱的两位老师，即在温尼伯的勃隆斯丹太太和在华沙的杰维茨基教授，各以略不放心的口吻来函相询，欲知当年弟子婚后的事业发展如何，而我自己对此却颇觉心安，因为孩子们对艺术的奉献及其处世态度使我满怀信心。其实，从你们的描述之中，得知弥拉已使新家充满温情及诗意，凡此一切，显然为两位尽力熏陶、悉心培育的结果。

两位对聪的厚爱，使我们铭感在心。唯有纯洁仁爱、充满真情的心灵才能彼此充分了解，互相真正赏识。尽管如此，聪始终不够成熟，缺欠经验，因此日常行事不够明智，此所以我们虽对他做人原则深具信心，而始终放心不下的原由。

"依灵"事件[①]谅不致重演，既为身在西方绝无仅有的中国音

---

* 梅纽因（Yehudi Menuhin，1916—1999），世界著名音乐家、小提琴家和指挥家。这部分信件是傅雷于一九六一年至一九六六年期间写给亲家梅纽因夫妇的，原信系法文，由金圣华教授译出。

① 傅聪于演奏会当日把日期弄错，以为是第二天。事后需择日补弹。

乐家，他自当凡事谨慎方可。再者，音乐会的地点不应只以艺术考虑作为选择条件，而应深思熟虑，以更为重要的其他条件作为甄选原则。不知他是否愿意采纳我的意见，因年轻人或多或少考虑不周并坚持己见，以致不能预见可能遭遇的不幸。此种忧惧经常折磨我们，甚至达到夜不成眠的地步。然而某些障碍，若能及时劝告，当可轻易避免。天真无邪自属可贵，凡事无知却使人愚不可及、灾祸殃身。在此复杂混乱的时代，行事多加思虑不啻为处世良方。我们深信两位必定会为孩子们幸福着想，多予开导。

承蒙两位建议为我代购书籍，欣然从命，然此事需附设条件，即你们必须跟聪算清代付账目方可。暂且寄上书单一张，多所叨扰，有渎清神。

去岁十一月已指示孩子，嘱他转交十七世纪中国画"花鸟"复制品六幅，画作于十二月中寄往伦敦。如今看来聪已浑忘一切，足见他如何对待我们之付托！其糊涂健忘真不可救药。此次寄呈画作一幅（一月九日寄出，约二月中寄达），此画由一位好友，也即当今我国最佳画家之一林风眠所绘。兹备画家简介，随后奉上。

狄阿娜夫人来信亲切，充满睿智，内子阅后不胜欣悦，谨申衷诚谢忱，并为稽复致歉。内子因不善英语表达，故迟迟未曾提笔，而我唯恐使她徒增压力，亦不敢过分催促也。

得知孩子们已在一幢舒适住宅安顿下来，一切皆便，极感欣慰。深信自寻觅居所至种种安排，皆为你们悉心照拂之功。

便中尚祈早日赐寄照片为盼，顺颂

双祺

傅　雷

朱梅馥

一九六一年一月二十六日

好友小提琴家马思聪（一九三〇年前曾负笈巴黎）为吾国最佳作曲家，亦为北京音乐学院院长，及一九五五年第五届萧邦音乐比赛评判，请我代询可否将其作品直接寄上。马为首先发现聪音乐天才的中国音乐家之一。

伊虚提灌录之唱片（密纹唱片），请按所喜作品为我们甄选一套，如蒙雅允，无任感荷。又及。

伊虚提如晤：

贤伉俪及孩子们的照片是否已经晒好？是否已以"空邮"惠寄？内子及我对这些照片终日期盼。林风眠画作谅已收到，不知是否喜欢？狄阿娜是否亦喜欢？又聪不知有否转交去岁十一月嘱其奉呈之"花鸟"复制品六幅？

兹推荐埃蒂昂勃勒所著有关现代中国一书，名曰《新西游记》（巴黎：伽利马出版社，一九五八年版），作者曾在书中提及不佞。能令你对吾人今日生活环境知悉一二（吾国因凡事皆发展迅速，始料不及，故当前情况较埃蒂昂勃勒来访时已大不相同。此中情况可询能人求证），诚有意义。此书在原出版社若已脱销，必可在巴黎旧书店买到。阅毕想必会转交弥拉，然否？

吾友马思聪已寄奉部分作品，并附简函。

内子附笔问候，狄阿娜处不另。

耑此，祗颂

双绥不一

傅雷

一九六一年二月九日

伊虚提_{双鉴：}
狄阿娜

狄阿娜来信言及你们生活极其繁忙，令我感触良多，然亦为意料中事，因我虽不如两位这般艺术任务众多，社交活动频繁，仍然非病倒绝不中断工作。人生有太多事要做，太多知识要追求，太多讯息要知悉，以致一日二十四小时总嫌不够，即使对一个生活归隐，恍似遁世如我者，也是如此。这岂非现代人主要病根之一？艺术若在吾人身上加重负担，徒增疲劳，而非带来平安，赋予喜乐，岂非有违初衷？一个世纪之前，丹纳早已抱怨人类头脑之进化不合比例，有损其他器官，而现代生活的复杂紧张已剥夺人类简朴自然、合乎健康之乐趣。倘若丹纳再生，目睹吾人今日之生活，不知又将出何言？

四月十七日接奉伊虚提新录唱片九张，另瓦格纳序曲一张；四月二十日，收讫法文书籍一包；五月二日收讫有关聪之德文文章，此等文章承蒙不吝翻译，凡此种种，感不胜言。伊虚提唱片令我们愉悦难宣，尤以近二十年未曾得聆阁下优美演奏，更感欣忭。可知自中日战争后，此间与西方文艺界已完全脱节。聪未告有否将书款偿还，虽然曾询问不止一次，此即为年轻人处事糊涂而应予责备之处。尚祈不嫌烦琐，径向聪索取代付款项为盼。若能真正对其视同己出，命其履行应尽职责，则将不胜欣慰之至。

狄阿娜于五月三日来函中提及一本共两册之字典，然并未指明所属种类。现有《乐如思世界字典》共两册，《二十世纪乐如思字典》共六册，《李特莱大字典》共四册。代购之字典相信为有关短语及引言者，未悉是否有较加赛尔本更详尽之法英——英法对照字典？若有上好字典，即使只有法英对照者，亦将合乎所求。

有关孩子们的结婚照，只于三月二十二日收到弥拉三月十日寄出之一批，你们寄自苏黎世的相片则从未收到，且如今方知有此一事。

凡寄邮件烦请留意，不论方便与否，务必以坚固信封或口袋装载，并请于四周用胶纸封好，或用绳子系牢。上海与欧洲之间，路途遥远，途中常有信封损坏、内件失落之虞。前次尊函附有巴斯音乐会说明书，信封就遭损坏并需此地邮局重新粘贴。

有关巴斯音乐节之曲目，其中包括英、法古乐，令人深感兴趣，未悉此等极少演奏之乐曲会否灌录成唱片？

五周以来，不见孩子们只字片语，此乃疏忽不周的另一例子。

无论如何，音讯杳然至此，但愿非因任何一人身体不适所引起。

　　顺颂

双绥

傅　雷

朱梅馥

一九六一年五月二十一日

伊虚提_{双鉴：}
狄阿娜

　　前奉一月二十八日自庞贝来函，迄今始复，延宕无由，歉疚实深。生活归隐至此，实远较他人时间充裕，得以向各方友好笺候，而此等友好我与内子时在念中。其实亦曾屡屡念及，不知你们身在何处，不知你们何以能妥善安排如此紧张的生活，而伊虚提不知又给公众带来何等令人赞叹的崭新献礼。然握笔笺候，仍需提起神来，徒然心系友人，并不足够。近来颇觉疏懒，尤感沮丧，并无显著原由，只因疲惫乏力、未老先衰而已。

　　人生已过半百，对生命自感意兴索然，而身处东方，且秉性严肃，缺乏雄心，性好内省，再者生逢狂风暴雨的时代，则更加如此。看来没有幻想的理想主义者更易失望，对人类命运更愿接受服尔德式的概念。中国成语谓，人为"万物之灵"，此种颇为自大的信念，我时时嘲之。即使身处另一星球来观察人性，我亦不可能变得愤世嫉俗。虽然所有崇高美丽之事物我均十分热爱，却无法使自己的梦想不遭破灭，反之，太多事令我震惊不已，使我疲累不堪，直至虚无寂灭。幸勿以为此类折磨乃浪漫底克伤感主义的来复,我已活得颇久,看得颇多,足以找出千百种理由,使怀疑看法屹立不倒。一种与哲学家智慧无涉的冷漠,一种不具任何力量的慷慨,一种缺乏狂热的理想,凡此种种,兴许是现代人通病的根源吧!大函述及有关印度之事,稍换数词,即可运用到吾人身上:相信无论身处何地,世人对未来均不太肯定。然而,我对自己的工作仍进行如常,此乃唯一可供逃避厌倦之良方——无疑为一种精神上的麻醉剂,幸好对他人无碍。

…………

愚对艺术的坚定信念,谅你们有相当了解,故对此处赘述为聪忧虑一事,当不感意外。对仍需不断充实自己的年轻音乐家(至少以长期来说)演出过频,岂非有损?认真学习,岂非需要充分时间,宁神养性及稳定感情?倘若不断仆仆风尘,又怎可使一套仍嫌贫乏的演奏曲目丰富起来?我明白聪儿需要抓紧所有机会以便在音乐界建立地位,亦知竞争极大,激烈非常,加以生活越趋昂贵,即使演出频频,在缴付税款及支付代理人佣金之余,亦所剩无几。音乐家时可在演奏台上得到进步,且若不经常在观众面前演出,将会烦闷非常,这些都可理解。然而在这种无止无休、艰苦不堪的音乐生涯中,要保持优美敏锐、新鲜活跃的感觉,岂非十分困难?聪身体非壮,财力不足,此外,他不但几如所有艺术家般不善理财,且过分懦弱,过分敏感,也过分骄傲,不屑跟一般音乐代理人,跟唱片公司经理,跟真正现代阿巴贡①的恶劣手段去对抗。他在美国的

---

① 阿巴贡(Harpagon),莫里哀名剧《悭吝人》(*L'Avare*)的主人公名,贪婪之人的代称。

遭遇实在惊人，然而又能如何？我们岂不是生活在充满血腥斗争的世界，而冷战并非限于政治圈子？此外，我亦深知不该对年轻人面临的事物感到焦虑。再者，孩子自有其命运，不必为他们过分操心。然而我始终不能自已。与子女之间血脉相连，他们的痛苦有时比自己的更感忧伤。

香港方面传出梅纽因即将赴港演出的消息，然未知确切日程。我们距离如此近又如此远，诚为可惜！料将巡回演出，顺便往日本及马尼拉等处，而不至仅赴香港一地，然否？

冗言滔滔，幸恕拉杂。能跟挚友推心置腹，岂非一乐？梅馥生性乐观，较少忧虑，因此常较我开怀，她对生活知足，此乃福分也，幸保未失。因聪寄来日用品之故，敏儿在学校生活安好。

即颂

万福

傅雷

一九六二年四月十二日

伊虚提双鉴：
狄阿娜

叠奉二函，稽复为歉，许或因精神沮丧之故，尚祈鉴谅。唯有日复一日，勤于工作，以期忘我，生活中自我麻醉至此，岂不可悲？然历经忧患，尤以年事渐老、健康日差之际，能养成习惯，以寄情工作为解救之法，岂非亦为一乐也？

承蒙惠赐照片，十分高兴，然瞥见伊虚提呈现疲倦之态，使我略感不安，所幸你对自己艺术及生命充满热诚，令我颇觉安慰并欣慕不已。

自香港再次惠寄之邮包已拜收。屡蒙厚贶，重劳关注，感激难宣。两位想起我国节庆——五月初五端阳节，实在周到之至。此乃纪念公元前三世纪大诗人屈原之节日。所言有关香港中国人之事几可沿用至全世界之伟大民族身上。中国人的确有些与众不同的特性，例如坚忍耐劳，朴实谦和，但以一般而论，我相信凡简朴而未受现代文明污染的人民皆敦品厚德、值得欣赏。深恐中国同胞在依循正确道路达到现代化之前，已失去传统美德及国民特性。此说并非杞人忧天，在知识分子圈中有多宗事件足以证实所虑非虚。

印象中聪也许过分专注音乐，以致忽略家庭生活。他苦练钢琴，超乎常态，甚至不愿在可能情况下，放假数日，以便休息。长此以往，这种生活方式不知会否妨碍小两口之间的和睦相处。素知两位通情达理，故将对儿媳幸福之虑坦白相告，也许伊虚提可一方面开导聪，另一方面协助弥拉对此类音乐家多予了解？

你们该再次参加巴斯音乐节并再次灌片，谅必成功。料不久即将赴格施塔德度假，又可与孩子们在山中休养了。

草草布复，顺颂近祺，并申谢悃。梅馥附笔问候。

傅雷

一九六二年六月十六日

伊虚提双鉴：
狄阿娜

希腊来函收悉已达二月，唯生活平凡，乏善可陈，故疏于具问。孩子们对赴巴伐利亚度假一事，只字未提，仅知二人于十二月中赴康城前，曾到巴黎，至于是否将往巴伐利亚跟你们共度圣诞及新年，则无从得知。

伊虚提于明年一月在英国演奏两场，其中一场将由聪代替海弗西巴演出，此事是否属实？此种合作演出成绩若何，我深感好奇，极盼赐告。英国乐评家近日对聪态度大变，令其极为吃惊，虽则聪对自己之音乐忠诚不变，坚毅如昔。近数月来中国与西方国家不和，亦使其深感痛心。身为放逐在外的年轻人，必然十分敏感，而其爱国心又十分强烈，且移居一事，与仇视祖国无涉，故归根究底，当可了解在聪内心深处，始终存在冲突，即发现不论思想、文化、哲学——简言之，凡影响中国人智性及精神生活之种种，皆与西方人在基本上截然不同。我们的确对现代重商主义深恶痛绝，尤以艺术圈子为然。举例而言，两年前得知凡音乐会寻常预习一次立即演出，深感惊讶。对吾等"老一辈"而言，此事简直匪夷所思。

聪第二次赴美巡回演出，看来情况未可乐观，由于演出并不算多，他不免自问所得是否足以偿付旅行支出。然又能如何？凡音乐家必经此途，聪已算少数得享特权的音乐家之一，夫复何怨？吾友以为然否？

新年无甚佳品可赠，奉呈之物正如中国成语所言，仅为"千里送鸿毛，物轻情意重"而已。

梅馥附笔同贺年禧,尚祈珍摄,崇颂

艺祺不一

傅雷
一九六二年十二月三十日

伊虚提
狄阿娜 双鉴：

八月一日手书拜收，得悉伊虚提灌录之唱片又一次成绩骄人，深感欣忭。四月底聪曾来信提及岳父在伦敦之精彩演出，感奋之情，溢于言表，并谓此乃历来聆听贝多芬小提琴协奏曲之中，最为杰出之一次。承蒙惠示《卫报》刊登之文章剪报[1]，我对此乐评人之文笔，颇为稔熟，故深谙其对伊虚提赞誉之意。

大函所言有关孩子们之情况令我略感放心。首先，你们对弥拉的个性最为了解。其次，你们跟他们距离较近，必可对其日常生活更为清楚，然而父母为远在他方的子女幸福着想，对其牵肠挂肚，此种心情，你们必会谅解，虽则种种忧虑，有时颇为多余。聪在南美巡回演出期间憾不能函达，所冀希者仅仅为通过弥拉得知其近况一二，然弥拉亦可能所知不详[2]，因聪几乎经常仆仆风尘或身处音乐厅中。

随函附上一信给弥拉，若她身在苏黎世或其他地方，则烦请顺阅此信并代转告。在两位于格施塔德节日演出期间，冗琐烦渎，幸

---

[1] 原文为 coupon，应为 coupure 之误。
[2] 原文为 peut-elle，应为 peut-être 之误。

乞恕罪，并致谢忱。此次演出，想必成功无疑。巴斯音乐节今年似不曾举行，此节是否并非逐年筹办？

  草草奉复，祗候两位及二位公子

阖府均吉

傅雷
梅馥
（一九六三年）八月十九日 *

伊虚提
狄阿娜 双鉴：

  凤凰城传来佳音之前，已从友人处知悉有关你们美国巡回演奏的消息，因他们曾于辛辛那提聆听伊虚提的演出。你们即将在伦敦创办培养音乐天才儿童学校一事，弥拉亦曾提及。年轻学子能有此接受理想教育之良机，确实幸福。两位不仅仁慈为怀，慷慨助人，且在种种智性活动及行政工作方面，均表现出惊人魄力，令人钦慕。在两位面前，我因健康日衰，一无所成，相形之下，几同懒人或病号也。

  聪来信述及他在斯堪的纳维亚及维也纳巡回演出中，琴艺大有进步，并谓自己在演奏中曾处于一种精神抽离状态，对观众及物质世界感到既遥远又接近。他目前弹琴时不论身心都较前放松，而且身体已不再摇摆，得悉这一切，深感兴奋。再者，一个

---

 * 此信未注明年份，根据内容，推测为一九六三年。

艺术家在自己领域中不断求进,且每隔五六年就迈进一大步,确实十分重要。

聪对自己非经编汇的灌录也许并不在意(包括萧邦《马祖卡》三十三首,斯加拉蒂奏鸣曲,巴赫半音阶幻想曲及随想曲,韩德尔组曲,舒柏特奏鸣曲两首,萧邦协奏曲一首,舒曼协奏曲一首——内容不错,然否?),他对自己演奏成绩,尤其是灌录成绩,总不满意,然而我对这些记录,即使极不完美,亦珍而重之。出版西敏寺公司唱片的附属唱片公司近况如何?未悉你们是否正巧知晓?其英国代理人去年似已破产。

承蒙自香港惠寄食品包裹,不胜惶愧,每逢中国佳节均承厚赐,关怀之情,五衷铭感。然目前一切情况几已恢复正常,万望切勿再次厚贶为盼!

你们似又将前往巴伐利亚与孩子们共度假期,伊虚提并将与聪合奏奏鸣曲,尚祈你们能欢度节日,好好休憩。

一九六四年将届,即颂年禧,并候

道绥

傅雷
梅馥
一九六三年十二月十日

请为我订购于日内瓦出版之有关巴尔扎克书籍,书名见另纸。又及。

伊虚提 双鉴：
狄阿娜

  接奉一月七日大函，方始对你们在施洛斯·伊拉姆的音乐活动情况得知一二，孩子们迄今不曾来信，他们应已相偕前赴美国，然否？根据年初接获自施洛斯·伊拉姆寄来之明信片，你们新年度假的地点显然远离市区，不禁自忖巴斯交响乐团究竟要为哪种观众演出？

  聪是否为演奏室乐的良伴，令我好奇，不知他与不同乐器合奏的多首二重奏是否成功？聪于去岁十月曾提及他在斯堪的纳维亚巡回演出时琴艺进步一事，令我极欲聆听伊虚提之高见，未悉我们的孩子是否真已在自己的领域中向前迈进？——未悉他是否已走上正道？

  得悉你们喜欢中国画册，而此等书籍大大美化现实，尤以周游世界之际，能使你们身心舒泰，诗情洋溢，怀着有关中国的美梦，的确令人欣喜。

  承蒙邀约前往贵处拜候，不胜铭感。能与孩子们相逢，并跟你们相聚一堂，尽兴畅谈，实为不敢奢望之一大乐事。惜人生不能随心所欲，且此事非关盘川，个中原由，两位想必极难明白。

  烦请代购杰弗里·阿特金森所著有关巴尔扎克思想一书（共五册），琐事叨扰，尚祈见谅。此书未敢肯定可否于日内瓦寻获，因一般书籍在欧洲极易脱销，故我经常为找寻所需有关巴尔扎克研究的著作而煞费思量。

  诸事繁忙，幸勿过劳。两位常在念中，思念之情楮墨难宣，然或可以心灵感应，换言之，以巴尔扎克式，用磁性相吸之说来沟通。

傅雷
梅馥
一九六四年二月十五日

伊虚提
狄阿娜　双鉴：

得知你们对聪的巡回演出表示满意，深感欣慰。以伊虚提的艺术眼光，对爱婿自不会有所偏袒，故我们对聪近年来在音乐方面之长进倍添信心。伊虚提对聪来说，不仅犹如慈父，且在精神启蒙方面亦为良师，因聪不时以钦慕之情，领悟之心，对你有关艺术的远见卓识（聪曾屡屡述及，每次跟你练习之后，必大有所获），以及你崇高的品德（以聪惯常用语，即你那天使般的性格），推崇备至。

最近曾自希彻姆及北爱尔兰两所苗圃订购月季花苗，原以为弥拉当在伦敦为我跟此等公司算清账目。此外，又曾寄往坎菲尔德花园包裹一个（内有送狄阿娜的中国丝织品一件），应于十二月初抵达。因未料及弥拉已离家与你们会晤，且深恐英国邮局发现聪家中无人，会把邮包寄返中国，故不得不致函史密斯小姐，烦请代办有关事宜，并向邮局安排一切，以确保邮包留在伦敦。擅自径函两位之秘书，尚乞恕罪，因不知你们归期，且事情紧急，加以史密斯小姐于九月曾就代觅月季花目录一事惠赐来函，故理应布复致谢也。

因聪经常出门，而弥拉又忙于治家育儿，故不知将来能否致函史密斯小姐央其代办种种琐务（如买书，找杀虫剂、杀真菌剂、园艺用品等），并嘱聪事先于史密斯小姐处放置若干款项？如有不便，尚祈不吝相告，则决不敢叨扰也。

去夏曾于家中休养两月，因脑力消耗过度———日工作之后，头部正如巴尔扎克所言，变得恍如烤炉。不幸重新工作才一月，约于九月底，视力大衰，字前似常有浓雾飘浮。经医生诊断，查不出严重原因，只谓用眼过度所致，因而遵嘱不得不再度停止工作。前次休息时，甚至连写信也不准！此信我时断时续，在打字机上已耗时两日（基于同一理由，自九月中即不曾致函弥拉）。目前不能阅报，只可听音乐及翻阅画册。在此缺乏活动的生活中唯有园艺可资消遣，尤以种月季为乐。然凡费目力之事，如接枝等，概由内子代劳。

来函未言及目前凌霄身在何处，是否在瑞士那位老保姆处？因其离家甚远，故极盼他一切安好，并获妥善照顾。

孩子们已有八周未通音讯。狄阿娜回去后若能耗神半点钟，告示孩子行踪，则不胜欣忭之至。

耑此　敬颂

时祺

傅雷
梅馥
一九六五年十一月九日

万望由聪将史密斯小姐为我代付款项偿还。不然，日后将不敢烦扰你们秘书代办任何琐事矣！

伊虚提_{双鉴：}
狄阿娜

十二月二十六日大函奉悉，甚感快慰。未能为你们寻获较佳中国丝绸，十分抱歉，此等丝绸乃专供出口之用，内地市场根本无法购得。内子因凑巧选上狄阿娜至爱之色而欣喜不已，由于寄出包裹后始得知你特喜黄色，此点并不出奇，最近在格赖斯目录中发现有一种与茶树混种之月季,恰以狄阿娜·梅纽因命名,而其色泽正为黄色!

昨日为一大喜之日,因除欣获两位大函之外,还收到聪及弥拉寄来长信两封,以及照片一包。此情此景,岂非珍贵友情及真挚亲情齐集上海,使我们暖在心头?顷刻之间,仿如大家都在家中团圆:此时何等美妙!此情何等动人!得知不久将有专人照顾凌霄,大感放心,操持家务对弥拉来说确实太过辛劳,弥拉身体较弱,极需帮手。瑞士保姆,性格单纯,应较法国女子牢靠,虽然后者在英国传统上较有声誉(正如英国"保姆"在法国亦颇有声誉一般)。

史密斯小姐函告佳音,谓伊虚提即将获颁英帝国爵士勋衔,此荣誉早应获得;而狄阿娜多年来任劳任怨,不遗余力,亦贡献良多。每一位成名人士背后,总有一位无名女士在默默支持,虽位属次要,亦不应少受荣耀。归根究底,两位得此殊荣,确为实至名归!企慕不已,谨致贺忱。

因视力不佳,颇感倦怠,匆此布复,幸乞恕罪。然两位幸勿为我过忧,我自当耐性静养,冀希康复。迄今为止,病情不算太严重,只需休息便可,如此而已。

谨颂年禧,并候
道绥百益

傅雷
梅馥
一九六六年一月四日

如蒙惠寄罗伊·吉德斯所撰有关月季书籍,将不胜欣忭,先申谢忱。承蒙史密斯小姐代为搜罗种种有关杀真菌剂资料，有关月季书籍及代办诸多琐事，叨劳之处，烦请代申谢悃为盼。

伊虚提 双鉴：
狄阿娜

顷奉二月十七日自瑞士疗养院寄来卡片，未知你们健康如何，深感不安，孩子处杳无音讯，故始终不知两位所患何疾，但愿不致太严重，且已康复为盼。西方国家的生活与此处如此不同，以我贫乏想象力及三十五年前对西方大都会之粗浅认识，实难理解当今艺术家东奔西走，周游列国，其生活之忙乱纷扰究竟如何。

两眼因患白内障之故，被逼休养几达六月。目前尚未能动手术，然即使手术十分成功，视力亦将永久受损——尤以视觉范围将大受限制，此事岂非不幸？然又能如何？但愿白内障不致恶化，健康日见改善，不久可重新工作。

为耐心静养起见，我放纵自己去培植月季。承蒙史密斯小姐不辞辛劳，在弥拉及聪出门期间，为我代订月季花苗及杀真菌剂等等。然供应商有时略去史密斯小姐之名，错把发票送去府上。她原该向聪索回款项，而此事却落在狄阿娜手中，琐事烦渎，幸乞恕罪。此后务请将发票交聪或弥拉，因此事虽已屡函英国商店，不知能否确实改正。此外，亦不妨坦言，极欲获得罗伊·吉德斯所撰《月季》一书，有关此书之一页图片宣传资料承蒙早前惠示。此书可以平邮经苏联转寄。

聪欲在钢琴上指挥两首莫扎特协奏曲,岂非轻率过分,野心勃勃?两位于三月十八日若在伦敦,则极欲得知你们对他演出之高见。阅读种种剪报后,实无法抱有太大信心。

因视力太差,不多赘言,万望见谅。内子因无法用英文通信(你们谅知她性情懦怯),亦深感疚歉。

耑此　敬候

道绥百益

傅雷
一九六六年三月三十一日

原拟由聪支付于哈克尼斯及迪克森订购之月季花苗款项,承蒙代付,不胜铭感,特致谢忱。又及。

致汪孝文 *

孝文先生:

久未晤教,想近状佳胜为慰。陈叔老十一月初来沪,曾觌面二次,并商恳为宾翁年谱作序。上周已寄示初稿商榷,今已略贡鄙见寄回,谅不日即可写定。便中乞告尊翁并用明先生释念为幸。匆此祗候

冬绥不一

弟 傅雷拜上
(一九六四年)一月十九日夜

日前令尊寄下宾翁《年谱》最后誊正稿,并嘱阅后即转人美,唯前次送去《书简》稿,迄今尚未见审阅意见,况目前形势方在学习阶级斗争,文艺界又着重表现新人新事,闻出版社方面,最近因形势关系积压未决之稿甚多。鄙意只能待宾老画展举办之日,再与美协及人美提到《年谱》问题,眼下恐不合时宜。此点拟恳婉呈尊翁耐性等待。画展一再延期且无消息,个中因素我侪亦当有所体

---

* 汪孝文,生于一九二四年,原名汪聪,安徽歙县人,汪己文之子;曾问学于黄宾虹先生多年,并受命代为整理所藏书画文物目录,编有《浙江资料集》、《黄宾虹书信集》等。

会,不知高见以为如何?草草祗候

孝文先生时绥

    ^弟怒庵拜上
    (一九六四年)五月十二日夜

致汪己文 *

己文先生大鉴：

手教拜悉，想清恙早痊健康恢复，为慰。数月来贱躯亦复不佳，目力衰退尤甚，除日课外几难兼做他事，《宾翁书简》延宕至今，罪甚，罪甚。兹将原稿另邮挂号寄奉。拙作"前言"，草草了事，尚乞斧正，随函录呈。并附"编后说明"二纸，是否有当，仍请尊裁。

北京人美正在收录宾老遗著，已有四十万言，颇多外间未见未闻之作（例如《文征明》）。弟已去信托友人将全目抄录（并附发表年月地点）寄下，唯须年终方能办到，因大家工作太忙，故勿急急，以竭尽妥善为主。

叔老来函谓《年谱》序文正在构思，可见决无食言之事。耑此布复，匆候

台绥不一

弟 傅雷再拜
（一九六二年）十一月十八日

---

* 汪己文（1899—1970），安徽歙县人，教育工作者。与黄宾虹为同乡世交，编著有《黄宾虹年谱初稿》、《新安画苑录》、《宾虹书简》等。

己文先生：

　　大示敬悉。附来二函，内容与前编书翰大同小异，文句泰半亦散见致各家书信，并无新材料，以不补入为宜。至与李瑞清合营鱼塘，不但无年月可考，且事甚细微，与宾翁学问、艺术、道德、文章均无关系，按照目前形势，经商牟利之事尤不必多提。《年谱》虽以详尽为主，亦须慎加舍取，不能有闻必录也。鄙见如是。不知尊见以为如何？耑复，祗候
道绥

傅雷拜上
一九六四年八月十七日

叔老在医院疗治三月余，近已告痊回家。二信附还。

致成家和*

家和：

  昨日一信写得太匆忙，一则伦敦的日程与港岛的日程显然冲突（除非别有缘故），急于通知你；二则心情太兴奋，情绪乱糟糟的，无从表达，你看了梅馥的短短几行想必也感觉到。年纪大了，我们两人比以前更神经质，一有刺激，不论悲喜，都紧张得不得了，一时无法平静。你的信写得又细致又生动，从接送飞机到饭菜，我们仿佛一一亲历其境。孩子每半年的日程表总预先寄来，我像日历月历一般经常翻阅，对照着地图，在想象中跟着他到东到西，还计算两地的时间差别，常常对梅馥说："此刻他正在某处登台了……此刻他大概在某地的音乐会结束了……今天他正在从某地到某地的飞机上……"和他通信多半长篇累牍的谈艺术，音乐——某个作家，某个作品，谈人生，谈祖国的文化，诗歌，绘画，东方民族的特性。所以虽然离别八载，相距万里，我们并无隔膜。你说的不错，孩子的长处短处都和我们俩相像。侥幸的是他像我们的缺点还不多，程度上也轻浅一些。他有热情，有理想，有骨气，胸襟开

---

  * 成家和（1910—2002），南京人。与成家榴、成家复系姐弟三人，均为傅雷夫妇挚友。成家和曾是傅雷二十世纪三十年代初任教上海美专时的学生，一九五〇年后移居香港。文中所提"芳芳"即成家和之女萧芳芳，香港著名影星、导演。

阔，精神活跃，对真理和艺术忠诚不贰，爱憎分明，但也能客观的分析原因，最后能宽恕人的缺点和弱点；他热爱祖国，以生为中国人而自豪，却并未流入民族的自大狂。他意志极强（至少在艺术上），自信极强，而并未被成功冲昏头脑，自我批评的精神从未丧失，他对他的演奏很少满意，这是我最高兴的，艺术家就怕自满，自满是停滞的开端，也便是退步的开端。当然他还有许多缺点：主观太强，容易钻牛角尖，虽然事后他会醒悟，当时却很难接受别人的意见，因此不免要走些弯路——主要是在音乐方面；而人事方面也有这个毛病，往往凭冲动，不够冷静，不能克制一时的欲望。他的不会理财，问题就在于此。总之，他的性格非常复杂，有一大堆矛盾：说他悲观吧，他对人生倒也看得开看得透，并且还有"知其不可为而为之"（这是他常常提的一句话）的傻劲；说他乐观吧，对人类的前途却也忧心忡忡。其实这些矛盾在我身上也照样存在。恐怕就因为此，关于他的一举一动，一星半点的消息，特别容易使我激动：他的一切经历，仿佛是另一个"我"的经历。你是老朋友，不至于认为以上的话有替儿子吹嘘的嫌疑。你欣赏他，所以我乐于和你谈谈我对他的看法，同时你站在第三者地位，也可看看我们父子是否真正相互了解。你提到我们的教导，老实说，一大半还是他的天赋。我给他的教育很多不合理的地方，太严太苛求，自己脾气坏，对他"身教"的榜样很不好：这是近十年来我一想起就为之内疚的一点。可是孩子另有一套说法替我譬解，说要是他从小没受过如此严格的教育，他对人生，对痛苦的滋味决不会体味得这么深这么早，而他对音乐的理解也不会像现在这样远远超过他的年龄。平心静气，拿事实来说，他今天的路，没有一条不是我替他开辟的，但毕竟是他自己走下去而走得不无成绩的。例如中国哲学，诗词，绘画，我的确给了他熏陶的机会，可是材料很少；能够从很少的材料中领悟整个民族文化的要点和特色，那都是靠他自己——尤其是靠天赋，他本身的努力除了音乐以外，在别的方面也并不多，甚至很不够，但终究能抓住精神，当然是天赋帮他的忙，我们不能侥天之功以为己有。

　　在电话中曾再三阻止他留钱在香港，不料他还是存了款子在你那里。事实上，我们并无需要。写到此，想起一件事来：你若为音乐会事去电新西兰，电报费务望就在那笔款子项下开支。你是代我们办事，费了心出了力，怎可以再贴钱呢？你知道我的脾气，朋友之间赠送管赠送，代办管代办，两不相混。所以你千万不能客气，免得我们心里不安。我们心里不安，你也不会愿意的，是不是？媳妇与一般的媳妇不同，我们在他们订婚时已感觉到。这几年更证明了这一点。多少人家的儿子在海外娶了亲，对方还是中国女子，同国内的翁姑经常亲亲热热通信的能有几个？更不用说外国媳妇了。当然这也有许多原因：首先是弥拉的本质不错，其次是她的家庭出身，他父亲一开始就尊重我的些少成就，也尊重我是中国文化界的一个代表。他们是从聪的嘴里知道我的为人，也从聪本身的为人处世及艺术上看出我们的家庭。在弥拉的信中，我们清清楚楚知道聪是不断和她提起我们的。另一方面，几年来小夫妻俩有什么不和，我也是一封中文信一封法文信（特意不用英文，不让聪看懂）絮絮叨叨的劝这个劝那个。好在他们自己也很会转圜。听聪对你提到弥拉的话，可见他还是很客观。他也知道"人生"是最高深的一门艺术，而夫妇生活便是这门艺术中最重要的一个科目。

我们真正牵挂的倒是他不会安排经济问题。演奏家的命运——尤其是青年演奏家,多半掺在变化无常的群众手里,一朝时髦风气转了向,很容易门庭冷落的;不有一些积蓄怎么行!何况弄音乐既消耗体力,又消耗精力,在台上如此波动,神经如此紧张(也有冷的艺术家,能不动感情,但聪不是这个类型)。一年到头他飞东飞西,天南地北的奔波,仅仅做到一个收支相抵,到底有些危险。只要略微计算一下,调度得合理一些,照他电话里告诉我们的每月家用,我敢打赌,满可以减少百分之二十的支出,而决不影响他们的生活水平,饮食水平。此事拜托你和他细细谈一谈。

世界上也正有巧事,也就是你所说的缘分,你居然能守在家里接到他的电话!当日晚上不来长途电话,我早猜到原因,我和梅馥说:"那准是怕我们一夜不能睡觉。"骨肉之间的体贴不明说也同样感觉得到。五月三日夜,梅梦见聪还是小娃娃的模样,喂了他奶,他睡着了,她把他放在床上。清早梅馥和我说了,不出半小时就来了电话!我们梦见孩子以及弥拉和小孙儿的事不知道有过多少回,这不过是最近的一次,而正好和电话连在一起!

假定在港演出成为事实的话,即使不招待记者(聪向来不喜欢这一套),个别撞到旅馆来的恐怕还是难免,要挡驾而不得罪他们也不大容易。我知道你善于应付,聪也该有相当经验,不过港九情形复杂,比世界上任何地方都麻烦,报纸的党派背景又错综万状,尚恳事先多与沈先生考虑。目的无非要稳稳当当开完演奏会,既不招惹特殊势力,也不引起国内误会!

关于聪的生平(节目单上),最好不必介绍,事实上也不需要;万一非要不可,最好笼统些,简略些。措辞以平铺直叙为宜,少用夸奖字儿，报纸上的消息尽量简单为妥。想沈先生也是此中老手；只因聪的情形特殊，地位微妙，反而越少宣传越少渲染越好：这一套恐非一般做宣传工作的人所熟悉，故不惮繁琐再和你提一遍。

说到那位沈先生，既然能和聪一见如故，我们也不难想象他是怎样的人品学问（别看聪老堆着笑脸，遇到俗物他也会冷冰冰的似理非理的呢）。请代我们向他深切的致意，深切道谢他帮这许多忙！

这封长信看得你快头昏了，就此带住，并祝

康乐！

安叩

（一九六五年）五月十三日夜

为伦敦日程事，我昨天已另去信要弥拉查对，要她向聪的英国经理人问问清楚。上海—伦敦间的航空信，同港沪之间的信一样，只要六七天。

梅馥在电话中听说她编的小毛绒衫裤，弥拉最喜欢给孩子穿，梅那副得意样儿活像小学生受了老师赞美。她已开始编织周岁的小衣裤了。

芳芳见了聪，印象如何？很想听听她的意见！

家和：

来信收到还不满一小时，吃完中饭就给你提笔了。你办的事比我们更细到，我们想到的你都办了，我们没想到的，你也办了，真不知从何谢起！只是一件你没按照我们的心意：你们一家和阿榴的票子（两场）没有算在我们的账上。你想如果我们在港，会让你们自己买票吗？你此刻是代我们做事，样样要站在我们地位上设想才好。钱是小事，情理上可万万说不过去。望见信后即将此事重新安排，千万千万！

前天（二十四）有位朋友接港九来信报道会期，两场的节目也报了一大半。所以我们已知道定在四日，而且是两场差不多连在一起；我就什么都明白了，我也猜到四日半夜前后他就要上机的；因为港九和伦敦时间相差八小时，他可以争得回家休息二三小时以及和乐队排练一下的时间。可见六月五日伦敦的一场并未变动，你前信说聪查来查去，只有六月五日有空，可来港，所以我吓了一大跳。现在问题弄清了，我也就放了心。

演出后倘报上有什么评论，望一律剪下（每张写明报名。西报的更要。还有两场的节目单！）寄我。当然港九不会有什么高明的艺术评论家，不过能多看到一些有关孩子的材料总是高兴的。也许演出前后有什么照片，不用我说，你一定也会寄来的。

你们替他安排的住所等等，再妥当没有。只希望端午节下午让他有两小时彻底休息！沈先生将来如回大陆，欢迎他来谈谈。暂时请你先代我们多多致意，多多道谢。送票还远不足言酬劳，且待以后他来沪时再想办法表达我们的心意。

二十三日给聪的信想必先到。我们对他一切放心，就是事务处理上常常要挂念，他到底是艺术家气质太重，对艺术来说是长处，对实际生活来说是短处。而且人事变化无常，世界大局动荡不定，西方的经济也不景气，物价只会涨不会落，做父母的总不免在这些地方操心。

吃东西等等不知他是否很有节制，经常出台的人便是小小的闹肚子也是大大的麻烦事儿。想必你爱之深，护之切，便是他食欲太旺，你也会适当掌握的。别笑我啰嗦：这份心情也便是你照顾芳芳的心情。

今年从五月到六月，无端端忙了你一个月，虽说是快活之事，究竟也劳神劳力，事后望多多休息。

寄烟丝倘是两包，一定要分两次（一在五月，一在六月），否则准被退回。不多写了，等你们电话。我们六月三日一定等到半夜。四日清早八时就起来。匆匆
祝好

安
梅 同上
一九六五年五月二十六日

一切该聪付的账，务望照算，你已经为他破费不少了。要不然更使我们不安。
报刊上不宣传正合乎我们的意思！

家和：

一别十五年，突然听到你的声音，真说不出是什么感觉。奇怪的是你的声音好像变了。大概是电话机的关系吧！你一向声音偏尖，昨天却偏于低沉。倒是阿榴的声音和以前没有大分别。也难为

她一个人撑一个家,居然还教琴,她说生活比以前好了些,我们真高兴。(她是否也愿意和我们通通信呢?不妨由你转。)

今天急于写信给你,主要是请你想法找出《大公》、《文汇》两报的材料,不论是事前的新闻还是事后的报道或评论,只要关系到聪的都希望剪寄(请查仔细,勿漏掉)。假如你家里不订,烦托朋友收罗(日子近大概还容易找),这对我有用。其他的评论(包括西文的)以及音乐会的节目单,想你定会收齐寄来的。

刚才又通了二十分钟话,其实是二十小时、二十天也不会餍足的。我们两人一夜未睡好,阿聪说也是如此,而且他已有四五天睡不稳了。我们一家人的气质太像了。像昨天这样一个黄昏两场,也只有他敢顶,而且能顶。幸而是只此一遭,别的地方决无此例,否则再年富力强也不行的。

李太太购画事谈妥没有?不是我们要强挨给她,而是她既要不着(在港她到×古斋挑过,不中意),聪手头又有现成的,乐得给人方便,而聪也了却一件事。只是请你再在电话中提醒李太太,七八两月聪一家多半不在伦敦,如此事不在六月底以前办,只能等到九月初了。(再望告知李太太,画款在伦敦取画时交聪。切勿预付。)

我们寄你的一幅你喜欢吗?我们在家曾挂过三个多月。国内现在就是这一位老辈还有好作品。人也朴实可爱,我虽和他交往历史很浅,倒是挺投机,谈谈艺术,境界理想彼此比较接近。

聪说还得和宋奇通电话,不知他们有什么话提到我们(因为宋氏兄弟五年多不与国内任何人通信)?倘聪与你谈及,请转告我们。这些事聪以后不会在信里报告的。

聪小夫妇间过去常有些小小冲突,我总是两面劝解,为此我就用法文写给弥拉,为的不让聪看懂。今天他在电话中说了弥拉许多好处,我们放心了。总之,聪在这方面又是像我。五天前弥拉来信,说好好坏坏统扯一下,聪的好处远远超过缺点。把两人的话一对照,我们更放心了。再谢谢你的安排、关切、奔走。你我之间当然不必客套,但这份感激的情意不说出来,憋在肚里也不好过。

我们掐指算着,大概十二日左右可收到你的长信了。为了试试目前港沪间航空信究竟有无作用,故此信到的日期,请记下来告我!

祝好

安 同上
梅

(一九六五年)六月五日上午

能否打听到:港音乐厅有多少座位?

和:

读七日信兴奋得直头痛,几年来犯了毛病,一紧张往往头痛欲裂。梅一边看信一边直掉眼泪。难为你和榴不但事前和当时如此忙碌、周到,感情如此激动,事后还要剥夺你们睡眠的时间(榴信同时收到,也是半夜二时写的)给我们长篇报道。从一九五三年第一次出国(去罗马尼亚)起,这是破天荒第一遭知道他三四十小时内的生活细节。他的家信从来不提这些,一则太忙,二则到底是男孩子,不耐烦谈家常琐碎,哪想到做父母的贪心不足,连他走一步路，吃一样东西都想知道呢！你们俩真不愧为好姆妈好爹爹，给聪受到了——在多少年离乡别井、思亲怀国之后，受到了慈母般的温情。可是我很怕他回去以后非但不就写信给你们，甚至会长时期不通消息，使你们失望。这一点他不像我，但愿你们原谅。一天两场演出，原是绝无仅有的，要不是情况特殊，他也不会如此拼命。每年音乐会总数大概在六十次左右，决不可能再多。有几个月忙些，七八两月总是淡月，好休息一下。他的手早于几年前保了险；乘坐飞机保险与否，待我去信问他，谢谢你提醒我！

　　从六〇年开始我再三劝他尽量减少开支，减少演出；在艺术中最消耗人的是音乐，比演戏还厉害，连续两小时以上的神经与感情的紧张实在伤人。可是他有他的苦衷，说辞掉一个邀请可能永远失去一个机会，年轻的演奏家更不能让他的名字冷下来；西方艺术界竞争十分尖锐，你不接受的约会，别人立刻凑过来拿去了。这就是西方世界的你死我活的生存竞争，有什么办法呢？我只能叫他尽量抑制情感，不要太整个儿浸入音乐；但不这样又丧失了活力，吸引不了听众：说来说去都是矛盾。何况气质、本性决定一切，要他接触音乐而不浑身投进去，根本办不到；因为他身心的沉溺，并非有意识的（更不是有意借此吸引人），而是像钢铁遇上了磁石，身不由主，情不自禁。这是艺术家的致命伤，也是艺术家的可贵处。当然大多数属于"冷的"一型的演奏家不是这个情形，因为他们有的是另外一种气质。

　　沈先生已于前日来信，提到环境的复杂，客观效果恐怕聪的演出仍对祖国不利。所以我想看看大小各报（包括当地所有的刊物）的消息或报道或评论，即使是三言两语也值得我在字里行间琢磨一番,研究研究。可惜你把中文报的材料寄去伦敦,要他再寄回来是不大可能的。别以为他做事认真,有些地方还是挺马虎的。前信我请你专门收集两份报纸的材料,倘使他们一字不提,也还是一种态度,请告诉我。音乐会两场的节目,可否请芳芳抄一份寄来?西文报未提到第二场下半段,四日下午电话中也未细问,怕浪费时间。说到电话,你可知道每三分钟要多少港币?他这两次电话大概花了一大笔钱吧?

四日电话梅讲了一会儿,聪就说要穿衣了,我们只道他是预备穿衣出门过海,谁知旅馆和会场倒近在咫尺,电话是在浴缸内浑身涂满肥皂接的!真正太像电影镜头了!

六月四日我们一直等到夜十一时半才上床,明知他到的晚,怕打扰我们睡眠,大概不会来电话;但仍作万一的准备。从四日清早起(其实从二日夜,他在新西兰最后一场演出时起)我们的心已经时时刻刻念着他了。不但如此,有一位朋友也从四日下午六时起到晚上九时都在想着聪。所以你说我们时时刻刻和你们在一起是一点不错的。你们的接机送旅馆等等,我们脑子里都一一预演过了!

聪弹《牧童短笛》另有特色,完全在琴上传出笛子的音色,一九五三年在国内弹的时候,作曲家本人即大为欣赏。港地侨胞多,怪不得他要作为 encore piece [加奏乐曲]了。

他此次急于抓住机会在港登台,我猜想还有一个对谁都没说出来的理由。他最不喜欢人家把他的艺术生涯和他的岳父联系在一起,仿佛他在艺术界沾了岳父的光;尽管他与岳父合作得到不少启发,尽管他非常尊重岳父的为人和艺术成就,但他自己的些少成就决不愿意有依赖他人的嫌疑。明年不是有与岳父同来的可能吗?他要不先独自登台打定天下,明年在外人心目中难免不显得他是沾了丈人的光。你看我猜得对不对?

明年的事第一要看大局,眼前不能存什么希望。至于团聚,更不是我们自己做得了主的。再说我也怕受不起这样强烈的刺激:人老了,多一次悲欢离合,心上多刻上一条伤痕;归根到底,我还是旧中国人的脾气,感情方面能够适可而止还是有好处。客观的可能性主要决定于上面对此次演出的看法,而当地各方面的反应也可能影响上面的看法。因此我更想看遍港岛的报刊。总之,此事微妙得不得了,一切很难预料。

你们前后紧张一个月,这几天可曾平静下来?睡眠有没有补足?这样深厚的友情不是言语所能形容的,有你们这样的朋友,我们俩人这一辈子也不算白活了。至德不言谢,谢也无从谢起。但望多多休息,百事顺利,芳芳继续成功!

安

一九六五年六月十三日晚

聪可曾与你提起与宋伯伯(奇)通话内容?他一回去不会再报告的了,问他也没用。

虽然也给榴去了信,此信还是希望给她一阅,内容不完全相同。

李太太购画事下文如何?也许你在下一信中已经提了。

五日、七日各发一信,收到没有?以后寄烟丝,望绝对勿超过二百公分。

连带芳芳、咪咪也为着聪忙了一大阵,真叫人感动。

和：

　　午前接十二日信。芳芳的眼睛，我看主要是强烈的水银灯刺激所致，第一要休息，静静的养，书报也不要看。中医吃平肝清凉的药固然不错，但熏眼是否相宜**还得考虑**（此刻打不着电话，夜里问了好中医再写信告诉你）。病既然由于刺激，当然不能再用刺激去对付，便是药物的刺激恐怕也有弊无利。这是凭常识说的，明儿再告你，我的话对不对。但愿不要受了红外线或紫外线灼伤就上上大吉了。这是职业病，急也无用，病人自己更不能急。越急越糟。五九年至六〇年间我目光大退，眼科医生就要我休息三个月，并警告说，再让眼神经疲劳下去，即有失明危险。我就三个月不工作，只翻翻碑帖字画消遣。拍片只能暂停，有什么办法呢？厂方也该从长远着眼，坏了明星对他们营业有什么好处？事情固然叫人焦心，但也只能耐着性子挨过去。你做母亲的更要强作镇静，劝芳芳；否则两人一紧张，更不好。但望一切能快快过去。只是养病要养透，才好一些就去拍片，只会使病复发，并且加深。可惜你们那儿没有真正的好医生，肯替病家从根本上着想！

　　你们和沈君帮的忙，具体虽不知道，大概是哪几方面，我早已琢磨出来，和梅谈了又谈，不止一二次了。环境的复杂，地位的微妙，实在不易安排。此次平安无事，不能不归功于你们的周到和努力，也是几年来你人缘太好的缘故。沈四日信中有句话（仍被人作为攻击新中国的工具），使我很不放心，已去信问他究竟。你们报刊太多，你未必全看到；他的话必有道理。即使事情不大，无关重要，也好让我们提高警惕。本来天下哪有十全十美，百无一失的事呢？眼前这样的结果，已经是圆满透了。

聪夫妻之间的小争执总是难免，我两面劝解，他们事后也还能冷静思索，大概不至于成大问题。老实讲，做艺术家的妻子也大不容易，既要会处理家务，又要帮外场；既要懂实际，又要有理想，能悟到（并且同情）艺术家的诗情画意式的幻梦：这样的文武全才不是跟一个出色的艺术家同样可遇而不可求吗？再说聪脾气来时也不比我好弄，你别看他温顺得像处女，以为他真是像了梅馥。他自己也知道，常说既然自己缺点一大堆，如何能对人苛求，要妻子成为完人呢？归根结底，我们做父母的也只能对孩子做到一个"竭尽所能"，后果如何也不敢多想。人生的路程不走到尽头，谁敢叫恭喜？有时也想得很穿，大家多多少少全是泥菩萨过江，只要尽到自己的责任就算了。换句话说，我一方面是"知其不可为而为之"，一方面也并不存多大希望或幻想。何况结一结总账，我们一家一辈子也很幸运，也该知足的了。你是爱友心切，爱才心热，想得远，想得多；我也和你一样，只是人到底是人，能力精力样样有个限度；说到末了，还是一句老话：儿孙自有儿孙福！要不然，我和梅平时更要睡不着觉了。

你介绍司马烈一家，的确对聪和弥拉大有益处，只怕他们时间挤不出，不能常常去接近他们；不过认识总是好的，开了头以后总有机会来往，耳濡目染，对弥拉也是极好的教育。据聪的岳母（弥拉的后母）来信，弥拉已逐渐成熟，比前几年有进步。弥拉也常有心里话说给我们听，我抚躬自问，她说的聪的毛病决不是虚构。夫妇不论国籍同异，终归是家务事一言难尽，也不能一定怪怨哪一方。只要相处日久，能相忍相让，到了相当年纪也就保险了。所谓少年夫妻老来伴！

你和榴这一回恐怕是到了一生中若干次感情最高潮中的一次，不但是由于你们俩友情深厚，一部分也由于对艺术对祖国对民族的感情。我不是要再一次表示感激，却是要你们知道，我最欣赏最钦佩的就是这种爱美，爱善，爱真理，爱自己的国家和文化的热情。不遇到适当的机会，这类感情也是无从表现的，便是至亲好友也无从知道的。

宋氏一家对我们一向很好，他和乃震也相处不坏，记得乃震去世后他也表示过友情。这几年想必另有一些小误会。他与国内已多年不通音信，老太太在世时即已如此，连家信都不写了。他有他的理由，我约略猜得出来。可是上海的房子有不少问题要处理，我想写信由你转寄给他，不知是否方便？乞告知！不方便也就算了，勿勉强。五日聪电话中好像提到有人送花篮，你能告诉我是哪几位吗？

榴给我的地址是侯王道何家园十一号林宅转，我复了信去；过了六小时又接她短信，说是侯王道写错了，应是侯王庙。我的信能否送到，要看我和她的运气了。

七日寄你聪的家信抄本望转寄她一阅。大家都是从小看他淘气惯的，现在变了成人，自然有不少感慨，看看他的家信想来也是一种乐趣。

托买月季花的书，我再把书名写一遍，怕你日久找不到。便时只消去书店把名字交给他们，付足书价及邮费（入我们账），托书店代寄就行。

你问的画价，大的国内一百五十，只是寄不出（要外边寄外汇来买，公家即不允许以此价结算；而且不论以什么价结算，最近根本不允寄出。此是我二十天前亲自向有关机构问明的，故李太太还想向国内定,简直是单相思)。小的无价,因平时不画,我们朋友要的话,他临时给画,随人送,不计较(大概三十至五十)。上次寄你能收到,完全是碰运气。他国外市价大约五十镑,港岛更贵,自五百至二千五百港币不等,但与他本人不相干,价不是他定的。过去他只在国内照国内价收款,后来听说交中艺公司(是他们要,不是他主动委托)作代售性质,由中艺抽成。到底怎样,也不知道。因好久未见,上述办法不知是否实行。

忙了这么久,写了这么多信,少睡了多少钟点,你精神恢复了没有?惦记得不得了。梅在家也是从早忙到晚,全是莫名其妙的琐碎事儿,她这回不写信了,只和我一起问你好,希望你们姊妹母女一切保重!

安叩
一九六五年六月十七日

梅的老花眼镜(二百度)已有两副,你只配一副当然要受窘了。

和:

月季花的书已收到好几天,谢谢你费心。我们园中月季花有了近十年,一向听其自然。近来想好好培养一下,所以要弄些书来学习学习。梅馥已学会"接芽",可以在普通蔓藤类的野蔷薇上接上名贵的品种;她每天忙着浇水,施肥,打农药灭虫,防病害，忙个不了。可惜我们没有彩色软片，否则等秋天第二次盛开时可以拍些照片献献成绩。

从五月中旬到六月初，一切中文报的文字内容，我们最近全知道了；聪的反应（虽然他至今尚未来信）我们也知道了。只怪我事前对港岛反动派的形势太隔膜，估计不足；要不然就不会于五月初在电话中同意孩子演出；而且他原说是明年，我告他可于回英后再从长考虑；没想到他性急，说做就做，竟提早在今年六月！客观效果到底给反动派造成一个攻击新中国的机会，这一点聪是决不愿意的。我想他这次回去，心情复杂得很；大概经过这番教训，以后不会再来的了。我今天也已去信告诉他：台湾一日不解放，港九一日来不得！换了一个无名小卒就没有关系，有了虚名，事情就大不相同。至于恼羞成怒，骂他弹琴是中学生程度，我想他连一笑置之都觉得犯不上；我们听了更是高兴！至少间接替他撇清，显出了他的态度和立场。《文汇》、《大公》从头至尾一字不提，正是反映了国内对聪的谅解与爱护；只是平白无故叫沈君受累，真正过意不去。回过来想一想，也亏得沈君居间出力，聪此次引起的风波不至于太大；归根结底，还得再谢谢你有此眼力介绍这样一个朋友！

看来骨肉团聚的时机还很遥远，我们也不急，更谈不上心中不快。古庙孤僧的日子我们久已过惯，一切已经很知足。儿女与朋友一样，只要彼此精神无隔膜，双方的心常在一起，不就上上大吉了吗？对人生太苛求，只能自讨苦吃。

芳芳沉默寡言，其实像乃震，演电影的少女有此性格是一种安全，你千万别怪怨她。你既打算不久送她出国读书，这种做学问最需要的"沉默"和"庄重",确是应当鼓励的。她将来预备念什么呢?可是英国文学?好好的进大学弄一个正途出身,至少好当一名高级的教师;在你们那个社会中比当影星前途要光明得多。你知道我的脾气和人生观:估量一个人从来不用名利做标尺的。名利是副产品,清清白白做人才是主要目标,舍本逐末,结果恐怕反而两头落空;这些迂腐的话,你听了要笑我吗?

老舍最精的作品是《骆驼祥子》、《我这一辈子》。其他的短篇集子都可以看。芳芳看了有何疑问尽管写信来(谈谈感想也好)。解放后新作家也有出色的,如杜鹏程《保卫延安》,赵树理《小二黑结婚》、《三里湾》,香港想必有书店专售进步作品的。国内这些书倒反常常脱销,买不到。

聪带回去的"健素"已寄到,只是海关规程又变了,西欧来的药品与港澳来的已同样需要医院证明,此次相当费事才领到,以后非万不得已,不想再叫他寄药了。天热头昏脑涨,下次再写,恕草率。

安叩
一九六五年七月十六日

致成家榴*

榴：

读八月二十五日信，觉得我和你的教育主张颇有差别。

第一，我认为教育当以人格为主，知识其次。孩子品德高尚，为人正直；学问欠缺一些没有关系。第二，民族观念是立身处世的根本，只有真正的民族主义者才是真有骨气的人，而不是狭隘的国家主义者或沙文主义者，也不会变做盲目崇外主义者。只有真正懂得，而且能欣赏、热爱本国传统的道德、人生观、文化、艺术的特点，才能真正吸收外来文化的精华，而弃其糟粕。第三，求学的目的应该是"化"，而不是死吞知识，变成字典或书架。我最讨厌有些专家，除了他本身学科以外，一窍不通，更谈不到阔大的胸襟，高远的理想。也有科学家在实际生活中毫不科学；也有文学家艺术家骨子里俗不可耐。这都是读书不化，知识是知识，我是我，两不相关之故。第四，在具体的学习方面，我一向不大重视学校的分数，分数同真正的成绩往往不一致。学校的高材生，年年名列前茅，在社会上混了一二年而默默无闻的人，不知有多少！反之，真正杰出之士倒在求学时期平平常常，

---

* 成家榴（1914—2000），南京人，为傅雷夫妇挚友，寓居香港。

并不出色。为什么？因为得高分的多半是死读书的机械头脑，而有独立思考的人常常不肯，也不屑随波逐流，在一般的标准上与人争长短。总之，求知主要是认识客观世界与主观世界。客观世界包括上下古今的历史和千百年人类累积下来的经验，以及物质的空间；主观世界是指自我的精神领域和内心活动。这两种认识的基础都在于养成一个客观冷静的头脑、严密的逻辑、敏锐的感觉和正确的判断。再从大处远处看，青年时代仅仅是人生的一个阶段，智、愚、贤、不肖的程度还有待以后的发展。年轻时绝顶聪明的，不一定将来就成大器，所谓"小时了了，大未必佳"。年轻时不大出色的，也不一定一辈子没出息，所谓"大器晚成"的例子多的是。所以便是孩子念完了中学大学，做了几年事，不论成绩如何，也不能以成败去衡量，一时的利害得失如何能断定一生呢？你读过卓别林的自传没有？以他十九岁前的情形（包括他的家世、教育、才具）来说，谁敢预言他是二十世纪最了不起的艺术家之一呢？因为来信提到咪咪的考试成绩，不知不觉引起我许多感想，也是我几十年来经常思索的结果，写出来给老友做一个参考。

安

一九六五年九月八日灯下

致石西民[*]

西民部长座右：

迩来文艺翻译困难重重，巴尔扎克作品除已译者外，其余大半与吾国国情及读者需要多所抵触。而对马列主义毫无掌握，无法运用正确批评之人，缮写译序时，对读者所负责任更大；在此文化革命形势之下顾虑又愈多。且鄙见批评当以调查研究为第一步。巴尔扎克既为思想极复杂、面目众多、矛盾百出的作家，尤不能不先作一番掌握资料功夫：西方研究巴尔扎克之文献（四十年来共达二千余种）虽观点不正确，内容仍富有参考价值，颇有择优介绍（作为内部发行）之必要。故拟暂停翻译巴尔扎克小说，先介绍几种重要的研究资料，以比较完整的巴尔扎克传记为首[一]。奈出版社对此不予同意，亦未说明理由。按一年来"人文"来信，似乎对西洋名作介绍，尚无明确方针及办法。（五八年春交稿之《皮罗多》，六一年校样改讫后，迄未付印；六四年八月交稿之《幻灭》三部曲，约五十万字，至今亦无消息：更可见出版社也拿不定主意。）同时"人文"只根据所谓巴尔扎克"名著"建议选题，而对于译者根据原作内容，认为不宜翻译之理由，甚少考

---

[*] 石西民（1912—1987），新中国成立后，任中共上海市委宣传部长、市委副书记，文化部副部长。

虑。去冬虽同意雷译一中篇集子作为过渡,但根本问题仍属悬而未决。按停止翻译作品,仅仅从事巴尔扎克研究,亦可作为终身事业;所恨一旦翻译停止,生计即无着落。即使撇开选题问题不谈,贱躯未老先衰,脑力迟钝,日甚一日,不仅工作质量日感不满,进度亦只及十年前三分之一。再加印数稿酬废止,收入骤减(即印数稿酬未取消时,以雷工作迟缓,每年亦不能收支相抵),种种条件,以后生活亦甚难维持[二]。以上情形,曾于去年十二月函托唐弢兄转呈周扬部长。

最近半年个人情况又大有变化,除多年宿疾(如关节炎、偏头疼、过敏性鼻炎等)轮流作祟外,六月下旬又每晚头脑发热如焚,思考能力几等于零,医生坚嘱立即休息。不料八月下旬恢复工作后甫及一日,忽双目昏花,非特无法翻译,即读书看报亦不可能,因每分钟眼前皆有薄雾飘过(故此信只能由雷口述,嘱内子笔录)。眼科医生认为眼神经使用过度,急剧衰退,倘不长期休息,日后恐有失明之虞[三]。且此病迄无对症之药。但休息并无期限,不知何日方能恢复。即恢复亦不能如过去每日工作九、十小时,脑力退化亦极大限制。而雷不比在大学任教之人,长期病假,即有折扣,仍有薪给可支。万一日后残废,也不能如教授一般,可获退休待遇。故虽停止工作,终日为前途渺茫,忧心忡忡,焦灼不堪,甚难安心静养。将来必要时,国外小儿傅聪固然还能维持雷一部分生活,但从各方面考虑,觉得亦有不妥之处。因念吾公历年关怀,爱护备至,用敢据实上达。私衷期望,无非能早日恢复目力,以后即或半日工作,亦尚可为西洋文学研究略尽绵薄。目前如何渡过难关,想吾公及各方领导必有妥善办法赐予协助。解放以还，出版事业突飞猛进，作译者并蒙党及政府多方照顾，唯雷心长力绌，极少贡献，尤不能以马列主义观点分析作品，为读者做一番消毒工作，为愧恧无穷耳。耑此敬候
公绥

傅雷拜上
家人代笔
一九六五年十月二十六日

附注

[一] 附一九六四年致"人文"郑效洵同志函底稿二件，以供参考。

[二] 过去十年中，平明出版社将《约翰·克利斯朵夫》《高老头》《贝姨》《邦斯舅舅》《欧也妮·葛朗台》《夏倍上校》《嘉尔曼》《高龙巴》等归"人文"出版时，曾多得一笔稿费，故能维持至今。但积存即将告罄。从六〇年起因身体不支，逐年减产，且是累进的减产；以六四年至今的工作进度为例，每年只能完成十一二万字（改稿四五道，每道返工数倍于初稿，其慢可想），收入约一千一二百元。自印数稿酬取消后，雷个人译作收入平均减去三分之一左右。去年八月交稿，而翻译历时将近四载之《幻灭》（约五十万字），曾陆续预支三千元，但亦不便常向"人文"要求多支。

[三] 五九年起每晚工作完毕即双目流泪不止，呵欠不断，动辄达半小时以上。六〇年初曾遵医嘱休息三个月。唯恢复工作后流泪如故，至今已成为日常症象。六四年三月华东医院普查时，又发现水晶体浑浊。

致朱人秀（遗书）*

人秀：

尽管所谓反党罪证（一面小镜子和一张褪色的旧画报）是在我们家里搜出的①，百口莫辩的，可是我们至死也不承认是我们自己的东西（实系寄存箱内理出之物）。我们纵有千万罪行，却从来不曾有过变天思想。我们也知道搜出的罪证虽然有口难辩，在英明的共产党领导和伟大的毛主席领导之下的中华人民共和国，决不至因之而判重刑。只是含冤不白，无法洗刷的日子比坐牢还要难过。何况光是教育出一个叛徒傅聪来，在人民面前已经死有余辜了！更何况像我们这种来自旧社会的渣滓早应该自动退出历史舞台了！

因为你是梅馥的胞兄，因为我们别无至亲骨肉，善后事只能委托你了。如你以立场关系不便接受，则请向上级或法院请示后再行处理。

委托数事如下：

一、代付九月份房租 55.29 元（附现款）。

---

* 此系父母留下之遗书，写于一九六六年九月二日深夜，九月三日凌晨父母就从从容容、坦坦荡荡的含恨弃世。那时家兄远在英国，我虽在北京，但犹如泥菩萨过河。故遗书是写给舅舅朱人秀的。

① 小镜子后有蒋介石的头像，画报上登有宋美龄的照片。这是姨妈在解放前寄存于我家箱子里的东西。对他人寄存的东西，我们家是从来不动的。

二、武康大楼（淮海路底）606室沈仲章托代修奥米茄自动男手表一只，请交还。

三、故老母余剩遗款，由人秀处理。

四、旧挂表（钢）一只，旧小女表一只，赠保姆周菊娣。

五、六百元存单一纸给周菊娣，作过渡时期生活费。她是劳动人民，一生孤苦，我们不愿她无故受累。

六、姑母傅仪寄存我们家存单一纸六百元，请交还。

七、姑母傅仪寄存之联义山庄墓地收据一纸，此次经过红卫兵搜查后遍觅不得，很抱歉。

八、姑母傅仪寄存我们家之饰物，与我们自有的同时被红卫兵取去没收，只能以存单三纸（共370元）又小额储蓄三张，作为赔偿。

九、三姐朱纯寄存我们家之饰物，亦被一并充公，请代道歉。她寄存衣箱二只（三楼）暂时被封，瓷器木箱一只，将来待公家启封后由你代领。尚有家具数件，问周菊娣便知。

十、旧自用奥米茄自动男手表一只，又旧男手表一只，本拟给敏儿与某某，但恐妨碍他们的政治立场，故请人秀自由处理。

十一、现钞53.30元，作为我们火葬费。

十二、楼上宋家借用之家具，由陈叔陶按单收回。

十三、自有家具，由你处理。图书字画听候公家决定。

使你为我们受累，实在不安，但也别无他人可托，谅之谅之！

傅雷
梅馥
一九六六年九月二日夜

傅雷年谱

一九〇八　傅雷，字怒安，号怒庵。四月七日（阴历三月初七）生于江苏省（现上海市）南汇县周浦镇渔潭西傅家宅（现南汇区航头镇王楼村五组）。

一九一二　父亲傅光祖，又名鹏，字鹏飞，任教于周浦镇扬洁女子中学。为土豪劣绅诬陷，入狱三月，得肺痨，出狱后，更以含冤未得昭雪，抑郁病故，年仅二十四岁。母亲李欲振，为营救丈夫四处奔走，无暇照料家事，傅雷二弟一妹相继夭亡。

一九一三　母亲守寡后，为教子复仇，望子成龙，即偕全家从闭塞落后的渔潭，搬至十多里外较开化的周浦镇，住东大街六十号。母亲不识字，请账房陆先生教傅雷认字。

一九一五　在家延请老贡生傅鹤亭课读"四书五经"，另请英文及算术教师讲课。

一九一九　就读于周浦镇小学高小二年级。读了一个学期，就转学去上海。

一九二〇　由于天资聪颖，又能刻苦用功，打下扎实文史根底，考入上海市南洋中学附属小学四年级。离开督教甚严的母亲，少年顽皮，故态复萌；再交织加上聪颖和孤高的性情，一年后被校方指责为"顽劣"* 而开除。

一九二一～一九二三　九月，以同等学力考入上海徐汇公学（天主教教会学校）读初中，"十三岁至十五岁念过三年法文"。在校期间曾参加话剧《言出如山》的演出。

---

* 所有引文均出自《傅雷自述》或《傅雷家书》。

一九二四　因反迷信反宗教，言辞激烈，被徐汇公学开除。以同等学力考入上海大同大学附属中学。

一九二五　五月，参加"五卅运动"，上街游行讲演，控诉帝国主义的血腥暴行。八月十三日夜，于"四壁虫声中"写短篇小说《梦中》，并于九月十八日"重修于暮色苍茫中"，发表于次年一月《北新周刊》第十三、十四期。

一九二六　三月一日深夜，完成习作散文《怀以仁》，发表于次年三月《北新周刊》第三十期。

　　八月二十七日，于浦左家中完成习作短篇小说《回忆的一幕》，九月十一日"复志于大同附中"，发表于次年一月《小说世界》第十五卷第四期。

　　十一月十九日，于大同大学写书评《介绍一本使你下泪的书》，发表于十二月《北新周刊》第十六期。

　　十二月十五日，深夜"草毕"习作散文《关于狗的回忆》，发表于次年二月《北新周刊》第二十四期。

一九二七　三月一日，于浦左家完成习作书评《许钦文底〈故乡〉》，发表于三月十二日《北新周刊》第二十九期。春，在北伐胜利的鼓舞下，与同学姚之训等带头参加反学阀运动，大同校董吴稚晖下令逮捕，母亲出于安全考虑，强行逼子回乡。

　　秋后，以同等学力考入上海持志大学读一年级。届时，受勤工俭学留法表兄顾仑布的影响，产生留法念头，母亲坚决反对，后经姑母傅仪和表兄顾仑布说服才同意。赴法前，母亲在姑母协助下，措办了傅雷与朱梅馥订婚事宜。

　　十二月三十一日，乘安德烈·勒邦（André Lebon）轮赴法自费留学。

一九二八　二月三日，到达马赛港，次日抵巴黎，下榻于第五区嘉末街三号服尔德饭店。途中写《法行通信》十六篇（一月二日至二月二十日），陆续发表于当年《贡献旬刊》第一至第四卷各期。后为文学家曹聚仁所推崇，编入《名家书信集》。从本年开始留法四年，先在法国西部小城博济哀

(Poitiers)小住半年,补习法语,请房东太太教口语,另请人教课本和语法。

七月,去里昂东南维埃纳湖畔小镇度假,写有《湖上通信》,刊于一九二九年《贡献》第五卷第三期。

八月,由于过分用功,体质下降,精神有些不振。经劝说,在房东太太陪同下,去瑞士短期旅游和休养。从瑞士归来,即考入巴黎大学文科学习,同时去罗浮美术史学校索邦艺术讲座听讲。入巴黎大学不久,与留法画家刘抗(现新加坡名画家)住在巴黎郊外马恩(Nogent sur Marne)河畔的一个家庭式公寓,经常相偕巡回于罗浮艺术博物馆以及巴黎和南欧众多的博物馆、艺术馆,观摩和研究美术大师的不朽之作。

是年至翌年初,为学法文试译梅里美的《嘉尔曼》和《高龙巴》,以及都德的短篇小说作为练习,均未投稿。开始受罗曼·罗兰影响,热爱音乐。

一九二九　春,刘海粟夫妇到达巴黎后不久,每日上午去教他们法语,很快与刘海粟成知交。此后,常替刘海粟当口译。

夏,游历瑞士三个月。住在日内瓦湖西端、法瑞交界的避暑胜地蔼维扬(Evian)的法国友人家。

七月二十四日,在圣扬乔而夫接待画家孙福熙及其兄孙伏园。二十七日,三人同游莱芒湖畔十二世纪建筑西蓉古堡。八月四日上午,一同参观日内瓦拉德博物院和美术历史博物馆。

八月上旬,与刘抗、陈人浩和刘海粟夫妇在蔼维扬会合,一行人去莱芒湖畔一避暑胜地圣扬乔而夫,休养五十余天,其中共游日内瓦六天。

九月十三日,夜半"于传说之故乡"瑞士莱芒湖畔,翻译《圣扬乔而夫的传说》,刊于一九三一年出版的《华胥社文艺论集》。是为最初发表的译作。

九月二十日，返回巴黎后，即投入休养中开始迻译的丹纳《艺术论》第一篇第一章，于十月十一日译毕，并撰写《译者弁言》，刊于一九三一年《华胥社文艺论集》。

十月三日，获知著名雕塑家布德尔(Bourdelle)病逝，即与刘抗、刘海粟前往布德尔住处瞻仰遗容。

十月，与刘海粟、张弦等在巴黎观看以马蒂斯为首的野兽派画展。

一九三〇　一月七日，撰写《塞尚》一文，刊于十月十日《东方杂志》第二十七卷第十九号。

春，与刘抗结伴去比利时旅行，在比国修道院小住。参观比利时独立一百周年纪念博览会以及布鲁塞尔美术馆，饱赏比国艺术。

五月底，陪同刘海粟夫妇拜访年逾八旬的巴黎美专校长、著名画家阿尔邦·贝尔纳(Albent Bernard)。

十一月十七日，译竣亨利·杜比(Henri Bidou)《梅特林克的神秘剧》，刊于一九三三年四月《文艺月报》第三卷第十期。

一九三一　春，以笔名"小青"翻译弗朗索瓦·维永(François Villon)的诗《美丽的老宫女》，刊于一九三二年十月《艺术旬刊》第一卷第五期。以笔名"萼子"翻译屠格涅夫散文诗四首，刊于一九三三年一月《艺术旬刊》第二卷第一期。始译罗曼·罗兰《贝多芬传》，后应上海《国际译报》编者之嘱，节录精要，改称《贝多芬评传》，刊于该《译报》一九三四年第一期。

五月，游历意大利罗马、那不勒斯、西西里岛等地，领略了文艺复兴时期艺术大师之风格，更深切体会到弥盖朗琪罗艰苦卓绝的创作生涯。并在罗马拜见意大利元帅加里维亚（Gaviglia）。

六月，应罗马"意大利皇家地理学会"之邀，讲演"国民军北伐与北洋军阀斗争之意义"。

六月下旬，由意大利返回巴黎，偕同刘海粟夫妇一家、刘抗和陈人浩等六人前往巴黎郊区奥维小镇,观赏了梵高的作品,德拉克洛瓦的素描和莫奈、毕沙罗、裘奥门、雷诺阿的小品,并参观梵高曾经住过的寓所及梵高墓地。

夏,刘海粟回国之前,傅雷曾向法国教育部美术司推荐,由法国政府购买刘海粟作品《卢森堡之雪》一件。八月十四日,与刘海粟结伴,乘香楠沙号轮回国。抵沪之日,适逢"九一八"事变。抵沪后住在刘海粟家,即环龙路花园别墅三十九号(今南昌路一三六弄三十九号)。

十月中旬,受聘于上海美术专科学校,任校长办公室秘书主任,兼教美术史、艺术论、名画家传、法文四门课程。编写的美术史讲义,一部分发表于《艺术旬刊》。译法国罗丹述、保罗·葛赛尔(Paul Gsell)记《罗丹艺术论》一书,作为美术讲义,未正式发表,仅油印数十份。该书收入一九九〇年六月出版的《傅雷译文集》第二版。

十月十八日,撰写《现代法国文艺思潮》,连载于一九三二年十月三十日、十一月六日、十三日的《时事新报·星期学灯》。

十一月,应刘海粟之请写《论刘海粟》一文,刊于《艺术旬刊》一九三二年第一卷第三期;后改为《刘海粟》,作为与刘海粟合编的《世界名画集》第二集之序文,该画集于翌年八月由中华书局出版。

一九三二 一月,与朱梅馥结婚。寓上海吕班路(今重庆南路)二〇一弄五十三号。"一·二八"事变后,上海美专停课,即向刘海粟提出辞职。经留法同学王子贯介绍入哈瓦斯通讯社(法新社前身)担任笔译半年。当时与黎烈文等同事。

四月,与留法期间认识的庞薰琹和在上海美专认识的倪贻德,出于对现实的不满,意欲为改变现状有所作为,结成"决澜社",公开发表《决澜社宣言》。

七月中旬,参加"摩社"筹备会议,与倪贻德、刘海粟、王济远、庞薰琹、张若谷一起被推举为社章起草委员。

八月一日，假中华学艺社举行成立大会，通过社章，正式定名为"摩社"（即"观摩"之意），其宗旨是发扬固有文化，表现时代精神。

秋，返回美专，坚决辞去办公室秘书主任职务，继续教书，并与倪贻德合编由美专出版的《艺术旬刊》，直至翌年二月停刊。

九月一日至十日，刘狮个人画展公展于中华学艺社，傅雷撰写画评《狮子吼了》，刊于十四日《申报》。

九月，筹备并主持"决澜社"第三次画展——十六日庞薰琹画展开幕，十四日"为薰琹个展开幕"作短文《薰琹的梦》，刊于二十一日《艺术旬刊》第一卷第三期。

十月二十六日，翻译乔治·勒孔特（George Lecomte）文章《世纪病》，刊于同月二十八日《晨报》。

十月至十一月，撰写《现代中国艺术之恐慌》和《我们的工作》，分别刊于《艺术旬刊》第一卷第四期和第八期。

十一月，以笔名"狂且"选译法国拉罗什富科（La Rochefoucauld）格言二十六则，连载于《艺术旬刊》第一卷第四、五、八期。

十二月，翻译弗拉基米尔·波兹纳（Vladimir Pozner）《高尔基文学生涯四十周年》，刊于十二月四日《时事新报》。

十二月十五日，编译法国菲利普·凡·蒂格姆（Philippe Van Tieghem）《研究文学史的新趋向》，连载于十月至翌年五月的《时事新报·星期学灯》。

十二月二十六日，祝贺英国作家高尔斯华绥获诺贝尔文学奖，翻译《银灰色的天使》，"亦借以表示敬意"，载于翌年二月《文艺月报》第三卷第八期。

十二月至翌年一月，以"萼"或"萼子"为笔名，撰写"世界艺坛情报和世界文艺情报十八则"，连载于《艺术旬刊》第一卷第十一期和第二卷第一期。

一九三三　一月,在《时事新报》上发表《现代青年的烦闷》。在《艺术旬刊》第二卷第一期发表《我再说一遍:往何处去……往深处去!》,对当时的各种艺术现象提出批评。

二月,翻译法国朱利安·邦达(Julien Banda)《精神被威胁了》,刊于十二日《时事新报》。

二月九日,写《乔治·萧伯纳评传》,初登于二月十七日《时事新报》——"欢迎萧伯纳氏来华纪念专号",后经修改,题为《关于乔治·萧伯纳的戏剧》,又刊于下旬出版的《艺术旬刊》第二卷第二期。

四月二十五日,"取材"于"罗曼·罗兰《古代音乐家》'导言'",编写成《音乐之史的发展》,初刊于《新中华》第一卷第八期,后收入上海中华书局一九三四年四月出版的《艺术论集》。

五月,翻译法国安德烈·莫罗阿(André Maurois)《一个意想不到的美国——美国印象之一》,刊于七日《时事新报》。从法文翻译日本作家外山卯三郎《文学对于外界现实的追求》,刊于《时事新报》。翻译法国阿兰(Alain)《想象论》,刊于二十日《中央时事周报》第二卷第十九期。

五月二十一日,在上海大光明戏院聆听由梅百器指挥的音乐会后,用法文写成《从〈工部局中国音乐会〉说到中国音乐与戏剧的前途》,初交上海法文报发表,并作为通讯迳寄法国《巴黎文艺周刊》;后应上海《时事新报》之请,转译成中文,先行刊于二十八日该刊的"星期学灯"专栏。

六月,写《文艺复兴期佛尼市绘画》,刊于《彗星》一九三三年六月十五日第一卷第六期。

七月,所译斐列浦·苏卜《夏洛外传》全书付印,冠有《卷头语》及《译者序》。九月以"自己出版社"名义自费出版。此为生平出版的第一部译著。

九月,母亲病故。坚决辞去美专职务。

十一月，译法国安德烈·贝尔戈（André Belgo）《现代的幽默》，刊于十二月一日《文艺春秋》第一卷第六期。

一九三四　一月，翻译法国保罗·哈泽德（Paul Hazard）《今日之伦敦》，连载于当年《国际译报》第六卷第五、六期。所译法国亨利·德拉克鲁瓦（Henri Delacroix）《艺术心理学》，连载于一月至三月的《美术杂志》第一期至第三期。

一月五日，撰写所译罗曼·罗兰《弥盖朗琪罗传》的《译者弁言》。全书于翌年九月由商务印书馆出版。

三月三日，致函罗曼·罗兰，告知已迻译《贝多芬传》《弥盖朗琪罗传》和《托尔斯泰传》，并有意付刊。罗曼·罗兰于六月三十日复函，称"闻之不胜欣慰"；傅雷遂将此《罗曼·罗兰致译者书》作为所译《托尔斯泰传》的代序。并于翌年十一月由商务印书馆出版。

三月十日，长子傅聪诞生。

四月，译巴比塞（Barbusse）《小学教师》，刊于《文艺月报》第五卷第四期。

六月，将在美专任教时编写并发表于《艺术旬刊》上的讲义补编为《世界美术名作二十讲》。一九八五年始由三联书店作为遗作出版。

六月，译《米勒》，作为序文刊于《新艺术丛刊》之二——王济远选辑的《米勒素描集》，由商务印书馆出版。

八月二十日，复函罗曼·罗兰，告知三本传记的出版事宜。

秋，与叶常青合办《时事汇报》周刊，任总编辑。"半夜在印刷所看拼版，是为接触印刷出版事业之始。三个月后，以经济亏损而停刊。"

一九三五　二月，应滕固之请，去南京"中央古物保管委员会"任登记科科长四个月。编译《各国文物保管法规汇编》，六月该书出版，时任中央古物保管委员会主任委员傅汝霖为之作序。

七月，撰写所译安德烈·莫罗阿《人生五大问题》的《译者弁言》。全书于翌年三月由商务印书馆出版。其中文章《父母与子女》，刊于一日出版的《东方杂志》三十二卷十三号。

　　八月，所译安德烈·莫罗阿文章《政治恐慌与经济恐慌中应有之信念》，刊于九月一日《复新月刊》。

　　九月七日，写《雨果的少年时代》一文，发表于十二月出版的《中法大学月刊》第八卷第二期。

　　十一月，译法国乔治·杜哈曼（George Duhamel）《论机械主义文明的影响》，刊于《时事类编》第三卷第二十期。

　　十二月，为所译安德烈·莫罗阿《恋爱与牺牲》撰写《译者序》。全书于翌年八月由商务印书馆出版。

一九三六　四月，译毕安德烈·莫罗阿《服尔德传》，写有《译者附识》，九月由商务印书馆出版。

　　六月六日，参加全国儿童画展览会开幕式，且被聘为评判委员。

　　七月初，刘抗陪同傅雷夫人朱梅馥赴黄山，与先期到达黄山的傅雷会合。七月下旬刘抗先行回沪。八月中旬傅雷夫妇下山，回浦东南汇周浦老家小住。

　　八月二十日，于南汇老家接刘抗函，知画家张弦突然亡故，为之悲痛不已。即致函在沪的刘抗并附支票，托刘抗代办丧葬事宜。

　　九月，为留法画家张弦筹备"绘画遗作展览会"。"张弦生前为美专出身之教授，受美专剥削，抑郁而死；故我约了他几个老同学办此遗作展览，并在筹备会上与刘海粟决裂，以此绝交二十年。"

　　十月十一日上午，参加于上海美专举行的张弦追悼会，蔡元培等出席。

　　十月十四日至二十二日，傅雷等筹划的"张弦遗作展"在上海大新公司四楼开幕，蔡元培、刘海粟、潘玉良、刘抗、王济远、王晓籁等二百余人出席，蔡元培在开幕式上发表演说。傅雷以笔名"拾之"写悼念张弦文章《我们已失去了凭藉》，刊于十五日上海《时事新报》。

十一月，应滕固之请，以"中央古物保管委员会"专员名义，去洛阳考察龙门石窟，研究保管问题。两个月后辞职。

一九三七 一月，所译罗曼·罗兰长篇小说《约翰·克利斯朵夫》第一册由商务印书馆出版，冠有《译者献词》。

四月十五日，次子傅敏诞生。

七月八日，应福建省教育厅之请，去福州为"中等学校教师暑期讲习班"讲美术史大要。此时，正值卢沟桥事变，日本侵略者加紧了对上海围困；故以时局紧张，加速讲完，于八月四日返沪。

八月六日，偕家眷乘船去香港，拟转友人叶常青老家广西蒙山避难，因交通混乱，于梧州受阻三月，不得已经原道返回上海。自此即搬至上海吕班路（今重庆南路）巴黎新村四号。

一九三八 继续翻译《约翰·克利斯朵夫》第二册。

一九三九 继续翻译《约翰·克利斯朵夫》第三册及第四册。

二月，应滕固之请，从香港转越南入昆明，任"国立艺专"教务主任两月，仅与闻一多草拟一课程纲要，后与校长意见不合，于五月中旬返沪。"从此至一九四八年均住上海。抗战期间闭门不出，东不至黄浦江，北不至白渡桥，避免向日本宪兵行礼。"

一九四〇 译毕《约翰·克利斯朵夫》第四册。

七月，为挚友女高音歌唱家成家榴抄写并亲自装裱舒伯特《圣母颂》、普切尼《托斯卡》和古诺《小夜曲》的乐谱，并翻译歌词大意，撰写作曲家和词作者的简介。

一九四一 二月，所译《约翰·克利斯朵夫》第二、三、四册由商务印书馆出版，第二册前冠有《译者弁言》。

一九四二 一月，翻译英国贝特兰·罗素(Betrand Russel)《幸福之路》，并撰写《译者弁言》。该书于一九四七年一月由上海南国出版社出版。

三月，重译《贝多芬传》，并写《译者序》，以所撰《贝多芬的作品及其精神》一文作附录。全书于一九四六年四月由上海骆驼书店出版。

四月，翻译法国乔治·杜哈曼《文明》；但未出版。

一九四三 春，于表姐顾飞处见黄宾虹山水画册，心甚喜爱，赞誉有加，并于五月二十五日发出第一封致黄宾虹函，称"获悉先生画论高见，尤为心折，不独吾国古法赖以复光，即西洋近代画里亦可互相参证，不爽毫厘，……"自此与黄宾虹书信不断。

七月十三日，收到黄宾虹于七日寄赠之《青城山册页》。

八月三日，以笔名"疾首"写《读剧随感》一文，刊于柯灵所编《万象》"十月戏剧专号"。

十月十二日，撰写《中国画论之美学检讨》寄黄宾虹。

十一月十九日至二十三日，借座宁波同乡会馆，与裘柱常、顾飞、张菊生、叶玉甫、陈叔通、邓秋枚、高吹万、秦曼青等十余黄宾虹老友，共同署名发起举办"黄宾虹八秩诞辰书画展览会"；并刊印《黄宾虹先生山水画册》和《黄宾虹画展特刊》，特刊上以笔名"移山"撰写介绍黄宾虹绘画之《观画答客问》。

一九四四 是年冬至一九四五年春，"以沦陷时期精神苦闷，曾组织十余友人每半个月集会一次"的茶话会，与会者轮流就文艺科技等专题作讲座，并座谈时局，交换看法。参加者有姜椿芳、周煦良、李平心、沈知白、陈西禾、裘复生、裘劭恒、雷垣、宋奇、朱滨生、伍子昂、周梦白等人。

二月，翻译巴尔扎克小说《亚尔培·萨伐龙》，一九四六年五月由骆驼书店出版。

四月七日，以笔名"迅雨"写《论张爱玲小说》，刊于《万象》五月号，第三卷第十一期。

十二月，翻译巴尔扎克小说《高老头》。一九四六年八月由骆驼书店出版。

一九四五　九月至十二月初，与周煦良合编《新语》半月刊，共出五期，"以取稿条件过严，稿费成问题，出五期即停"。

十月至次年五月，分别以"疾风""迅雨""移山""风""雷"等笔名，为《新语》写文艺政论文章十六篇，翻译政论二篇；为《周报》写政论二篇；为《民主》写书评一篇；为《文汇报》写政论二篇。

十二月，为柯灵主编的《周报》积极提供材料，刊发《昆明血案实录》。

十二月中旬，与马叙伦、王绍鏊、郑振铎等上海文化界爱国民主人士六十一人签名，在《民主》周刊第十二期上发表《给美国人民的公开信》，向美国人民呼吁："让我们停止内战，实现民主政治。"

十二月二十七日，收到黄宾虹寄赠之十二页的《阳朔山水册页》，赞曰"笔法墨法变化万千，又兼佳纸相得益彰"。

十二月三十日，与马叙伦、许广平等发起成立旨在推进民主运动的中国民主促进会，当选为候补理事。一九五〇年，根据会章"民主实现之日，即行解散"一条，宣布退出该会。马叙伦等挽留无效；故后来以无党派人士身份参加政协。

一九四六　六月，联合在沪民主运动人士马叙伦、陈叔通、陈陶遗、张菊生等共同发表反蒋宣言。

十一月二日，与梅百器大弟子裘复生、杨嘉仁共同发起，为意大利音乐家、上海工部局交响乐队指挥；傅聪的钢琴业师梅百器举办"追悼音乐会"。参加演出的有梅氏晚年弟子董光光、周广仁、巫漪丽、傅聪等。

十一月，为画家、工艺美术家庞薰琹，在原上海震旦大学大礼堂举办"绘画展览会"，并撰写《庞薰琹绘画展览会序》，刊于当月七日上海《文汇报》。

一九四七　三月，"痛改"杜哈曼《文明》的译稿，并写《译者弁言》及《作者略传》。

五月由南国出版社出版。

四月，翻译埃德加·斯诺（Edgar Snow）于二月十五日至三月一日所写的三篇分析美苏关系文章，"又另加斯科特著《俄国三度空间的外交政策》一文作为附录，合成一小册，题为《美苏关系检讨》"，此书生活书店以知识出版社名义刊印二百本。当月十七日修订的代序《我们对美苏关系的态度》，先连载于四月二十四日至二十五日《文汇报》。

六月底，因患肺病举家上庐山避暑三个月，与画家庞薰琹同住林间小别墅，过往甚密。

七月二十二日，写《所谓反帝亲苏》一文，以史实驳斥周建人的批评及污蔑。刊于储安平主编的《观察》第二卷第二十四期，于八月九日出版。

十月二十九日，致函读者朱介凡，论说读书应"以史地为经，哲学为纬"等理念。

一九四八　五月中旬至六月二日，偕夫人赴北平，访黄宾虹先生，观画谈艺，"畅聆教益，观赏黄老宋元藏画"，至为欢惬。黄老特请女婿赵志钧夫妇陪同，畅游故宫。

六月，受英国文化协会之托，翻译埃里克·牛顿（Eric Newton）《英国绘画》，由商务印书馆出版。

六月中旬至九月下旬，在庐山牯岭边养病边翻译巴尔扎克小说《欧也妮·葛朗台》，于翌年六月由三联书店出版。

八月十六日，致函世界著名作曲家保罗·兴德米特（Paul Hindemith），告知他的得意门生、唯一的中国学生谭小麟，不幸去世。

秋，与谭小麟生前好友作曲家沈知白、提琴教授陈又新、工程师裘复生、音乐教育家指挥家杨嘉仁和数学家雷垣等，为亡友作曲家谭小麟组织"遗作保管委员会"。

十月六日，致函兴德米特，约请为其英年早逝的中国学生、著名作曲家谭小麟的作品集作序。

十月八日和十八日，因获悉兴德米特在瑞士休假，故两次函请耶鲁大学音乐院长布鲁斯·西蒙兹转告谭小麟去世详情，以及恳请为谭氏作品集作序。

十月二十一日至二十四日，偕夫人游览东西天目山。

十一月三日，因上海情形混乱，受友人宋奇之托，偕全家赴昆明筹备进出口公司，未果。

十一月十三日，收到兴德米特十一月七日复函，附有为谭氏作品集写的短序。

一九四九　六月，从昆明乘飞机去香港。

七月，应邀为第一次全国文代大会代表，因在归国途中，未赶上出席。

七月中旬，全家从昆明乘飞机去香港，傅聪留昆读书。

十一月，由香港乘船至天津，转赴北京访陈叔通、马叙伦、钱锺书、杨绛、楼适夷和徐伯昕，复经天津南下，于十二月二十日抵沪，第一周借住傅雷姑母傅仪家，第二周搬至宋奇母亲家江苏路二八四弄五号。

一九五〇　肺病复发。

九月至翌年四月，翻译巴尔扎克小说《贝姨》，写有《译者弁言》。翌年八月由平明出版社出版。一九五四年由人民文学出版社再版。

一九五一　四月，傅聪只身离开云南大学返回上海，决心学钢琴。傅雷自此才肯定傅聪可以专攻音乐，为儿子奔走寻师，开始全力培养。

六月至九月，重译巴尔扎克小说《高老头》并撰写《重译本序》，于十月由平明出版社出版。一九五四年十一月由人民文学出版社再版。

十一月十三日至翌年一月三十一日，翻译巴尔扎克小说《邦斯舅舅》，翌年五月由平明出版社出版。一九五四年十一月由人民文学出版社再版。

一九五二　二月至翌年五月三十日，重译罗曼·罗兰长篇小说《约翰·克利斯朵夫》；九月，重译本第一册由平明出版社出版。

一九五三　二月，《约翰·克利斯朵夫》重译本第二册由平明出版社出版。

三月，《约翰·克利斯朵夫》重译本第三册由平明出版社出版。

三月八日，写《对于版税问题的意见》，指出当年"新版税办法的弊病"，并提出"修正版税办法的建议"。

四月，偕夫人与柯灵同游天台山。

六月，《约翰·克利斯朵夫》重译本第四册由平明出版社出版，至此全书出齐。一九五七年由人民文学出版社再版。

六月至七月，翻译梅里美(Prosper Merimée)小说《嘉尔曼》(附《高龙巴》)。九月由平明出版社出版。一九五七年由人民文学出版社再版。

八月至十二月，翻译巴尔扎克小说《夏倍上校》(附《奥诺丽纳》《禁治产》)。翌年三月由平明出版社出版。一九五七年由人民文学出版社再版。

九月，被推选为第二次全国文代大会代表，因故未参加。

十月，偕夫人游雁荡山。

一九五四　一月十七日，全家在上海火车站送别傅聪去北京学习，为应邀参加的"第五届萧邦国际钢琴比赛"和留学波兰作准备。傅聪于七月八日动身离京赴波。

三月，偕夫人游天台山；秋天再赴天台山，兼游雁荡山。

五月初，偕次子傅敏游杭州五天。

五月至八月，翻译服尔德(Voltaire)小说《老实人》(附《天真汉》)。翌年二月由人民文学出版社出版。

八月，北京召开文学翻译工作会议，因放不下手头工作，未参加。五月中旬所写《关于整顿与改善文艺翻译工作的意见》长篇书面意见，列为会议参考文件印发与会人员。

九月至翌年四月，翻译巴尔扎克小说《于絮尔·弥罗埃》，一九五六年十一月由人民文学出版社出版。

九月十日,在杭州偕夫人拜访黄宾虹夫妇,并浏览了三分之一的黄宾虹藏画:"看了五六十部册页,管夫人的竹,沈周的细笔山水,石涛、八大、陈老莲等等的真迹,还有许多明清时代不知名作家的东西。"

九月二十日,出席华东美术家协会为黄宾虹在上海举办个人画展的开幕式,在座谈会上就国画与西画问题做一发言。

自十一月二日至一九六二年六月十六日,致函傅聪波兰业师、音乐学家、钢琴教授杰维茨基十四通。

十一月九日,赴杭州,访黄宾虹于栖霞岭寓所。"连续在他家看了二天画,还替他拍了照。"这是傅雷与黄宾虹的最后一次见面。

十一月十三日,自杭返沪即致函黄宾虹,"在杭叨扰多日,深恐过于劳顿;夫人殷勤相款,亦以精神亏损为虑。携沪画件,承慨允割爱,尤见盛情"。此系傅雷致黄宾虹一百十八通信函之最后一通。

十一月下旬,偕夫人再登天台山,兼游雁荡山。

十二月二日,被吸收为中国作家协会会员。

一九五五　一月十七日,与周煦良因黄宾虹一位老朋友之请到上海锦江饭店吃午饭,不慎失足伤腿,所幸未伤骨,卧床数月。

二月二十二日至三月二十二日,傅聪在波兰参加"第五届萧邦国际钢琴比赛",获第三名和演奏《马祖卡》最优奖,电台和报刊登载此信息,亲友纷纷道贺,傅雷即去信傅聪,表达内心的喜悦。

三月五日,翻译傅聪波兰业师、著名音乐学家杰维茨基教授文章《关于表达萧邦作品的一些感想》,供傅聪研究之用。

三月二十四日,翻译法国嘉密·贝莱克(Camille Bellaique)《莫扎特》中之一节"莫扎特的作品不像他的生活,而像他的灵魂",供傅聪研究与弹奏莫扎特之用。

三月二十四日,傅雷得悉黄宾虹病倒,胃病甚剧,即函问黄宾虹夫人宋若婴;不料当晚"接美协电话,惊悉宾老先生竟告不治;哀恸之余,竟夕不能成寐"。并谓此"非但在个人失一敬爱之师友,在吾国艺术界尤为重大损失"。

五月,出席上海市政协第一届委员会常务委员扩大会议召开的第一次全体会议,派为"文学、新闻、出版小组"副组长。同时在会上提交了《请求转请国务院考虑,尽速增加大专学生伙食费》《请求转请本市各级人民法院对人民诉讼事件尽速处理,并积极清理积压案件;同时并请法院司法独立,不同阶级只问事实的合法与否》《请求反映中央高等教育部,从速研究如何减轻大、专学生业务负担,积极保障青年健康》等三份提案。

五月十六日,译罗曼·罗兰《论莫扎特》,刊于《外国名作曲家研究》第二集。

九月至十月,受远在香港的挚友成家和之托,刘英伦(刘海粟与第三任妻子成家和的女儿)住在傅家养病。期间,刘海粟几乎每周来一次,自此正式恢复了与傅雷的交往。

十二月二十日,致函上海市人民委员会文艺办公室,请转呈"全国人大和全国政协视察代表团"一份《有关翻译、出版、发行、印刷装订等方面的书面意见》。

十二月二十六日和二十九日,受中共上海市委文艺部门领导委托,分别撰写《关于高级知识分子的几个问题》《关于高级知识分子的几个问题的补充材料》《关于国画界的一点意见》和《关于音乐界》的意见书。

十二月至翌年三月,翻译服尔德小说《查第格》及其他七个短篇。翌年十一月由人民文学出版社出版。

一九五六　一月,为纪念萧邦诞辰,写《萧邦的少年时代》和《萧邦的壮年时代》。

一九九八年收录于《傅雷文集》。

一月二日至一月九日,受中共上海市委文艺部门领导委托,撰写《关于少年儿童读物的问题》和《关于音乐界的补充材料》的意见书。

二月,写关于知识分子文章三篇,即《知识分子的绊脚石》《知识分子与时间》和《知识分子与八股》,发表于《文汇报》。

二月七、八日,在上海市政协第一届第六次常委扩大会议上作发言和补充发言。

二月十六日,撰写意见书《关于文艺创作与出版事业等问题》,并委托作家唐弢赴京时提交给全国作协。

二月十七日,随政协代表团赴江西景德镇一带慰问参观访问。

春,为上海人民广播电台播送傅聪钢琴独奏,撰写乐曲说明。

四月十二日,出席上海市政协第一届第二次全体会议,做了有关知识分子等问题的发言,同时提交了《请有关部门为郊区农民迅速解决市区人粪肥料运送,劝阻农民在市区内自行运送》的提案。

五月四日,根据四月下旬参加政协视察团视察郊区农业生产合作社的情况,执笔撰写《第一阶段郊区农业生产合作社视察报告》。

五月八日,偕夫人去黄山做温泉治疗,至二十三日返沪。

五月三十日,写《评〈三里湾〉》,发表于七月号《文艺月报》。

六月十五日,根据六月二日至十二日作为"政协上海市委员会安徽省建设事业参观团"第一组组长的身份,就参观淮南煤矿、佛子岭水库、梅山水库等情况,撰写长篇总结报告。

七月至翌年二月,翻译巴尔扎克小说《赛查·皮罗多盛衰记》。

七月十八日,为纪念莫扎特诞辰二百周年,写《独一无二的艺术家莫扎特》,刊于当年《文艺报》第十四期。

七月二十三日,上书陈毅副总理,请求在全国音乐节上,予谭小麟遗作以演出机会,并附去一九四九年北京前燕大音乐系油印之谭氏歌曲集小册四份。

八月，应邀担任《文汇报》社外编委。

八月十六日，收到中国民主促进会中央主席马叙伦请傅雷回民进中央任职的信函。十七日即回函婉拒："今日既无朝野之分，亦无党内党外之别，倘能竭尽愚忱，以人民身份在本岗位上为社会主义建设事业效忠，则殊途同归，与参加党派亦无异致。基于上述具体情况，万不能再参加任何党派；而以个人志愿及性格而论，亦难对任何集团有何贡献。"

九月，为二十一日"傅聪独奏音乐会"及二十七日至二十九日傅聪与上海乐团合作演奏的三场"莫扎特作品音乐会"，撰写"节目单"与"乐曲说明"。

九月下旬，傅聪音乐会结束后，偕夫人陪同傅聪游览杭州，小住五日。

十月，因《文明》作者杜哈曼将访问中国，人民文学出版社据该书南国版重印。

十月五日，写七千余字文章《与傅聪谈音乐》，连载于十一月十八日至二十一日《文汇报》。

十一月，写《亦庄亦谐的〈钟馗嫁妹〉》，刊于十一月十五日《解放日报》朝花栏目。写《自报公议及其他》和《艺术创造性与劳动态度》，分别刊于二十一日和二十二日上海《文汇报》。

十一月十九日，写《傅聪的成长》，刊于翌年《新观察》第八期。

十二月七日，写《评〈春种秋收〉》，刊于翌年《文艺月报》一月号。

一九五七　元旦，《文汇报》载所写短文《闲话新年》。

三月四日，以特邀代表身份赴京列席中共中央宣传工作会议，赴京前撰写《向中央领导谈"音乐问题"提纲》，在京开会期间，与周扬约谈的内容即据此提纲。

三月十八日，应《世界文学》编辑部之请，作关于翻译问题的座谈报告。

三月三十日，在一次座谈会上谈《关心书籍的命运，注意积累和淘汰》，刊于翌日上海《文汇报》。

春，与裘复生两人出资，将"谭小麟遗作保管委员会"收藏的谭氏全部作品抄谱晒成蓝图数份，并请沈知白校订，以利保存。同时"请人在沪演唱其所作三首乐曲，由电台录音后，将胶带与所晒蓝图一份，托巴金带往北京，交与周扬同志"，希望审查后能作为"五四以后音乐作品"出版。

五月初，经邵荃麟一再动员，参加中国作家协会上海分会书记处。

五月十二日，写《翻译经验点滴》，刊于同年《文艺报》第十期。

五月，写《为繁荣创作、提高出版物质量提供更好的条件》和《关于经理、编辑、选题计划的三点意见》，分别刊于十四日和十七日上海《文汇报》。

六月，写《比一比想一想》，刊于二十九日《文汇报》。

七月十六日，撰写《傅雷自述》，详述生平简历、文学生涯、社会关系和整风反右斗争中的思想问题。

十二月二十三日，夫人朱梅馥致函傅聪："作协批判爸爸的会，一共开了十次，前后作了三次检讨，工作停顿……这对他最是痛苦……好在爸爸问心无愧，实事求是。可是从会上就看出了一个人的真正品质，使他以后做人要提高警惕。"

一九五八年　四月三十日，反"右"运动开始后，自五七年至五八年春，受到错误批判，有位好心的领导，即时任上海市委宣传部长的石西民，暗示他把检查的调子定得高一点，哪怕是说实质上是反党反社会主义也行；傅雷坚持："没有廉价的检讨。人格比任何东西都可贵！我没有反党反社会主义，我无法作那样'深刻检查'！"但是当年主抓上海工作的柯庆施，为完成指标将傅雷划为"右派分子"。从此，在极度痛苦中，除少数知交外，傅雷极少与人过从，深居简出，专心从事翻译。但其译著，直到一九六二年十一月，人民文学出版社没出过一本，因为不同意另用笔名，"要嘛还是署名傅雷，要嘛不印我的译本！"又因过得闲，较多接触艺术，开始研究碑帖，对中国书法的源流变迁，理出一些眉目，加深了对整个中国艺术的体会。

六月五日，为所译巴尔扎克小说《赛查·皮罗多盛衰记》撰写《译者序》。全书于一九七八年九月由人民文学出版社作为遗译出版。

六月至翌年五月，翻译法国丹纳《艺术哲学》，并撰写《译者序》，精选插图一〇四幅，于一九六三年一月由人民文学出版社出版。

八月下旬，收到傅聪在波兰留学期间于二十日发出给父母的最后一封信。

十一月初，"去苏州小休五天，遍赏七大名园，对传统中国建筑艺术有了更进一步的理解"。

十二月底，获悉长子傅聪不得已自波兰出走英国，处于逆境中的傅雷异常震惊和痛苦。

一九五九　七月至十二月，翻译巴尔扎克小说《搅水女人》。

八月，终于收到傅聪于一月寄自伦敦的长信。

十月一日，与夫人朱梅馥分别致函傅聪。这是在周恩来总理和陈毅副总理的关怀下，父子得以恢复通信后发出的第一封信。

一九六〇　一月十一日，为所译巴尔扎克小说《搅水女人》写《译者序》，于一九六二年十一月由人民文学出版社出版。

一月底，抄录编译和撰写的《音乐笔记》，寄傅聪作学习参考。

自春天起，由于长年伏案工作，除腰椎骨质增生不时发作外，又长期失眠，忧虑不断，导致三叉神经痛等疾病。作为业余遣兴，喜养月季、玫瑰，培育出五十多个英国玫瑰品种。

五月至十一月，翻译巴尔扎克小说《都尔的本堂神甫》《比哀兰德》，并撰《译者序》，于一九六三年一月由人民文学出版社出版。

一九六一　自一月二十六日至一九六六年三月三十一日，由于当时的姻亲关系，致函世界著名音乐家、小提琴演奏家梅纽因夫妇十六通。

一月至二月，所译《艺术哲学》，出版社已搁置一年零八个月，一时付印无望。为提高傅聪的艺术修养，特花一月余工夫，用毛笔副录该书第四编《希腊的雕塑》，共六万余字并加备注，邮寄伦敦。

四月二十二日，致函人民文学出版社社长，并附《关于译名统一之意见》一文。

七月三十一日，给刘抗写了长达七千余字的长信，除了谈及二十四年来家庭变迁，评论刘抗本人绘画外，纵论中国绘画，堪称一篇简要的美术史评论。

八月三日，"右派"帽子尚未摘去，仍然代表里弄居民撰写《致上海市人民委员会和曹狄秋副市长》函，要求擅自占用里弄空地、扰民的某工厂他迁后，恢复原样，还地于民。

九月三十日，报上宣布摘去"右派"帽子。傅雷面对报纸冷笑着说："当初给我戴帽，本来就是错的！"

十月二十八日，上书文化部夏衍副部长，请求联系北京图书馆，拟将已故作曲家谭小麟全部遗作手稿及有关文件交北京图书馆保存。

秋，开始翻译巴尔扎克长篇小说《幻灭》三部曲。

十一月，偕夫人与作家柯灵等游览苏州。

十一月二十六日，在夏衍副部长的协助下，致函北京图书馆馆长，并将保存完好的全部谭小麟手稿及有关资料，双挂号迳寄北京图书馆。并附傅雷撰写的《谭小麟简历和遗作保存经过》。

一九六二　三月十四日，致函汪己文之子汪孝文先生，并附去对汪己文编写《黄宾虹年谱》的详细修改意见，即《对〈黄宾虹年谱〉一稿的意见》。

四月二十八日及九月十日，两次致函刘抗之子刘太格，届时刘太格就读于澳大利亚，主修建筑。

六月下旬，为纪念画家黄宾虹百岁诞辰事与中共上海市委书记魏文伯、中共华东局宣传部长夏征农和中共上海市委宣传副部长陈其五面谈有关筹备事项，并于二十七日向中共华东局提交《对纪念已故画家黄宾虹先生百岁诞辰及编印画册事意见》，同时抄送一份邮寄汪己文先生。

七月，应汪己文之请，校阅其书稿《宾虹书简》，并选出黄宾虹写给自己书信二十一通，录附寄于汪己文。同年十一月，校阅完毕并撰写《前言》。该书于一九八八年十二月由上海人民美术出版社出版。

十月四日至十二日，应友人李广涛之请，偕夫人与次子傅敏游览南京、镇江等地。"在南京玩了雨花台、明孝陵、中山陵、邓演达墓、玄武湖、莫愁湖、鼓楼、鸡鸣寺及紫金山天文台。游兴甚畅。在镇江去了金山、焦山、北固山及南郊招隐寺；并在废圮的鹤林寺附近造访了宋米元章（即书画大家米芾）之墓。"

十二月二日，致函傅聪："敏于十一月底分配到北京第一女子中学教英文。"次子傅敏七月毕业于外交学院，因受家庭关系牵连，工作一直分配不出去，至此才有一落脚地。

一九六三　一月六日，就翻译问题复函罗新璋先生，谓："愚对译事看法实甚简单：重神似不重形似；译文必须为纯粹之中文，无生硬拗口之病；又须能朗朗上口，求音节和谐，至节奏与tempo，当然以原作为依归。"这是一篇傅雷论述翻译的重要函件。

春，被法国巴尔扎克研究会吸收为委员。

四月二日，写《关于宾翁年谱四稿意见》，邮寄汪己文先生。

四月二十日至二十五日，偕夫人在扬州"半休息半游玩"五天。"扬州是五代六朝隋唐以来的古城，可惜屡经战乱，甲于天下的园林大半荡然，可是最近也修复了一部分。瘦西湖风景大有江南境界。"

六月，自云"两三月来，顽躯善病，除关节炎复发，坐立艰苦不堪言外，尚经常头晕，因之工作进度奇缓，脑力迟钝，尤为苦闷"。

九月，因《高老头》拟收入外国文学名著丛书，特在重译本基础上再次重改修订，并撰写《译者序》十一页；译序于十年浩劫中失散于出版社。该修订本于一九七八年由人民文学出版社出版。

十一月初，与陈叔通会面两次，恳请为《黄宾虹年谱》作序。

一九六四　春，阅读与研究巴尔扎克的一部分哲理小说以及相关论著。

五月二十日，患急性肾炎，在华东医院卧床三周。

八月，译毕巴尔扎克《幻灭》三部曲，于八月十七日改完誊清寄出，附有《译者序》，序文于十年浩劫中失散于出版社。该书于一九七八年三月由人民文学出版社作为遗译出版。

一九六五　五月，傅聪演出途经香港，打电话到家，这是八年来父母第一次听到儿子的声音。

六月至八月，因头脑灼热如焚，休息二个月。

九月，恢复工作，不意二十九日眼睛忽然大花，医生谓目力使用过度，如不长期休养有失明之虞。

十月二十六日，由傅雷口述、夫人朱梅馥代笔，致函文化部石西民副部长，希望帮助解决在事业和生活上所遇到的个人难以解决之种种困难。

十一月，勉强开始工作，第四次修改并誊写巴尔扎克小说《猫儿打球号》，此稿在十年浩劫中失散于出版社，迄未找到。

一九六六　一月，两目白内障依然如故，又并发慢性结膜炎。

八月十二日，孙儿凌霄生日前两天，给儿子儿媳寄去一封英文信，实为傅雷夫妇最后一封家书；谈到从未见过面的孙儿，傅雷写道："对于能否有一天亲眼看见他，拥抱他，把他搂在怀里，我可一点都不抱希望……妈妈相信有这种可能,我可不信。"这预示着他"要走了!"八月十八日红卫兵杀向社会,形势日渐严重,友朋见访,傅雷表示随时准备走;张原我、丁济南等挚友深切感到此时规劝已无用,唯求傅雷"不要把梅馥带走"!

八月三十日,深夜十一点突遭上海音乐学院造反派抄家,夫妇两人受批斗折磨达三天四夜。

九月二日,十年浩劫伊始即惨遭迫害,在人格和尊严备受凌辱的情况下,当天深夜,傅雷写下遗书,交待后事;夫人朱梅馥在遗书上联署,义无反顾地跟着傅雷走了!夫妇情深,同生共死,走得清白。

傅敏　罗新璋
一九八二年十月编写
一九八五年五月改定
一九九一年八月增补修订
二〇〇二年四月第六次修订
二〇一五年九月第十次修订
二〇一六年新春第十一次修订